中央民族大学交叉学科研究专项项目："中国传统法律文化的和谐理念研究"（项目号：2024JCYJ12）

历史与法学文丛

主编 范忠信 陈景良

戮辱的恫吓：
传统中国耻辱刑的历史特征与意义

范依畴 著

中国政法大学出版社

2025·北京

图书在版编目（CIP）数据

戮辱的恫吓：传统中国耻辱刑的历史特征与意义 / 范依畴著. -- 北京：中国政法大学出版社, 2025. 1. -- ISBN 978-7-5764-1974-0

Ⅰ. D924.122

中国国家版本馆 CIP 数据核字第 2025H6J077 号

出　版　者　　中国政法大学出版社
地　　　址　　北京市海淀区西土城路 25 号
邮寄地址　　北京 100088 信箱 8034 分箱　邮编 100088
网　　　址　　http://www.cuplpress.com（网络实名：中国政法大学出版社）
电　　　话　　010-58908586(编辑部) 58908334(邮购部)
编辑邮箱　　zhengfadch@126.com
承　　　印　　固安华明印业有限公司
开　　　本　　720mm×960mm　　1/16
印　　　张　　15
字　　　数　　250 千字
版　　　次　　2025 年 1 月第 1 版
印　　　次　　2025 年 1 月第 1 次印刷
定　　　价　　69.00 元

总　序

古代中国社会或传统中国社会，是一个非常不同于欧洲大陆的社会。古代中国社会有着自己的特殊政治机理。具体说来，古代中国社会有特殊的多侧面多层次的公共组织模式，有特殊的公共政治事务处理模式，有特殊的社会控制或治理模式。总而言之，有特殊的社会秩序架构及其原理。

对于这一点，近代以来的学者们，在学术研究的理论认识层面上，似乎都比较清楚；但是一到了学术研究的实践操作层面上，大家似乎都模糊了。就是说，抽象地讲这些道理时，似乎谁都清楚；但一到具体分析阐释中国古代的政治和社会时，就不是这么回事了。比如人们惯于用西方学者从西方社会发展史中总结出来的奴隶制、封建制、资本主义、殖民主义、商品经济、市场制度、市民社会、私人空间、公共权力、公共政治、民族国家、公法与私法、私有制等一整套概念体系作为标准或尺度，去分析或阐释古代中国的政治和社会现象，结果就等于戴着有色眼镜看中国，不知不觉歪曲了古代中国的政治和社会的本质。

基于这样一种"以西范中""以西解中"的衡量或解读，我们在过去的研究中，惯于觉得中国古代政治和社会的秩序（或体制）一无是处；特别是惯于认为古代中国的法律制度体系远远落后于西方，过于粗糙、野蛮、简陋。所以，近代以来，特别是中华人民共和国建立以来，我们的中国法制史著作和教材常常可以写成控诉古代中国法制落后、腐朽、残酷、保守的控诉状。我们的史学界甚至还可以长期争论"中国封建社会为什么长期延续（或长期停滞）""中国为什么没有较早出现资本主义萌芽"这样的伪问题，我们的法学界也可以讨论"中国古代为什么没有民法典""中国古代法学为什么不发达"之类的伪问题。

从这样的判断出发，近代以来中国政治法律改革构想，大多必然会走"以西化中"的道路。所以在过去百余年里，我们才会全盘模仿大陆法系的法制和苏联革命法制，搞出一整套与中国传统几乎一刀两断的法制体系。基于这样的考虑或追求，我们的立法才不会认真考虑它在中国社会土壤中有没有根基或营养成分的问题，才不会正式考虑与传统中国的习惯、习俗或民间法的衔接问题，才会得意扬扬地以在"一张白纸上可以画最新最美的图画"的心态来建章立制，才会仅仅以"注重世界最普通之法则"的心态来设计中国的法制。即使有人提出过"求最适于中国民情之法则"的主张，但最后几乎都是虚应故事，大规模的"民商事习惯调查"的结果也没有对近代化中国法制与民族传统根基的续接做出什么实质的贡献。这就是一百六十年来中国法制建设的实际取向——西方化取向的由来。

在这样取向下设计出的法制，实际上是缺乏民族土壤和根基的法制。这一套法制在我们民族大众的心目中，在我们社会生活的实际土壤中，是没有根基的，至少是根基不牢的。这棵移植的大树，缺乏民族的土壤或养分。所以，近代以来，如何把这套法律"灌输"给普通百姓成了国家最头疼的事情。直到今天，我们仍屡屡要以大规模的"普法"运动或"送法下乡""送法进街巷"的运动向人民推销这一套法制，但实际上收效甚微。事实上，我们今天的政治和社会生活，是不是真的在按照这套人为设计的、从西方移植来的法制体系运作？我们生活中的实际法制是不是我们的法律体系设计或规定的这一套法制？我们大家都心知肚明。其实，谁都不能不承认，在显性的法制背后，我们实实在在有一整套隐性的法制。这些隐性的法制，当然正反两个方面的都有，绝对不仅仅是从贬义上讲的"潜规则"。可以说，近代以来，我们民族的政治和社会生活实际上主要还是按照我们民族习惯的方式和规则在进行，只不过其过程受到了人为设计或移植的显性法制一定程度的"干扰"或"影响"而已。即使仅仅就这些"干扰"或"影响"而言，我们也很难肯定地说都是正面的、进步的"干扰"和"影响"；很难说就一定是西方民主、自由、平等的法制及其精神对中国"封建传统"的挑战。当社会大众看着"依法缺德"的人们得到法律的保护并获得各种"合法"利益而致使人心骇乱、是非模糊之时，我们就很难说这样的法制是中国社会应当有的良善法制。

　　基于这样的理解，我们近年一直主张用"历史法学"的眼光阐释中国传统法制和建设新的中国法制。

　　近代德国法学家萨维尼认为，法律是民族精神的体现。"法律只能是土生土长和几乎是盲目地发展的，不能通过正式理性的立法手段来创建。""一个民族的法律制度，像艺术和音乐一样，都是他们的文化的自然体现，不能从外部强加给他们"，"在任何地方，法律都是由内部的力量推动的，而不是由立法者的专断意志推动"。法律如同语言一样，没有绝对停息的时候，它同其他的民族意识一样，总是在运动和发展中。"法律随着民族的成长而成长，随着民族的壮大而壮大；当这一民族丧失其个性时，法便趋于消逝。"因此，法并不是立法者有意创制的，而是世代相传的"民族精神"的体现；只有"民族精神"或"民族共同意识"，才是实在法的真正创造者。"在所有人中同样地、生气勃勃地活动着的民族精神，是产生实定法的土壤。因此，对个人的意识而言，实定法并不是偶然的，而是必然的，是一种同一的法。"法律的存在与民族的存在以及民族的特征是有机联系在一起的。"在人类历史的早期阶段，法律已经有了一个民族的固有的特征，就如同他们的语言、风俗和建筑有它自己的特征一样。不仅如此，而且这些现象并不是孤立存在的，它们不过是自然地不可分割地联系在一起的、具有个性的个别民族的独特才能与意向。把它们连接为一体的是民族的共同信念和具有内在必然性的共同意识。"这种"共同意识和信念"必然导致一个民族的"同一的法"。立法者不能修改法律，正如他们不能修改语言和文化一样。立法者的任务只是帮助人们揭示"民族精神"，帮助发现"民族意识"中已经存在的东西。法的最好来源不是立法，而是习惯；只有在人们心中活着的法，才是唯一合理的法；习惯法是最有生命力的，其地位远远超过立法；只有习惯法最容易达到法律规范的固定性和明确性，它是体现民族意识最好的法律。

　　萨维尼对"历史法学"要旨和追求的这些出色阐发，这些年一直在震撼着我们的心灵。记得20世纪80年代初我们最早接触"历史法学"时，"历史法学"曾作为一个反面的角色被痛骂，被认为是"赞成维护封建秩序""对资产阶级革命成果的一种民族主义反动"；其"反动的民族主义观点"甚至还"被德国法西斯所广泛利用"。[1]此后二十多年里，因为一直在思考近代中国的法律移植问题，我们才发现"历史法学"的主张并不是简单地维护腐朽，不是那么简单可以否定的。"历史法学"的基本判断——法律作为"民族精神"和"民族性格"的体现，真正的法律应该是一个民族"同一的法"的整理编纂而不是立法者刻意制定等，实在都可以应用于中国。中国法学界应该以"历史法学"的眼光反省一百六十年中国法制近现代化即法制移植或法制西化的历史。这一反省，我们现在尚未有规模有深度地进行过；盲目移植法制和人为创制法制的思路或取向仍然在占上风。

我们法律史学者的历史使命，可能就是主导这样的反省。反省过后，我们必须提出在西方法治主义背景下的法制本土化或中国化方案，使未来中国法制更具有民族个性、民族风格、民族精神，具有人们更加熟悉的民族形式，使其更能解决我们民族面临的特殊问题，并用更具有民族个性的途径、方式解决公共问题。这大概就是法律史学人应该做出的贡献。

本着这样的理解，我们的确要重新审视五千年的中国法律传统。

五千年中国的法律传统，用西方法制、法学的理念和眼光去看，的确是很难理解和阐明的。我非常同意我的导师俞荣根先生的观点，中国古代的法制体系，实际上是由"礼法"和"律法"两个层次构成的；我们不能只看到"律法"的法制史，而不注意"礼法"的法制史。俞老师的见解非常有启发意义。我认为，中国社会生活的所有层面、所有事宜，亦即国家的公共事务和民间事务的所有方面，都是由很早就形成并代代传承的"礼法"（习惯法，有时有正式编纂）来加以规范的。在"礼法"的统率下，尚有所谓"律法"。"律法"是比"礼法"低一层次的规范体系，它主要是就国家和社会生活中的更加浅表或显著层面的事宜、更加紧迫的事宜、最低限度的治安秩序要求的事宜等作出明白无误的规定，以便制裁违规和解决纠纷。用西方法学的眼光来看，我们就只能看到"律法"有些像

[1] 参见上海社会科学院法学研究所编译：《法学流派与法学家》，知识出版社 1981 年版，第52~53 页。

法律，殊不知在中国古代社会里更重要的、更为根本的、更起作用的社会生活强制规范是"礼法"。由"律、令、科、比""律、令、格、式"或"律例""则例"等构成的"律法"体系，甚至包括唐六典、清会典之类，都只不过是"礼法"的扈从或保镖而已，其使命不过是保障"礼法"的尊严和遵行。

对这一套"礼法"体系的法学阐明，我们过去做的是很不够的。我们过去研究"礼"与"法"关系的人们过多注意考察某些"礼"被违反后的刑事、民事、行政性质的强制后果，以此判断"礼"中哪些是法律、哪些不是法律；似乎在没有看到这种显著的强制性后果时，与之相关的那些"礼"则不足以判定为法律。这其实也是"以西范中""以西解中"的结果。其实，"礼"是不是社会生活中的公共强制性行为规范（我们把"法"理解为政治共同体中具有公共强制性的行为规范总和），并不一定要找到符合西方法概念的刑事、民事、行政强制后果作依据才能认定。中华民族有自己的公共强制力形式和强制模式，有时可能是西方的民事、刑事、行政等强制概念难以比拟或概括的；古代中国的公共政治生活秩序正是在"礼"的强制下实现的。所以，如果一定要用西方法的理念去理解"礼"（"礼法"），当然只能得出"礼"主要是伦理规范、道德规范、礼仪习俗的结论。同样，用西方法的理念去理解古代中国的"法"（"律法"），也比较容易得出中国古代没有宪法（constitution）、没有民法、没有商法、没有行政法、没有诉讼法的结论。这无疑歪曲了我们民族法律传统的本质。因此，我们实在有必要站在"礼法""律法"为一有机整体的视角来看待中国法律传统，来解读中国法律传统的特色和精神，来总结和认识我们不能不面对的历史遗传下来的中华民族"同一的法"。

为此，我们想特别倡导"历史法学"取向的中国法律史研究。

过去的中国法律史研究，就是通常所说的传统的法律史研究，大致可以分为三种类型。

第一条路径是法律史实整理复原型研究。这种研究基本上是在整理和描述以往的法律活动及其结晶的历史事实。这些"事实"描述包括三个方面：①对历代法律制度事实的描述，包括对成文规范或惯例的描述等；

②对历代法律制度的运作，如立法和执法活动过程的描述；③对历代法律制度、法律思想实际功能和影响的描述。这三类描述，都是所谓"还历史本来面目"的研究。在这一条路径中，又可以分为两大支派：一派是法史考据型。就是对法律史的原始证据、原始信息、原始材料进行发现、发掘、训读、校勘、辨误（伪）、整理、注释的工作。这一工作相当于文物考古专家的工作——从各种隐藏的处所发现历史上各种文明器物或其碎片，对这一物件的性质、作用、由来等作出最基本的考证和判断。另一派是制度整理派。就是通过前者考据的结果，通过无数零散的历史信息，从小到大逐渐理清（重新描述）历史上的制度和习惯原貌全貌，或大致还原历史上的法律生活过程轮廓。这一工作，类似于依据考古资料和零星历史文献记录来整理重述或勾画历史上的社会结构、生活样式、价值标准等的历史学家的工作。

第二条路径是历史上法律的功能价值评说型研究。这就是所谓的"总结历史的经验教训""发掘历史文化遗产""取其精华、去其糟粕"的工作。这一方面的研究，就其实质来说，正如同把中国过去数千年的法律文化遗物当作一大堆苹果，然后由我们这些"很懂行"的人去判断哪些是好苹果、哪些是坏苹果，特别是辨识出那些表面又红又亮而内部已经被虫蛀或已经发烂的苹果。然后告诉人们：好苹果还可以吃，还有营养；坏苹果不能吃，吃了有害；我们的社会生活中有的事实表明还有人正在吃坏苹果……这类研究的判断标准，纯粹是今天的社会需要和是非观念。

第三条路径是历史上法制的文化分析或文化解释型的研究。就是对先前法律的遗物遗迹进行"文化解释"。什么是法律的文化解释？顾名思义，文化解释就是从文化学的角度对法律遗物遗迹进行解释，或对法律遗物遗迹的文化涵义进行阐释，或者说是从文化的遗物遗迹去破译一个族群的文化模式或文化构型的密码的工作。这样的研究要做的事情，一是要对一个民族的成员们后天习得并以集体的行为习惯方式传承的与强制性行为规则有关的一切进行研究，是要对一个民族世世代代累积下来的一切与法律现象相关的人为创造物（包括无形之"物"）进行研究。二是要研究一个民族的与法律最密切关联的生活或行为的样式或模式。要研究具有持久性的为一个民族的多数成员或一部分特定成员有意识或无意识地共享的法律生活或行动（含思维行动）特有模式。三是要研究法律文化的核心即传统法律思想和体现在其中的民族法律价值理念。

"历史法学"式的中国法律史研究，当然也必须借助上述三种宗旨或路径的法律史研究，必须以那些研究的结晶为基础。但是，本着"历史法学"的原则，也应该与一般的法律史研究有重大的不同。这些不同体现在哪里呢？我们认为应该体现在以下几个方面：

第一，注重整理阐述中华民族历史上"共同的法"或"同一的法"。不管是成文的还是不成文的，只要是在中国历史上较长时段存在并支配族群社会生活的规范，就要格外留心加以总结整理并试图阐述清楚。

第二，注重考察民族历史传统上的"共同的法"与民族性格、民族文化、地理环境之间的关系。就是说，考察这些"共同的法"所要解决的社会问题以及它所依据的社会基础、资源、条件和背景等。

第三，以上述研究成果为鉴，反省近代以来中国法制变革在每一部门法中的利弊得失，说清其失误之缘由，并提出更为符合中华民族的"共同的法"的解决方案（包括具体的立法建议案）。就是说，在追求民主、法治的前提下，使未来中国法制更加合乎中华民族的传统或更具有中华民族的个性，更能准确地针对中国特有问题以"对症下药"。

为此，我们拟聚集一批志同道合的学者投入这一工作。作为这一工作的准备性试探，我们先在我们指导的博士硕士研究生中布置了一些"命题作文"。将来我们准备募集更多的研究资金，设定更加具体的"历史法学"性质的分支专题，招募相关同道承包完成。除出版这一文丛之外，我们还筹备编辑专题年刊、召集专题研讨会、主办专题网站、设立系列专题讲座、组织专题电视辩论或讲坛、编发立法建议简报、举办专题学术评奖……以有声有色、卓有成效地推进这一有重大历史意义的工程。

为着这一工程，我们特别需要学术研究界同行的参与和支持，也特别需要律师界、工商界有识之士的资助。

感谢中国政法大学出版社独具慧眼看中了这一丛书的选题。感谢她给予我们这一工程的支持。

　　我们深知，更艰巨的工作在等待着我们。我们毕生精力大概只够提出工程设想和做出一点"试错"的工作而已。但即使如此，我们也不能因为胆怯而放弃，也不能躲避历史赋予的责任。

　　真正有意义的事业，一定会有支持者，一定会有后继者，我们坚信。这，就是我们的动力所在。

范忠信　陈景良

2009 年 9 月 13 日

序一

范依畴的博士学位论文《戮辱的恫吓：传统中国耻辱刑的历史特征与意义》即将出版，他请我为之作序。作为他的博士生导师，我欣然应允，同时感到十分欣慰。

英国著名学者边沁曾指出"刑罚是一种必要的恶"，刑罚这种"恶"是用来惩罚犯罪所产生的"恶"，前后两"恶"虽字相同，但却有着本质上的区别。刑罚虽然具有"恶"的一面（如剥夺生命和自由、限制权利、带来痛苦和损失等），但在维护社会秩序和保护公民权利方面具有不可替代的作用。因此，研究刑罚是具有理论和现实意义的。关于刑罚的学术研究在法学界是颇受关注的重要问题之一，不论是刑法学者研究今日之刑罚，抑或是法律史学者研究古代之刑罚。

在古代刑罚研究领域，现有成果多是从主流刑罚体系的视角展开梳理和解读，而范依畴博士则选取了中国古代一类极具特色的刑罚——耻辱刑展开他的研究。耻辱刑在中国古代刑罚史中出现非常早，也存在了很长时间，虽然常常被世人所非议，但却有着独特的地位和意义。人们常言道："知耻而后勇""有耻且格"；学界在论说传统时，亦有称传统文化为"羞耻文化"者。这些对我们正确理解古人的耻辱刑，特别是当今刑罚制度的理论研究与监狱行刑制度的深究，均是不无裨益的。

范依畴博士的这篇博士论文以耻辱刑历史为主线，通过对古代相关史料文献的整理和对近现代学术研究的解读，还原了耻辱刑在中国的历史演进和文化特征，分析了耻辱刑的形成原因和存续基础，解读了耻辱刑的观念基础和价值背景等，并在最后结合现今法制建设，对耻辱刑的借鉴或启示意义做了一些引申性的讨论。论文以法律制度史研究为主，但又适时涉及法律思想史的内容；论文既研究文本，也注重研究司法实践；论文既立足于传统，又面向当下现实；论文既追求一定的学术理论深度，也关照对现实司法实践的指导意义，称其为一篇优秀的博士学位论文，实至名归。

我一直以为，也时常在讲，要想更好地研究今日中国之法制，必须深入了解历史上的传统法律，从中国优秀的传统法律文化中去挖掘其精神和价值。脱离现实的学术研究，即使写得再好，除了能给著者带来自我满足以外，其实意义有限。法律史学的研究，尤其是中国法律史学的研究，其未来发展的大趋势，应当是结合法治社会的现实、结合司法实践的实际。法律史学的研究，既应从关注现实问题出发，以解决现实问题为最终归宿，也应与部门法的研究并驾齐驱，汲取部门法研究中的理论成果，并为部门法研究提供可借鉴的价值。唯有如此，法律史学的研究才具有理论和现实的双重意义，才是作为法学的法律史学，而非作为史学的法律史学，并有益于法学学术研究的长久发展。

范依畴博士的这篇论文，以传统中国的耻辱刑发展史为研究基础，为今日刑罚制度的改革与完善提供了有借鉴意义的历史经验，既兼顾了理论研究，也关注了司法实践，真正做到了站在法学的角度来研究中国法律史。希望范依畴博士在今后的学术研究中，能坚持这一方向，潜心治学，在这一领域取得更多更好的研究成果。以促进该学术领域的不断深究。

是为序。

赵晓耕

2024 年冬

　　这篇博士论文出版，我该写序推介，责无旁贷，理由有三。首先，因上天眷顾，我成了作者成长的"第一责任人"。其次，因共同选择了法史专业，我长期自命为其导师，担任作者学士、硕士、博士论文的"场外指导"。最后，因为这篇论文合乎"历史法学"宗旨，被收入我和景良兄主持的《历史的法学》丛书。

　　作者是我学生中真正全程看着长大的人。他接受体制化教育的生涯，是从 1989 年 4 月 20 日进入北京万寿寺甲 2 号东风大楼（大院）幼儿园开始的。上幼儿园第一天，哭闹声音洪亮非凡，手足挥舞惊扰全班，老师实在受不了，只好托付园门口修车师傅顺带照管。傍晚放学接人时，老师傅乐呵呵跟我说："今天收了个小徒弟。一整天，小家伙兴高采烈，帮我递扳手钳子，忙得不亦乐乎。明天还来呀！"不过老师不允许，第三天就强行"收押"于教室了。两个月后，因我宿舍改变，作者转空军西郊机场幼儿园。1990 年秋又回到东风大楼幼儿园，1991 年 2 月又转入中直西苑机关幼儿园。三年时间，在海淀，上了三个幼儿园。1992 年 9 月初进入北京西苑小学，两个月后转入苏州大学附属郊区实验小学，直至 1998 年毕业。六年间，在京苏两地，上了两个小学。1998 年 9 月迁武汉，入华中科技大学附属中学上初中；2001 年 7 月转入黄冈中学上高中，六年间上了两所中学。2004 年 9 月考入中南财经政法大学读本科，2008 年 9 月考入中国政法大学读硕士，2011 年 9 月考入中国人民大学读博士。从 1992 年入小学开始，至 2014 年博士毕业，其间整整 22 年。若加上幼儿园时间，其读书生涯高达 25 年。

　　四分之一世纪的人生旅程中，作者跟着我，自英山迁北京，迁苏州，迁武汉，迁杭州，凡四次迁徙。其所上学堂，自幼儿园，至小学，至中学，至大学本科，至硕士，至博士，凡十次变动。这种变动不居的经历，一般说来，当然可能使人难以顺乎自然地平静地生活和成长。在此间，虽长期接受高度体制化的思品训育及课程教育，长期持续不断地接受高度格式化的打磨加工，作者总算一路勉强坚持下来了，总算如期完成每个阶段的任务，并逐一获得升斋陟舍的机会。作为第一责任人，今日回想起来，既有庆幸，也有遗憾。一块璞玉，总算按照一般官式设计图纸完成了流水线上的切磋琢磨加工，当然值得庆幸。但是，由于我在此二十多年间最为颠沛忙碌，在孩子个性化教育上花费时间精力甚少，无暇用心考察发现孩子的禀赋优势，无暇努力辅佐呵护孩子获个性化成长发展，未能着意努力引导和培育孩子的兴趣爱好，这是我至今深为遗憾的。由于一直生活在繁重的课程、题海战术以及无穷无尽的考试与思品督训中，作者自幼就每天压力山大，疲倦不堪，于是那个本来好运动、好提问、好脑筋急转弯、好动手制作、好竞技游戏、好学技炫能的天真烂漫少年，就这么日甚一日、年复一年、悄无声息地改变了。

与很多接受新式八股科举教育的同龄人一样，作者基本能够勤勉、中规中矩地听从师长督促，终日读书、考试、写论文、参加活动，先后拿了小学、中学、大学毕业文凭及学士、硕士、博士学位，最后勉强进入高校开始了教书育人的职业生涯。若用时下一般人的人生规划标准来看，也算得上修成正果了。可是，作为父亲，作为他的"第一责任人"，我还是有些许遗憾。因为，我小时候每天都习以为常的上树掏鸟蛋、下河摸鱼儿、自制枪械玩具、跳绳抓子"打兔儿"、持刀舞棍奔跑于丛林、骑牛当战马滚入泥田等游戏，甚至包括农忙时跟大人们一起下田干活、每天放学回家时带回一捆柴火或猪草、半夜跟着叔叔到山中搜寻中枪的"野味"的活动——这些几乎没有任何考试和课外作业的美好快乐时光——他似乎一天都没有真正体验过。反过来，我看到只是在他小学中学时，几乎每天天还没亮就起床，匆忙洗脸吃饭后，背着沉重的书包，睡眼惺忪、无精打采地赶公汽或校车上学。每天晚饭后，要做无穷无尽的"回家作业"，常常至深夜十一点半还没完成（我常愤然在其作业本上留言或留字条给老师，请求免除一些没有意义、简单重复的作业）。在这样的背景和神情下，他终于完成了这二十五年学业，我看着常常很心疼但又无可奈何。今天回想起来，我也觉得很对不住孩子。有时甚至觉得，二十多年的家教历程，我和内子不过是参与了一项"毁人不倦"的社会系统工程。好在孩子还算经磨耐踹，很皮实，有韧性，心理承受力强，再多的西西弗斯式的苦累、枯燥、乏味，他都能挺过来了，无波无惊、无咎无誉地进入了独自营生阶段，让我基本上再没有担心或忧虑。二十五年的历程，回想起来，我不由得暗自庆幸，有时甚至对孩子生出了一种莫名的感激之情。

作者的本科、硕士、博士的毕业论文写作过程也挺有意思的。大三期末打算考研时，我问他想考什么专业，他说在先后修过的十几门法学核心课程中就法律史还算有点意思（因为我是授课教师），于是决定备考法律史研究生，并决定写法律史方向的毕业论文。写什么题目呢？我叫他自己想一个。他说因为在所有法律史课本上，笞杖刑具体制度都语焉不详，因而想对笞杖刑制度及惯例进行一个系统梳理和阐发。于是，他选定《中国古代笞杖刑的历史演变及用刑方式初探》为题目。在武乾师弟的指导下，他前后花了约半年时间写完了这篇论文，后来获得了 2008 年度湖北省优秀本科毕业论文奖。刚开始写作时，他也想跟别的同学一样，在网上找几篇相关文章，心不在焉地选摘、剪接、粘贴一下，拼凑一篇八九千字的文章"充数"，但被武老师和我坚决制止了。在我们的明确要求下，他不得不先做"资源总调查"，在图书馆和互联网上搜索相关图书和论文目录，并制作一系列相关资料摘录卡片。我记得，仅文献资料目录，他就先后"被迫"做了四个版本，从两页一百多条逐渐发展到八页近四百条。通过这一过程，我发现，孩子很听劝导，也很有耐心。几年后，他在中国政法大学准备写硕士毕业论文，我问他准备写什么题目。他告诉我，看明清公案小说，发现古时官员审案都离不开假借城隍神，因而想对城隍神角色的历史形象和意义做一个法律史考察。我很同意这一选题，于是在高浣月老师指导下，他选定《世俗法律秩序缺憾的神祇弥补——古代中国城隍神信仰的法律史初释》为题目。为了写这篇论文，我让他先穷尽视野搜罗图书资料，制作了一个"城隍研究资料库"。在总文件夹之下，分为"城隍神的来历""城隍神信仰内涵""城隍神信仰与城市""城隍神的一般（公务）职能""城隍神的法司职能""城隍神的神格特征"等多个子文件夹，分类摘录各类文学、历史、民俗史料共计近千条，约 10 余万字。文章经过三次修改大纲，五次修改补充正文，最后完成为 8 万多字的论文。由于所引历史和文学史料太多，被查重软件测定重复率过高，不得已只好将正文所引古文尽可能删除或改置于脚注中，于是全文被压缩为五万字。论文答辩时，五位评委中有四位主张推荐为优秀硕士论文，但因一位评委主张当更从严要求而作罢。又过了三年，作者要写博士论文，我和他的导师赵晓耕教授共同建议他以《戮辱的恫吓：传统中国耻辱刑的历史特征与意义》为题目。为了写好这一篇文章，我同样让他做了更大规模的"资源总调查"，资料搜集规模不下 20 万字，全面修改的次数比硕士论文更多。最后写成了近 20 万字的文稿。论文答辩时，获得了老师们的好评，也得到了老师们的一系列宝贵意见。毕业后数年，作者根据答辩委员们的意见，先后多次对论文进行了修改，这才形成了这次付梓的正式文本。这一过程的艰辛和磨难，作为"编外"导师，我也是清楚的。因为论文题目相当宏大、因为史学文章更难写、因为史料相当不足、因为学术功力尚不足等因素，作者在此一论文写作中所体会的艰难困苦，可能远远超越他那些写部门法学博士论文的同学们。没有办法，既然选择了这个事倍功半的专业，祸福就得自认了，也必须无怨无悔。

这篇博士论文是一部践行"历史法学"方法论的学术作品。历史法学认为，法律并不是立法者有意创制的，而是在民族传统中被"发现"的，法律是世代相传的"民族精神"的体现。在所有法律形态中，习惯法是最有生命力的法，也是最能体现民族意识和精神的法律。本着这样的方法论去考察传统，作者发现主要以习惯法方式存在的传统中国耻辱刑法制，充分体现了吾族吾民重面子、尚廉耻、重气节、以保全身体发肤为行孝的民族精神，很值得站在前人的肩膀上进行全面深入地探究。于是，他一鼓作气完成了这篇博士毕业论文，并取得了比较不错的成绩。

本书以七章 20 万字篇幅，对古代中国耻辱刑的产生、发展及其近代转变的数千年历程做了一个前所未有的系统梳理与总结，就耻辱刑的演进规律及本质特征做了全面分析归纳，就耻辱刑所体现的传统法精神作了深入解读阐发，还就耻辱刑的文明价值及历史局限进行了深入反省。这一系统全面的集成式工程，是此前没有人做过的。这一研究对于我们更好地领悟中国传统法律文化的内在构成、基本精神及利弊得失有相当重要的意义。具体说来，这一论著在以下三个方面有较为显著的收获，给我们以较为真切的启发。

第一，关于传统耻辱刑的种类划分及各自特质的研究，本书做出了前人未有的努力。在书中，作者以耻辱效果形态为标准，将耻辱刑划分为残形毁容类、污点标记类、人格名誉贬损类、荣誉资格贬夺类等四类耻辱刑。接着，又以创损手段为标准，将耻辱刑划分为刺烙文字标记辱、剃发辱、示众贬辱、资格荣誉剥夺辱、肉刑死刑的附加辱等五类耻辱。特别是，通过对耻辱刑基本属性的深入考察，作者又分析总结出了耻辱刑的另外五条分类标准。比如，按是否独立使用为标准，将耻辱刑分为独立耻辱刑与复合耻辱刑两类；按示辱方式为标准，将耻辱刑分为纯粹耻辱刑与兼为耻辱刑两类；按是否入法为标准，将耻辱刑分为法内耻辱刑与法外耻辱刑两类；按使用阶段为标准，将耻辱刑分为刑罚性耻辱刑与刑事强制措施性耻辱刑两类；按使用主体为标准，将耻辱刑分为官方耻辱刑与民间耻辱刑两类。这种细致的分析和划分，并非故弄玄虚，实则有利于对各类耻辱刑特质及其共构体系特征的深入认识。这种很费心血心力的分类分析，乃是科学理性精神的凝聚，是此前耻辱刑研究论著基本没有的，或即使偶有也未曾如此全面、系统。

第二，关于耻辱刑本质及其作用功能的研究，作者也努力达到前人未有的高度。在书中，作者将耻辱刑的本质定性为"戮辱的恫吓"，这是很贴切的。他认为，耻辱刑归根结底是一种通过创辱犯者以恫吓人民的刑事制裁暨强制手段，其根本目的（目标）是要实现"儆阻"与"教化"，这是它的两大基本作用或功能。所谓"儆阻"，就是给人造成精神痛苦恐惧、促其产生懊悔、阻止其再犯等。所谓"教化"，就是通过戮辱犯者以震慑犯罪、预防犯罪并教育人民，以护卫人伦道德。本书对耻辱刑性质功能的这种分析定性是相当到位的，也是切中肯綮的。透过五彩缤纷的历史现象，作者能大致准确把握耻辱刑制度的要害、本质和精神，是相当不容易的。他的这些分析和诠释，构成了自有的逻辑体系，大致接近了前人所未达到的境界。

第三，关于耻辱刑历史价值与意义的研究，作者也取得了比较突出的成绩。在书中，作者超越了"五·四"以来"反传统""反封建"思维模式之局限，超越了以耻辱刑为"贬人格""反人性""损人权"历史糟粕的简单格式化眼界，大致能站在人性的共性暨人类文明共性的视角来认识耻辱刑现象及其动因，在相当程度上克服了前人的误区和局限。作者认为，以人格尊严贬损作为社会防卫的必要手段，可能是在人类文明进化追求下不可回避的选择，也可能是各大民族法制文明间不约而同的一致选择，我们不应该对这一共性规律或趋势完全视而不见。他认为，就现代法治追求而言，耻辱刑（罚）仍有犯罪报惩、犯罪预防、司法人道、司法成本节省、民愤平复、和谐回复等一系列超时代的意义和价值。他提醒我们注意，任何刑罚制裁其实都附有耻辱效果，在没有彻底废除一切刑罚（实现"无刑"）之前，我们不应独独对比较轻缓宽仁、仅以人格尊严贬损为制裁手段的耻辱罚制表示出过于严苛地挞伐和否定。这一看法是非常有见地的，也是理性和睿智的。更为可贵的是，在进行这类理性分析、判断的同时，作者有效地避开了民粹主义陷阱，本着现代人权、民主、法治价值理念或标准，对"耻辱刑的本质弊端和历史局限""耻辱刑的合理限度与现代借鉴"等问题，进行了较为深入地反省和检讨，提出了一些较为独到的见解。

在看到上述成果的同时，也须注意到仍存在一些缺憾，这主要体现在两个方面。一是关于历史上耻辱刑适用案例及相关法制实践问题，本文所涉具体实例资料太少。在一般引用正史野史、法律规范、学者论说外，未能更多搜罗运用其他非正式途径得到的史料，使得本文的讨论难以真正深入。二是关于耻辱罚在今日中外法律实践中的直接或间接运用问题，相关正式、非正式法律规范及适用案例等资料相对不足，特别是缺乏关于耻辱罚运用效果的调查统计资料，这就使得相关论述显得有些空疏。这些问题，坚信作者在未来的进一步研究中会有所进益。

自开始攻读博士学位以来，作者时而留意对一些法史学术问题的思考和研究，业已取得一定的学术成果。十余年来，先后在《政法论坛》《法学》《学习与探索》《探索与争鸣》《暨南学报》《法律适用》《国家行政学院学报》等重要学术刊物中发表学术论文十余篇，还在《人民法院报》《检察日报》《学习时报》等报纸的理论版发表过一些学术短论，并主持国家社科基金青年项目《法治"德礼"重建与"礼法合治"传统治理资源的创造性发展》的研究并完成结项，还与余钊飞教授一起编著了《绍兴名贤与传统法律文化》一书。这些研究历练，也为未来参与学术深耕积累了经验、提高了能力，为未来建筑学术大厦奠定了基础。我期待作者更进一步振奋有为，取得更新更好的学术成绩，为法律史学研究事业作出更有创新意义、更能传之久远的贡献。

当此书出版之际，更须特别鸣谢求学三阶段的指导老师：中国人民大学赵晓耕教授、中国政法大学高浣月教授、中南财经政法大学武乾教授！

舐犊情，月旦评，读后感，杂糅成文，权且充序。

范忠信
2024 年 12 月 3 日于华侨大学祖杭楼 601 室

耻辱刑或羞辱刑，可能是中外法制史上出现最早、存在时间最长的一类特殊刑罚，也是近代以来争议最大的一类特殊刑罚。这一类刑罚，纵贯古今，横跨中西，算得上"普世性"刑罚。说其特殊，主要是因为这种刑罚不同于其他刑罚，是一种通过施加精神痛苦实现惩罚目的的刑罚。尤其在久远的古代，刑罚通常是以对犯罪人造成身体剧痛为特征的，比如我国古代的笞杖刑和欧洲中世纪的断肢刑等。一般来说，刑罚给人的第一感觉无非是"痛"。但这种痛，有时是身体或生理之痛，有时是自由或财产剥夺之痛。无需想象，皮肉肢体之苦痛，自由和财产被剥夺之苦痛，确实让受刑人不堪忍受，让观者恐惧，从而达到惩阻和预防犯罪的目的。相对于其他种类的刑罚而言，耻辱刑的特殊性就在于它一般不是直接给受刑人带来上述痛苦，而主要是通过特殊标识使受刑人蒙受羞辱，即给受刑人带来精神痛苦，并将这种羞辱加以公示广告，借助受刑人内心的耻辱痛楚和大众观睹的恐惧来达到惩阻和预防犯罪的目的。

耻辱刑在中外不同的法制文化背景下都延续了数千年，有着深厚的历史根基。仅就中国而言，耻辱刑源远流长。从尧舜时代的"上刑赭衣不纯，中刑杂屦，下刑墨幪，以居州里，而民耻之"的象刑，到清末变法前的刺字、枷号之刑，历时四千多年。耻辱刑在中国的产生、发展到近代转变，经历了一个漫长而复杂的过程，通过对古代史料文献的考察和对近现代学术研究的回顾，我们可以大致了解耻辱刑在中国的演进历程和文化特征，了解中华民族法律文化的一些内在精神。研究这一过程的规律和特征，可以让我们更好地理解古代中国特有的法律秩序模式，更好地领悟中国传统法律文化的利弊得失。

本书的研究，拟从历史事实或历史现象的考证整理叙述出发，分析耻辱刑历史演进和大致特征，进而分析耻辱刑的成因和存续基础，分析其观念基础和价值背景等，最后就其对于现实法制建设的参考借鉴或启示意义作一个延伸讨论。

按照这样的思路，本书除导言外，正文部分共分为六章。第一章梳理传统中国耻辱刑的历史沿革情形，主要介绍古代中国主流耻辱刑刑种的产生、发展和演变，并归纳总结了耻辱刑这一类刑罚在四千年时间里变化和演进的大致规律。第二章总结分析传统中国耻辱刑的种类与形态，对中国古代各类耻辱刑按照用刑方式、羞辱模式的区别等作出一定的分类概括，这种分类概括实际上是对耻辱刑历史存续规律的一种总结，它一方面为后文对各类具体耻辱刑的介绍分析做了铺垫，另一方面让读者从宏观上了解耻辱刑存在和分布的基本状况。第三章具体综理陈述传统中国耻辱刑的各种具体类型，详细考证和梳理了在中国古代最具代表性的几类具体的耻辱刑，大致从用刑方式、表现形态、适用罪刑、耻辱意义和历史背景等方面对几类常见的耻辱刑做了介绍和分析，这一章是耻辱刑研究的各论或分论中最主要的部分。第四章探讨耻辱刑的基本特征与社会功能，从宏观上对中国古代耻辱刑的共同基本特征与社会功能进行综合探讨，进而就耻辱刑对犯罪分子的惩阻功能以及对社会大众的教化功能进行分析阐发。第五章探讨传统中国耻辱刑的成因与存在基础。在本章里特别讨论耻辱刑作为一种独特的刑罚种类是如何产生、形成及存续数千年难以被弃除的根本原因。第六章探讨耻辱刑的近现代转变及其复苏，介绍了中国在法制近代化过程中在耻辱刑问题上作出的基本选择，还介绍了在人权思潮高涨、正式耻辱刑被废除的今天，中外法制现实中直接或间接保留的各种耻辱性刑罚或刑事强制措施的现实。在这六章之后是一个余论，主要是对这一话题的延伸讨论，也附带对本文的研究作一个展望性总结。本章以讨论耻辱刑的历史价值与意义为基础，试图总结归纳其体现人类文明共同探索成就的正面积极意义，以及其违背人类文明共同价值的负面作用或副作用，也就是其历史弊端和危害，最后对当今民主法治原则下"新耻辱刑"存在的理由和限度做一些初步的构想。

导 论

第一节　选题缘由及意义

耻辱刑或羞辱刑，可能是中外法制史上出现最早、存在时间最长的一类特殊刑罚，也是近代以来争议最大的一类特殊刑罚。这一类刑罚，纵贯古今，横跨中西，算得上"普世性"刑罚。说其特殊，主要是因为这种刑罚不同于其他刑罚，是一种通过施加精神痛苦实现惩罚目的的刑罚。尤其在久远的古代，刑罚通常都是以对犯罪人造成身体剧痛为特征的，比如我国古代的笞杖刑和欧洲中世纪的断肢刑等。一般来说，刑罚给人的第一感觉无非是"痛"。但这种痛，有时是身体或生理上的痛，有时是自由或财产剥夺之痛。无需想象，皮肉肢体之苦痛，自由和财产被剥夺之苦痛，确实能让受刑人不堪忍受，让观者恐惧，从而达到惩阻和预防犯罪的目的。相对于其他种类的刑罚而言，耻辱刑的特殊性就在于它一般不是直接给受刑人带来上述痛苦，而主要是通过特殊标识使受刑人蒙受羞辱，即给受刑人带来精神痛苦，并将这种羞辱加以公示广告，借助受刑人内心的耻辱痛楚和大众观睹的恐惧来达到惩阻和预防犯罪的目的。

耻辱刑在中外不同的文化背景下都延续了数千年，有着深厚的历史根基。仅就中国而言，耻辱刑源远流长。从尧舜时代的"上刑赭衣不纯，中刑杂屦，下刑墨幪，以居州里，而民耻之"[1]的象刑，到清末变法前的刺字、枷号之刑，历时四千多年。耻辱刑在中国的产生、发展到近代转变，经历了一个漫长而复杂的过程，通过对古代的史料文献的考察和对近现代学术研究的回顾，我们可以大致了解耻辱刑在中国的演进历程和文化特征，了解中华民族法律文化的一些内在精神。研究这一过程的规律和特征，可以让我们更好地理解古代中国特有的法律秩序和模式，更好地领悟中国传统法律文化的利弊得失。

---

[1]　（汉）伏胜撰，（汉）郑立注，（清）陈寿祺辑校：《尚书大传》，中华书局 1985 年版，第 12 页。本书中所涉《尚书大传》的相关引述皆出自该版本图书，下不赘述。

　　随着人类社会对人格尊严认知的进化及法治文明的进步，在当今世界法律秩序中，耻辱刑正呈逐渐淡出之趋势。但是，作为社会防卫的必要手段，耻辱刑并没有消亡，在很多国家甚至出现了复兴的态势。现今美国，在监禁和重罚已无法有效制止犯罪的境况下，部分州在司法实践中相继适用耻辱性惩罚措施。例如，得克萨斯州法官特德·波，因最早恢复使用耻辱刑而闻名全美。他命令盗窃犯在超市门口举着牌子展示罪状，或命令性骚扰犯在自家门口悬挂警示牌，以达到惩罚和预防犯罪的目的。事实证明，他将犯罪者羞辱示众，借助公众谴责以促使其悔过自新的做法，的确获得了很好的效果。其实不光在国外，在当代中国也有耻辱性惩罚方式的变相存在。虽然严格的耻辱刑早在清末变法时就已被废除，现今中国刑法中也没有耻辱刑的任何规定，但事实上的耻辱性或羞辱性惩罚方式在相当一些地方的司法实践中频频出现。如 2002 年，广州市冼村村委会和冼村街派出所为彻底整治卖淫嫖娼，采用了将抓获的卖淫嫖娼者在村内张榜公布的惩罚措施，包括公布现场抓捕照片和卖淫嫖娼者真实姓名照片等个人信息。这种耻辱性的"土政策"，对于根治屡禁不止的色情交易而言，效果很好。尽管引起了广泛争论，但不乏赞成者。近些年来深圳、东莞地区对卖淫嫖娼者的大会示众，实际上也是一种"耻辱刑"的回潮。2013 年，在河南项城，市司法部门在市人民广场举行了春季严打整治推进会，对 51 名危害社会安全的犯罪嫌疑人进行了公开审判和公开宣判。据报道，现场警车开道，武警押送，上千市民围观，犯罪嫌疑人个个被反手捆绑，胸前挂着白底黑字的罪名牌，全部蹲在地上，被一条粗绳串起来，犹如串蚂蚱，现场图片被上传至互联网，引起轩然大波。有人反对这种做法，但也有人认为作为一种法制宣传教育的快速有效方法还是值得肯定的。这些方式，对犯罪嫌疑人造成了一定的羞辱，在现今司法制度与法律文本中没有依据，但似乎也没有特别显著违反《宪法》和《刑法》的基本原则，所以在许多地方司法实践中常常出现。事实表明，即使是在特别重视人格尊严和个人权利的今天，耻辱刑在中外法制中仍直接或间接存在。只不过，相对于古代中外兼带肉刑性质的耻辱刑而言，现代耻辱刑或羞辱性惩罚更"温柔"一些，它一般是以文字、照片、标志等方式进行身份曝光、罪行公示和名誉贬损，愈发呈现出文明进步的趋向。耻辱刑在西方的复苏和在中国的"回潮"，是一件很值得法学家和法律工作者认真思考的事情，也是值得我们潜心研究的一个重要课题。

　　虽然耻辱刑古今一贯、中外同存，但人们对它的认识历来不一致。关于耻辱刑的争论，从来就没有停息。自人类进入近代文明特别是现代法治文明以来，人权保护已经成为国家和社会的最大使命。在个人人格尊严已至高无上的今天，以贬损人格尊严为惩罚的耻辱刑为什么能直接间接继续存在？其存在的价值或意义何在？其存在的合理限度是什么？其保留或适用的原则是什么？它与人格尊严保护之间的内在矛盾如何化解？作为一个法律史研究者，我们应该站在反省近现代中国法制变革利弊得失及为未来中国法制建设探索方案的立场上，郑重考虑这一重要课题。

　　有鉴于此，本书拟从梳理总结古代中国耻辱刑的发展演变、方式类型、基本形态入手，深入探讨古代中国耻辱刑的基本特征、效果功能、历史成因、社会基础，进而考察耻辱刑的历史价值和文化意义，最后就当代中国法治建设应如何对待这一问题做一个初步思考。

第二节　相关研究现状

　　关于耻辱刑问题的研究，前人学术成果并不多见。在《中国大百科全书·法学卷》和《牛津法律大辞典》等中外法学权威工具书中，没有"耻辱刑""羞辱刑"或者"荣誉刑"等词条。[1] 最早对"耻辱刑"或"羞辱刑"进行概括定义和研究的人，可能是18世纪意大利刑法学家贝卡里亚。在《论犯罪与刑罚》一书中，贝卡里亚用了一章专门讨论"耻辱"问题，特别讨论耻辱作为一种刑罚的适用和效果。[2] 同一时期，法国刑法学家罗伯斯庇尔的《论羞辱性刑罚》一文对羞辱刑进行了详尽的研究，首次使用了"羞辱刑"一词。[3] 在中国，最早对耻辱刑或羞辱刑进行研究的，当属清末法学家沈家本。在《历代刑法考》中，沈家本对古代中国耻辱刑如墨刑、髡刑、耐刑等进行了详细考证。民国时期的著名法学家程树德先生，在其考察汉以后九个朝代

---

　　〔1〕　耻辱刑这种在中外刑罚史上长期普遍存在的刑罚，为何现代工具书里没有词条，主要是因为古代没有耻辱刑或羞辱刑这类直接概括性提法，只有各种具体的耻辱刑或羞辱方式的名称。所谓"耻辱刑"，这种说法是近人总结概括的结果。

　　〔2〕　参见［意］切萨雷·贝卡里亚：《论犯罪和刑罚》，黄风译，中国方正出版社2004年版，第50～51页。

　　〔3〕　参见［法］罗伯斯比尔：《革命法制和审判》，赵涵舆译，商务印书馆1965年版，第3页。

法制的著作《九朝律考》中，也不乏对耻辱刑的考证研究。当代中国学者对耻辱刑的研究，主要集中在刑法学界和法史学界。刑法学家欧阳涛先生在其著作中曾使用过"耻辱刑"的概念，他认为我国的刑罚体系体现了社会主义人道主义，我国的刑罚体系中没有剥削阶级国家刑罚中的摧残犯罪分子身体和造成犯罪分子皮肉痛苦的肉体刑，也没有贬低犯罪分子人格的羞辱刑。刑法学家陈兴良教授在其《刑种通论》一书中，也在讨论资格刑的篇章中专门讨论了古代和近现代的耻辱刑。[1]

对于法史学研究来说，不论是中国法制史的研究还是外国法制史的研究，都应该对持续历史长、使用广泛、影响巨大的耻辱刑予以高度关注；可惜这种关注严重不足。从外国法制史教材看，由嵘先生主编的《外国法制史》的"古埃及法律制度"章中，仅一句话提到了古代埃及的"毁誉刑"："对各种刑事犯罪，广泛适用死刑、身体刑，如割手、割鼻、割舌及割生殖器，还有劳役和拘禁；此外，还有毁誉刑，如把罪人绑在刑架上游街示众。"[2]林榕年先生的《外国法制史》也提到古代埃及的"凌辱刑"："除了各种各样的残害肢体刑外，还有劳役、监禁以及凌辱刑，如把罪犯绑在刑架上示众。"[3]这里的"毁誉刑""凌辱刑"其实都是指耻辱刑。在中国法制史教材中，对于耻辱刑很少涉及；通常只是在各朝代各种具体刑种介绍中简单提到耻辱刑。在张晋藩、曾宪义先生各自主编的《中国法制史》中，都只是把秦代的髡刑、耐刑等以剃发标示罪犯的惩罚方式概括为"羞辱刑"并作了简单介绍。[4]在汉以后的各章节中，除了对附加耻辱意义的刺配刑（宋代）和枷号刑（明清）有所介绍外，再也没有对各代耻辱刑的专门介绍。

在众多中外法学著述里，目前并未见到专门研究耻辱刑的著作。关于耻辱刑的零星介绍或讨论，大都散见于介绍古代刑罚制度或古代酷刑的书籍中。如美国学者布瑞安·伊恩斯的《人类酷刑史》[5]、中国学者董磊、徐珂的《不

---

〔1〕 参见陈兴良主编：《刑种通论》，人民法院出版社1993年版，第464~466页。

〔2〕 由嵘主编：《外国法制史》，北京大学出版社2000年版，第8页。

〔3〕 林榕年、叶秋华主编：《外国法制史》，中国人民大学出版社2007年版，第21页。

〔4〕 参见曾宪义主编：《中国法制史》，北京大学出版社、高等教育出版社2000年版，第77页；张晋藩主编：《中国法制史》，高等教育出版社2007年版，第64页。

〔5〕 〔美〕布瑞安·伊恩斯：《人类酷刑史》，李晓东译，时代文艺出版社2000年版。

完全酷刑档案》[1]、王永宽的《中国古代酷刑——中国传统文化透视》[2]、金良年的《酷刑与中国社会》[3]、包振远的《中国历代酷刑实录》[4]等书，都仅在介绍古代中外各类酷刑的同时对酷刑附带的耻辱刑作了简单描述。

　　在诸多刑法史的研究著作里，关于耻辱刑、羞辱刑也只有零星介绍，没有深入讨论。没有一本刑法史或刑罚史著作以"耻辱刑"或"羞辱刑"等概括性标题来论述这一问题，大多仅仅是在介绍各朝代刑罚体系涉及某些具体耻辱刑刑种时略加介绍而已。如在宁汉林、李光灿等先生的《中国刑法通史》各分册中，只在介绍各个历史时期的刑罚体系时偶尔涉及墨刑、髡刑、耐刑、完刑、刺字刑、枷号刑等刑罚；张晋藩先生的《中国刑法史稿》和《中国刑法史新论》两书，在讨论秦代刑罚的章节中，仅对诸如髡、耐、完等具体包含耻辱意义的刑罚有简短涉及。[5]周密先生的著作《中国刑法史》，也在研究古代刑罚体系产生和演变的章节中，对传统中国的个别具体的耻辱刑刑种进行了介绍和梳理。[6]在杨一凡先生主持辑录的《中国法制史考证》[7]全15册和《中国法制史考证续编》[8]全13册共达1200多万字的著作中，仅收入了2篇间接涉及耻辱刑问题的文章（详见后文）。此外，浙江工商大学吴平教授的《资格刑研究》[9]一书，有"中国古代的耻辱刑""外国历史上的耻辱刑"两个专节，以几千字的篇幅简单介绍了中外法律史上一些代表性的耻辱刑。

　　在过去数十年的法律史研究论文中，涉及耻辱刑的也非常少。把耻辱刑作为一个种类进行综合概括或宏观研究的论文极其少见，更多是介绍或分析象刑、墨刑、黥刑、髡刑、耐刑（完刑）、刺配、枷号等具体耻辱刑。这些研究，可以称为耻辱刑微观研究，如关于"象刑"真相的考证研究，关于墨刑、

〔1〕　董磊、徐轲编著：《不完全酷刑档案》，法律出版社2006年版。

〔2〕　王永宽：《中国古代酷刑——中国传统文化透视》，中州古籍出版社1991年版。

〔3〕　金良年：《酷刑与中国社会》，浙江人民出版社1991年版。

〔4〕　包振远、马季凡编著：《中国历代酷刑实录》，中国社会出版社1998年版。

〔5〕　参见张晋藩、林中、王志刚：《中国刑法史新论》，人民法院出版社1992年版，第541页；张晋藩主编：《中国刑法史稿》，中国政法大学出版社1991年版，第117页。

〔6〕　参见周密：《中国刑法史》，群众出版社1985年版，第55~95页。

〔7〕　杨一凡总主编：《中国法制史考证》（全15册），科学出版社2003年版。

〔8〕　《中国法制史考证续编》（全13册）系丛书形式，收入《历代例考》《律注文献丛考》等13种法律史考证著作，2009年至2010年由科学文献出版社先后出版。

〔9〕　吴平：《资格刑研究》，中国政法大学出版社2000年版。

黥刑的源流研究，关于"髡""耐""完"刑的历史流源及用刑方式的研究，关于"刺配"、刺字刑的研究，关于明清枷号刑的研究等。这类文章多为考证性短文，仅就某一具体刑种进行考证研究。有的从历史文献的考据入手，有的从文字训诂学的角度入手，都尚未进入耻辱刑的深入研究领域。《中国法制史考证》甲编第一卷收入的尤韶华《象刑歧义考》一文，湘潭大学张全民教授《髡、耐、完刑关系考辨》一文，[1]中国人民大学何家弘教授《对墨刑的一点新认识》一文，[2]都是这种微观研究的代表。此外，还有的学者从思想史的角度，对中国古代耻感文化、耻辱观念与耻辱刑的关系等问题进行过一些讨论。[3]

关于耻辱刑的综合或宏观研究，现在能见到的成果也很少。较具代表性的有3篇文章。第一篇是赵晓耕教授与马晓莉博士发表的《从"耻辱刑"到"羞耻心"——漫谈在监狱矫正中唤起服刑人的羞耻之心》[4]一文。文章从中国传统耻辱观念分析出发，对古代耻辱刑的文化和社会基础进行了初步探讨，并对今日监狱矫正理念中的不足和缺失展开反省。第二篇是杨鸿雁教授的《中国古代耻辱刑考略》[5]一文，这篇约两万字的论文全面梳理介绍了古代中国耻辱刑的起源演进和主要刑种。虽文献史料比前人丰富，知识信息介绍超过前人，但对于耻辱刑的分析阐释及总结提炼有所不足。此外她还撰有《中国古代刑罚中的耻辱刑刍议》[6]《中国古代耻辱刑沿革》[7]等论文，内容大致未出前述《考略》一文的范围。杨教授的研究主要偏重于史实考据和制度源流梳理，总结分析和阐释比较少。第三篇文章是浙江工商大学吴平教授的《我国古代的耻辱刑》[8]一文，对古代中国的耻辱刑种类、形态、适用等进行了一些基本的介绍和分析。此外，他还发表过《略论外国历史上的耻辱

　　〔1〕　张全民：《髡、耐、完刑关系考辨》，载《湘潭大学社会科学学报》2001 年第 5 期。

　　〔2〕　何家弘：《对墨刑的一点新认识》，载《法学杂志》1986 年第 2 期。

　　〔3〕　尉琳：《中国古代耻辱刑与传统耻感文化》，载《光明日报》2007 年 1 月 26 日。

　　〔4〕　赵晓耕、马晓莉：《从"耻辱刑"到"羞耻心"——漫谈在监狱矫正中唤起服刑人的羞耻之心》，载《政法论丛》2005 年第 5 期。

　　〔5〕　杨鸿雁：《中国古代耻辱刑考略》，载《法学研究》2005 年第 1 期。

　　〔6〕　杨鸿雁：《中国古代刑罚中的耻辱刑刍议》，载《西南政法大学学报》2000 年第 4 期。

　　〔7〕　杨鸿雁：《中国古代耻辱刑沿革》，载《人民法院报》2002 年 9 月 2 日。

　　〔8〕　原刊《中央政法管理干部学院学报》1996 年第 2 期；后收入杨一凡主编《中国法制史考证》（乙编第二卷）。

刑》〔1〕一文。

　　除这三篇学者代表作品以外，有两篇硕士论文值得一提。一篇是黑龙江大学 2006 年硕士学位论文《中国古代耻辱刑研究》（作者田凯，导师孙光妍），另一篇是华南理工大学 2011 年硕士学位论文《中国古代耻辱刑研究》（作者霍星辰，导师马建兴）。田凯的论文粗略归纳了耻辱刑的发展史，古代耻辱刑存在的深层原因，并探讨了耻辱刑的当今启示；霍星辰的论文考察了古代耻辱刑产生的基础，古代耻辱刑的特征及其历史沿革，并就耻辱刑的当代命运谈了一些自己的见解。这两篇文章虽然篇幅不大，但试图研讨的话题范围相当广阔。本文的写作也会包括诸如耻辱刑的历史探源、耻辱刑的特征等问题，但本文在这些问题以外，试图对耻辱刑的犯罪预防功能做详细的研究，从不同的角度考察耻辱刑的历史成因和深层的存在基础，并分析耻辱刑的近代转型及其复苏的现状和原因，从而总结耻辱刑的历史价值与意义。

　　关于传统中国耻辱刑问题的研究，多年来已有上述研究积累。这些研究既有贡献，也有不足。关于其贡献与不足，我们可以从以下几点加以说明：

　　（1）已有的耻辱刑研究主要体现为中外刑法史或酷刑史研究的附带工作，缺乏关于这一类刑罚的系统综合的专门研究。正如前文所述，不论是法史学者或是其他学者，大多是在讨论刑法史或刑罚史时附带涉及一下耻辱刑，附带介绍一些耻辱刑的名称、形态、适用等知识，至今都没有一部全面综合讨论耻辱刑历史和理论的专门著作，这无不是一个遗憾。虽然耻辱刑只是刑罚史上的一种非主流的刑罚，但是其存在的时间非常之长，跨越的地域也非常之广，其文化内涵也非常之丰富，亟待系统深入的综合研究。其实，探讨耻辱刑从产生到发展再到消亡的历史，研究人类历史上出现的所有耻辱刑类型并考证其背后的法理，讨论民族文化特别是耻感文化与耻辱刑的关系，都是非常有意义的。不论从制度史角度还是思想史角度，都可以将论题进一步推进深入和扩展，可惜这一工作至今没有人做。

　　（2）已有的耻辱刑研究主要偏重于制度事实考证叙述或微观研究，缺乏对于这一类刑罚背后的社会经济和思想文化基础的宏观研究。已有的相关学术论文多系对于各类具体耻辱刑的微观考证叙述，很少有人就其历史特征、历史成因、社会基础、制度价值等一系列学术问题进行综合系统深入的研究。

〔1〕　吴平：《略论外国历史上的耻辱刑》，载《云南行政学院学报》2005 年第 5 期。

应该看到，人类历史上每一个制度现象背后都有其社会经济和思想文化基础，耻辱刑也不例外，应该予以研究。但目前学界研究耻辱刑的成果多停留在制度史实考证陈述层面，也就是主要都是讨论耻辱刑的刑种、形态、演变、特征、适用、借鉴意义等，对于耻辱刑背后的廉耻观念、耻感文化以及耻辱刑的社会和经济基础等，学界并没有太多在意。这种法律文化或法律史解释性质的研究，当然比制度史研究难度更大，需要做的工作更多，可惜目前存在着显著的缺憾。

（3）已有的耻辱刑研究主要多从人格尊严或人权保护的现代立场出发，缺乏从历史现象本身的问题逻辑以及一定历史阶段的社会背景和价值基础角度出发的研究。也就是说，现行的研究成果，偏重于对耻辱刑的负面作用和影响的陈述，偏重于从反封建反酷刑的角度进行批判，很少从历史价值或文化合理性的角度对耻辱刑进行理性分析研究。简单说，目前对耻辱刑的研究大都停留在"反封建专制"有色眼镜下的具体标签式梳理、陈述、评价，而缺乏从人类社会面临的共同社会问题，人类文化各支系对这些问题解决方案的共性，人类在解决这些问题时形成的共同价值观念和原则理念等更有意义的角度的研究。

第三节　研究思路及方法

鉴于耻辱刑问题研究有着如此重要的意义，亦鉴于已有的相关研究存在上述明显缺憾，笔者在数年来资料积累和思考的基础上，不揣浅陋斗胆承担这一研究课题，希望对传统中国耻辱刑问题作一个集前人零星研究成果并有所超越的研究。这一研究，不仅要超越前人成果对中国历史上的耻辱刑现象作一个全面系统、纵贯古今的梳理分类，还要对其发展演变历程及其形态特征，其思想基础和社会成因等作初步分析，最后还打算对当代中外耻辱刑回潮趋势及其原因和启示等问题作一些分析和解读。

笔者的研究思路，大致是从历史事实或历史现象的考订整理叙述出发，分析其历史演进和大致特征，进而分析现象的成因和存续基础，分析其观念基础和价值背景等，最后就其对现今法治建设的参考借鉴或启示意义作延伸讨论。

按照这样的思路，全书除导言外，正文部分共分为六章。第一章梳理传统中国耻辱刑的历史沿革情形，主要介绍古代中国主流耻辱刑刑种的产生、发展和演变，并归纳总结耻辱刑这一类刑罚在四千年历史中的变化和演进的大致规律。第二章总结分析传统中国耻辱刑的种类与形态，对中国古代各类耻辱刑按照用刑方式、羞辱模式的区别等作出一定的分类概括，这种分类概括实际上是对耻辱刑的历史存续规律的一种总结，它一方面为后文对各类具体耻辱刑的介绍分析做了铺垫，另一方面让读者从宏观上了解耻辱刑的存在和分布基本状况。第三章具体梳理陈述传统中国耻辱刑的各种具体类型，详细考证和梳理中国古代最具代表性的几类具体的耻辱刑，大致从用刑方式、表现形态、适用罪刑、耻辱意义和历史背景等方面对几类常见的耻辱刑进行介绍和分析，这一章相当于耻辱刑研究的各论或分论中最主要的部分。第四章探讨耻辱刑的基本特征与社会功能，从宏观上对中国古代耻辱刑的共同基本特征与社会功能进行综合探讨，进而就耻辱刑对犯罪分子的儆阻功能以及对社会大众的教化功能展开分析和论述。第五章探讨传统中国耻辱刑的成因与存在基础。在本章里特别讨论耻辱刑作为一种独特的刑罚种类，如何产生形成并存续数千年难以弃除的根本原因。第六章探讨耻辱刑的近现代转变及其复苏，探讨中国在法制近代化过程中在耻辱刑问题上作出的基本选择，挖掘了在人权思潮高涨、正式耻辱刑被废除的今天，中外法制现实中直接或间接保留的各种耻辱性刑罚或刑事强制措施的现实。在这六章之后是一个余论，主要是对这一话题的延伸讨论，也附带对本书的研究做一个展望性总结。本章以讨论耻辱刑的历史价值与意义为基础，试图总结归纳其体现人类文明共同探索成就的正面积极意义，以及其违背人类文明共同价值的负面作用或副作用，也就是其历史弊端和危害，最后对当今民主法治原则下"新耻辱刑"存在的理由和限度作一些初步的构想。

关于研究方法，本书谈不上有多成熟；作为法律史的宏观研究，本书注重将法制进程中的历史事实碎片，尽可能根据历史逻辑本身拼接起来，还原其历史原貌和内在框架结构。为了这样一个目标的实现，本书拟突出以下三方面的思考或分析方法：

第一是历史法学方法。历史法学认为法律是民族精神的体现，法律应该是从民族习惯总结、转变或升华而来，法律只能发现而不能创造。按照方法论，本文的研究注重中国历史文化就耻辱刑问题本身的思路和逻辑，尽可能对历史持敬畏态度，对文化传统持同情和理解态度。尽可能避免以今天的价值判断对古代的一切横加指责或简单否定。

第二是文化解释方法。本书尽可能做到，在通过史料整理叙述耻辱刑的历史事实及其演进过程的同时，也注重对耻辱刑的历史成因即社会基础、自然和人性基础的分析，对这种法律现象的文化根源、文化选择原因、文化取向或宗旨等进行初步考察。换言之，本书不但要探讨每一种具体的耻辱刑的产生演变、基本特征、效果形态、羞辱意义等，还想进一步作"法律文化"层面的研究工作，对耻辱刑的历史现象进行文化解释。

第三是价值分析方法。本书在对史实或历史现象本身进行整理叙述的同时，试图注重对耻辱刑在传统中国社会政治生活中的历史价值作初步分析。这些分析，既包括对耻辱刑本身的历史价值亦即就它解决当时社会实际问题而言有何种作用功能的分析，也包括从今天认知的人类文明进步形成的共同价值出发对耻辱刑进行的理性分析。研究历史，不能太虚太玄，不能太追求玄学化，不能回避价值问题，也不能回避与价值有关的功利问题。本书试图务实地讨论耻辱刑在古代有何特别价值意义，亦即讨论历史必要性、必然性，正面的和负面的作用。尤其是试图对耻辱刑在近现代法律秩序中的价值进行分析，考察耻辱刑在现代是否仍然有必要性、必然性、合理性等。

第四节　主题有关概念的界定

1. 本书所称"耻辱刑"

在具体讨论传统中国耻辱刑之前，有必要对"耻辱刑"的概念做一个基本界定。也就是说，先要让读者知道本书是在什么意义上使用"耻辱刑"这一概念，本书所说"耻辱刑"的具体内涵和外延是什么。所谓"耻辱"，按照《词源》的解释，主要是"羞愧""侮辱"两义的合称，强调以"耻"为"辱"。《论语·子路》"行己有耻"，"耻"指的是一种羞愧羞恶的感情。这主要从耻感的主体角度讲。《周礼·地官·司救》"耻诸嘉石"，"耻"指的是一种使人羞恶的行为，即"侮辱"，这是从羞辱动作发出者角度来讲的。"耻辱"一词的原始含义，应该是这两个意思的合成。"耻辱刑"就是指能产生"耻辱"效果的刑罚。

任何刑罚，都以给受刑人造成痛苦为本质特征。不能造成一定痛苦的，就不能作为刑罚。刑罚对受刑人造成的不外乎两大痛苦：一是生理痛苦，二是心理痛苦。生理痛苦主要是肉体上的，比如生命刑、肉体刑、劳役刑、监禁刑（自由刑）等都能带来肉体痛苦。这类刑罚，或多或少会使受刑人感受到生理痛苦。虽然也附带有心理痛苦，但毕竟以生理痛苦为主。心理痛苦则主要是精神层面上的，由各种对资格、荣誉、尊严的剥夺或贬低等来施加。当然这类刑罚也能间接造成生理痛苦。至于财产刑，似乎既能制造精神痛苦，也能制造生理痛苦。一般来说，凡精神正常的人，或多或少都有荣辱观念。耻辱刑正是通过一定的措施贬损或羞辱受刑人，给予其一定的精神痛苦，同时也让社会大众观睹评论并感到恐惧，营造一种促使其改过自新、惩阻和预防犯罪的社会舆论氛围。刑罚本质上是一种负面评价，这一属性本身就决定了任何刑罚都具有耻辱意义。一个人只要被判刑，无论何刑，必然都会受到周遭民众的谴责和非议。对受刑人来说，这就是一种耻辱或羞辱。所以，如果从非严格意义的角度，广义上来看，所有刑罚都有耻辱刑的性质。但如果仅这样理解，那么关于耻辱刑的研究也就漫无边际或无法进行了。因此，本书所指称的"耻辱刑"仅仅是狭义的耻辱刑，亦即以对受刑人施加精神痛苦为主，或以施加精神痛苦为直接目的，或其引起的精神痛苦大于肉体痛苦的那些刑罚。狭义的耻辱刑，往往具有一个共同的特征，那就是：这种刑罚之所以有惩阻和预防犯罪的功能，是由于它能给受刑人带来人格羞辱，并促使其产生悔过心理。换句话说，只要一种刑罚的设计初衷是羞辱受刑人，使其产生悔罪感并惩阻效尤，那么这种刑罚就是本书要讨论的狭义的耻辱刑。就这种刑罚而言，即使在用刑过程中也给受刑者附带了一定的肉体痛苦，仍属于狭义耻辱刑的范畴。所以，凡是符合这一条件的刑罚，只要能单独适用，就都是本书所指称的耻辱刑。当然，关于其他刑罚所附带的耻辱意义，本书也必须附带地加以讨论，但这并不是重点。具体地说，本文所称的"耻辱刑"，是指那些以剥夺或降低、贬损受刑人人格、名誉、荣誉、尊严、资格、权利的方式以施加精神痛苦为主要目的的刑罚。

2. 本书所谓"戮辱"

"戮辱"，原意是"受刑被辱"，这是一个很古老的词语。汉人贾谊云："廉耻礼节以治君子，故有赐死而亡（无）戮辱。是以系缚榜笞、髡剔黥劓之罪不及士大夫，以其离主上不远也。"[1]贾谊所言"戮辱"，就是用死刑肉刑

---

[1]《新书·阶级》。

的方式对人加以羞辱或侮辱。贾谊认为，对于君子，就要用礼义廉耻来驾驭和管理，不能加以带有人格侮辱性质的惩罚，如鞭笞、剃发、脸上刺字、割鼻等，就是死刑也要让他们死得体面。他表达的其实是"礼不下庶人、刑不上大夫"的主张。"戮"，在古汉语中，按《词源》解释，有三重意思。第一指带有示众羞辱性质的"杀"。如《尚书·甘誓》"弗用命戮于社"中的"戮"就是"杀"的意思，这不仅仅是简单的"杀"，还强调杀于"社"这种公共场所加以羞辱。第二层意思是"陈尸示众"，如《国语·鲁语下》"昔禹致群神于会稽之山。防风氏后至，禹杀而戮之"，注："陈尸为戮也。"第三层意思是"侮辱""罪责"。《国语·晋语》"夫戮出于身实难，自他及之何害"，这里的"戮"指的就是"侮辱"。这三层意思，其实都有一个相通之处，就是以损伤性动作行为（"杀"只是最严重的一种形式，更多指以"杀"以外的其他形式）进行侮辱或羞辱。所以，古人有"杀戮""戮尸"之说，"戮"都是指侮辱羞辱。所以标题里特别用"戮辱"一词，笔者认为最能直接明了地展现耻辱刑的核心特征。以"戮辱"为惩罚报复（对受刑人）和威慑恫吓（对其他人），正好是耻辱刑的最主要涵义，所以本书标题以"戮辱的恫吓"来概括古代中国耻辱刑的特征与意义。

3. 本书所称"传统中国"

本书拟在一个特定的时间段内、一个特定的历史场景内讨论耻辱刑的历史特征与意义。这个时间段或场景就是"传统中国"。要讨论耻辱刑，必须对历史背景即时段和场景预先进行界定，若不确定一个场景或时段，那么讨论就没有历史感，也没有着落。所谓传统中国，主要指鸦片战争之前的中国，亦即受到西方文化大规模影响之前的中国。在 1840 年以前，中国的政治法制体系、社会秩序模式，在几千年里都保持着一种封闭或半封闭的持续状态，似乎形成了一种特征连贯且牢不可破的传统。正因为在那样的传统中，耻辱刑才能有存在并发挥作用的土壤，才能被不断延续和使用千年。鸦片战争以后，西方先进的刑法制度和刑法思想传入中国，中国法制发生了前所未有的变革，正式的耻辱刑也是在这一变革中被废除，这标志着传统已经发生改变。所以鸦片战争以后的中国，是变革的中国，是近现代中国；"传统中国"或"古代中国"正与"变革中国"或"近现代中国"的概念相对立。之所以要在"传统中国"的时段或场景下讨论，主要是因为在一个相对封闭的文化体系中，一种法制现象抑或是文化现象，即使在这一时段内有着一些种类、形式、轻重等方面的前后或程度变化，但其性质和内涵有着难以忽视的一致性和连续性，这种一致性或连贯性可以通过对历史事实的梳理总结来适当把握。本书关于耻辱刑的研究，正是要总结分析耻辱刑在内涵或本质上的一致性和连贯性。关于"传统中国"的说法，在国外的中国学研究中一点也不陌生，在国内学者中同样一点也不陌生，"traditional China"所指为何大家一般非常明确，毫无疑义。

第五节　"戮辱的恫吓"题解

本书用"戮辱的恫吓"来概括传统中国耻辱刑的历史特征、价值与意义，是有特定考虑的。我原本想用"儆阻与教化"来概括，后经反复思考，发现并不妥当，因为任何刑罚的特征、价值、意义，都不外儆阻（惩阻）与教化两个方面。我发现狭义上的耻辱刑，其主要特征就是"戮辱"，即以刑惩为侮辱或羞辱。"戮"是令人厌恶的不体面的手段或方式，"辱"是这种手段或方式的意旨或动机，最后的目标或追求是"恫吓"即制止犯罪。不过，这个恫吓要从两个层面来理解：从浅层次上来讲，或是从直接关系上来讲，就是通过心理或精神惩痛来威慑、报复、制止犯罪，这就是我在下文第四章第二节所要特别总结分析的"耻辱刑的儆阻功能"。这种儆阻，既包括对犯罪者本人，也包括对所有旁观者或社会公众。既儆阻犯罪者个人再犯，也儆阻其他人效仿。亦即既有刑法学上所讲的"特殊预防"功能，也有刑法学上所讲的"一般预防"功能。从深层次上来讲，或是从间接关系上来讲，就是通过耻辱刑的惩痛来对犯罪人和公众进行道德教育，提高人民的道德水准。关于这一点，我在下文的第四章第三节"耻辱刑的教化功能"部分将有讨论。这里面同样既有"特殊预防"也有"一般预防"。但是，这种教育并不是通过道德修养说服工作促成对方道德醒悟、品德升华的方式实现的，而是通过惩痛的恫吓以制止或劝阻恶行、间接使人道德提高来完成的。所以"恫吓"本身就是教育方式，打消犯罪念头、不再犯罪的教化效果就是通过恫吓或威慑间接换来的。由于"恫吓"更强调公之于众的方式，且"恫吓"系通过"戮辱"来体现，所以最后我用"戮辱的恫吓"来概括耻辱刑的特征与意义，应该能够与其他刑罚的性质和特征区分开来的。其他的刑罚也有恫吓，但由于他们并非专门或主要以"戮辱"为形态，并非专门或主要以示众"恫吓"为目标

（那些类型的刑罚中的"辱"仅仅是次要或附带的效果，其"恫吓"也主要是以别的痛楚而不是"辱"的痛楚来实现）。这就是本书最后选择用"戮辱的恫吓"为标题的原因。

笔者曾一度设想用"戮辱与恫吓"来概括传统中国耻辱刑的特征与意义，但笔者发现会造成读者的误解，会让人误以为笔者将耻辱刑仅看成对受刑人的戮辱和对公众的恫吓。如果作此理解，那就与历史事实不符。因为"戮辱"不仅是对受刑人本人而言，其实也作用于受刑人的亲属和其他关系亲近的人（当家人受耻辱刑时，父母子女兄弟姐妹等其实也会因此感到"戮辱"）；"恫吓"也不仅仅是对公众或旁观者而言，其实也包括对受刑人本人的恫吓。

第一章

传统中国耻辱刑的历史沿革

　　耻辱刑在中国古代存在了四千多年，从上古时期出现的象刑到清朝末年废止的枷号刑，这中间经历了一个很漫长的发展和演变过程。传统耻辱刑历经了从产生到兴盛再到逐渐衰亡的过程。虽然这一演变过程并没有一定的规律性，但是，笔者通过对每个时期耻辱刑概况的研究，大致将传统耻辱刑的发展演变分为三个大阶段。第一个阶段是上古时期，也就是传说时期，这一时期关于耻辱刑的记录多为后人口耳相传的故事，具有一定的神话传说性质，并没有相应的实物证据和正史可以证实。虽然这一时期的记载多为传说，但是神话传说背后毕竟有其物质背景作为原型，所以在上古时期，可能就曾出现过耻辱刑。第二个阶段是先秦时期，也就是夏商周到春秋战国。在这一时期，耻辱刑出现了很多具体的刑种，可以说已经基本上发展完善了。鉴于先秦时期还处于奴隶制时期，刑罚普遍具有野蛮、残酷的性质，耻辱刑也不例外，这一时期的耻辱刑通常会对犯罪人的肉体造成巨大损害，兼具肉刑的性质。第三个阶段是秦汉直至明清。自秦统一后，中国进入了封建制时代，国家政治和法治水平都有了很大的提升，耻辱刑的适用走上了规范化道路。因此，自秦直到清末这一时期又是耻辱刑发展的一个新时期。在这一时期，耻辱刑的适用变得更加规范，用刑方式也趋于文明，刑种也基本被确定了下来，许多传统的偏重肉刑性质的耻辱刑逐渐绝迹，取而代之的是偏重造成精神痛苦的纯粹性的耻辱刑。这一时期的耻辱刑大都不会给受刑人带来太大的身体损害，比如髡、耐刑等。随着时代的发展，耻辱刑对于犯罪人肉体的伤害越来越小，而越来越注重对犯罪人心理和精神的羞辱和伤害。

第一节 上古时期的耻辱刑

一、上古时期耻辱刑的记载和传说

1. 象刑

耻辱刑并不是一个古代就有的概念，而是后人概括的，尽管如此，具有耻辱性、羞辱性的刑罚在很久以前就出现了。目前学界通说认为，中国古代最早的耻辱刑大概出现在尧舜禹时期，因为这是一个传说时代，虽缺乏历史真实性，但具有一定的线索意义。

目前，学界主流观点认为中国最早的耻辱刑是"象刑"。"象刑"是一种对受刑人"画衣冠，异章服"的刑罚，具体行刑方式是通过改变受刑人衣冠服饰使之与常人不同，从而令受刑人蒙受精神羞辱。"象刑"一般不直接残害受刑人的肌肤和肢体。这种刑罚并不是凭空产生、独立存在的，而是一种替代传统死刑、肉刑的象征性耻辱刑。"象"即是"象征"的意思，所以象刑就是一种象征性的刑罚。

关于象刑最早的记载见之于《尚书·舜典》："象以典刑，流宥五刑，鞭作官刑，扑作教刑，金作赎刑。"《益稷》又载："皋陶方祗厥叙，方施象刑惟明。"《尚书》中提出了象刑的概念，但是并没有具体解释象刑的具体含义和内容。仅从字面考证，无法做出判断。

《慎子·逸文》载："有虞氏之诛，以幪巾当墨，以草缨当劓，以菲履当刖，以艾毕当宫，布衣无领当大辟。此有虞之诛也。斩人肢体，凿其肌肤，谓之刑。画衣冠，异章服，谓之戮。上世用戮而民不犯也，当世用刑而民不从。"[1] 笔者认为这里的"画衣冠，异章服"指的应该就是象刑。《荀子·正论》中也表达了同样的观点："世俗之为说者曰'治古无肉刑，而有象刑：墨黥；慅婴；共、艾毕；菲，纟封屦，杀、赭衣而不纯。治古如是。"可见，先秦诸子的观点基本相同。但是先秦诸子并没有提到象刑与"画衣冠，异章服"的联系，鉴于此，汉代以后的经学家做出了详细的解释。

---

〔1〕《太平御览》卷六四五，(宋) 李昉等撰、任民等校点：《太平御览》(第6卷)，河北教育出版社1994年版，第77页。本书内涉及《太平御览》的相关引述皆出自该版本图书，下不赘述。

《汉书·刑法志》载："孙卿之论刑也，曰：'世俗之为说者，以为治古无肉刑，（治古，谓上古至治之时也。）有象刑、墨黥之属，菲屦赭衣而不纯，（菲，草也。屦，履也。纯，缘衣也。不加缘，示有耻也。）是不然矣。以为治古则人莫触罪矣，非独无肉刑哉？亦不待象刑矣。（人不犯法、即象刑无所施也。）以为人或触罪矣，而直轻其刑，是杀人者不死，而伤人者不刑也。罪至重而刑至轻，民无所畏，乱莫大焉。故象刑非生于治古，方起于乱今也。'（如淳曰：古无象刑也。所以有象刑之言者，近起于今人恶刑之重，故遂推言古之圣君，但以象刑，天下自治。）"[1]《尚书大传》载："唐虞象刑，犯墨者蒙皂巾；犯劓者赭其衣；犯膑者以墨幪其膑处而画之；犯大辟者布衣无领。"由此可以看出，象刑就是通过改变受刑者衣冠服饰来替代相应刑罚的一种刑种。《尚书大传》还指出："唐虞象刑而民不敢犯，苗民用刑而民兴相渐。唐虞之象刑，上刑赭衣不纯，中刑杂屦，下刑墨幪，以居州里，而民耻之。"郑玄注曰："纯，缘也。时人尚德义，犯刑者但易之衣服，自为大耻。屦，履也，幪，巾也，使不得冠饰。"在这里，"而民耻之""自为大耻"正说明了象刑具有让受刑人受到精神羞辱的效果。杨倞对《荀子·正论》"世俗之为说者曰'治古无肉刑，而有象刑：墨黥；慅婴；共、艾毕；菲，纟封屦，杀、赭衣而不纯。治古如是"的注文曰："治古，古之治世也。肉刑，墨、劓、剕、宫也。象刑，异章服，耻辱其形象，故谓之象刑也。"[2]杨倞的注释又一次强调象刑的耻辱性质。《周礼·秋官·司圜》载："司圜掌收教罢民，凡害人者，弗使冠饰而加明刑焉，任之以事而收教之。"郑玄注："弗使冠饰者，著墨幪，若古之象刑与。"[3]可见，郑玄认为"著墨幪"就是古代的象刑。贾公彦疏："画象者，上罪墨象，赭衣杂屦，中罪赭衣、杂屦，下罪杂屦而已。"[4]也表达了同样的意思。

2. 黥刑、劓刑的初步出现

上古时期除了有"象刑"以外，还有黥刑、劓刑这两种耻辱刑。"黥刑"

---

〔1〕 《太平御览》。

〔2〕 王先谦：《荀子集解》，中华书局 1988 年版，第 327 页。本书所涉《荀子集解》相关引述皆出自该版本图书，下不赘述。

〔3〕 （汉）郑玄注、（唐）贾公彦疏：《十三经注疏 周礼注疏》，引自李学勤主编：《十三经注疏》，北京大学出版社 1999 年版，第 58 页。本书所涉《十三经注疏》相关引述皆出自该版本图书，下不赘述。

〔4〕 《十三经注疏 周礼注疏》。

是在受刑人脸上刺字以示羞辱的刑罚，"劓刑"是割掉受刑人的鼻子的刑罚（鼻子没了当然会变成异类，自然会蒙受耻辱）。虽说这两类耻辱刑相比"画衣冠，异章服"的象刑来说，给受刑人带来的肉体痛苦性更大，但是它们却是具有耻辱性惩罚意义的刑罚，且一般来说给受刑人带来的精神耻辱感大于肉体疼痛感。早在《尚书·吕刑》里就出现过对这两类刑罚的记载："苗民弗用灵，制以刑，惟作五虐之刑曰法。杀戮无辜，爰始淫为劓、刵、椓、黥。"苗民就是苗族人民，是五帝时代的古老部落，颛顼的后裔。由于夏灭苗后沿袭了苗民的刑法，所以这两种耻辱刑自夏朝以后一直沿用，并得到了发展。

二、关于象刑性质的争论

关于象刑最早的出处源自《尚书·尧典》"象以典刑"和《尚书·益稷》"方施象刑惟明"。数千年来，学者对它一直有着不同理解和争论。对于象刑是尧舜时设置的一种刑罚的这一认识，学界没有疑问，学界也普遍认同象刑是通过某种外在表象来警戒人们行为规则的一种手段。但是关于象刑的具体性质，即象刑到底是如何用刑的，古人争论不休，主要有以下两种观点：

（1）认为象刑就是通过改变受刑人衣冠服饰，令其与常人不同，使社会大众知道受刑人因犯罪受到了某种惩罚，以示警戒的一种刑罚。这种理解下的象刑就是典型的耻辱刑，这一认识也是古今学界的主流观点。汉人伏胜曾在对《尚书》的解释性著作《尚书大传》里，对象刑如此评述："唐虞象刑而民不敢犯，苗民用刑而民兴相渐。唐虞之象刑，上刑赭衣不纯，中刑杂屦，下刑墨幪，以居州里，而民耻之。""唐虞象刑，犯墨者蒙皂巾；犯劓者赭其衣；犯殡者以墨幪其膑处而画之；犯大辟者布衣无领。""赭衣不纯""杂屦""墨幪"就是改变衣冠服饰。伏胜认为通过这种改变，将受刑人"居州里"就可以使"民耻之"。战国时期著名思想家慎到评论象刑："有虞氏之诛，以幪巾当墨，以草缨当劓，以菲屦当刖，以艾毕当宫，布衣无领当大辟。此有虞之诛也。斩人肢体，凿其肌肤，谓之刑。画衣冠，异章服，谓之戮。上世用戮而民不犯也，当世用刑而民不从。"[1]可见，慎到认为，这种"画衣冠、异章服"的耻辱性刑罚与传统"断肢体、刻肌肤"的刑罚有着同样的犯罪预防效果。思想家荀况也对象刑做出过评论："世俗之为说者曰'治古无肉刑，

---

[1] 《太平御览》卷六四五。

而有象刑：墨黥；慅婴；共、艾毕；菲，纟封屦，杀、赭衣而不纯。治古如是。"[1]杨倞注曰："治古，古之治世也。肉刑，墨、劓、剕、宫也。象刑，异章服，耻辱其形象，故谓之象刑也。"[2]尽管荀子提到了象刑，但是他对象刑的存在和意义是持反对态度的。荀子还指出："以为治邪？则人固莫触罪，非独不用肉刑，亦不用象刑矣。以为人或触罪矣，而直轻其刑，然则是杀人者不死，伤人者不刑也。罪至重而刑至轻，庸人不知恶矣，乱莫大焉。"[3]荀子认同象刑就是一种通过"异章服"来羞辱受刑人的刑罚，但他对象刑的实际运用提出了质疑，他认为象刑的存在是不具有社会存在基础的，象刑完全不能治理社会，若象刑普遍施行，那么杀人者、伤人者都可以免除肉体惩罚，社会就会"乱莫大焉"。所以荀子只认同"象刑殆非生于治古，并起于乱今也"，[4]即象刑并不产生于治理得很好的古代，而多产生于世事混乱的现代。因为治理得很好的古代连普通刑罚都不用，更谈不上适用象征性的刑罚了。汉代史官班固也认同荀子的观点，他在《白虎通》中也有关于象刑的论述："五帝画象者其衣服象五刑也，犯墨者蒙巾，犯劓者以赭著其衣，犯髌者以墨幪其髌处而画之，犯宫者履杂扉，犯大辟者布衣无领。"[5]在《汉书》里，班固又指出"象刑非生于治古，方起于乱今也"，并云"所谓象刑惟明者，言象天道而作刑，安有菲屦赭衣者哉？"[6]在《周礼·秋官·司圜》篇中，汉代经学家郑玄和唐代经学家贾公彦对象刑也有评论，郑玄注曰："弗使冠饰者，着黑幪，若古之象刑与？"贾公彦疏曰："画象者，上罪墨象、赭衣杂屦，中罪赭衣、杂屦，下罪杂屦而已。画象者，则《尚书》象刑直墨象，略言之，其实亦有赭衣杂屦。"[7]

　　以上这些学者对象刑的评述，不管是持肯定态度，亦或是持否定态度，都认为象刑是一种通过"画衣冠、异章服"，使受刑人与众不同，从而让人们知道其因犯罪受刑，使受刑人蒙受巨大的精神痛苦，但又不会对受刑人带来

---

〔1〕《荀子·正论》。

〔2〕《荀子集解》。

〔3〕《荀子·正论》。

〔4〕《荀子·正论》。

〔5〕《白虎通·五刑》。

〔6〕《汉书·刑法志》。

〔7〕《十三经注疏　周礼注疏》。

肉体痛苦的一种耻辱性刑罚。这也是对象刑性质定性的最主流观点。

（2）认为象刑不是一种具体的刑罚，而仅仅是将刑罚的图像公示与众，以教育广大民众的方式，这种公示通常以绘画的形式展现出来。按照这种理解，象刑指的就是刑法和刑罚的图像或画象，"象"字在此处解释为图像，而不是上文的象征之意。《左传·哀公三年》载："季桓子至，御公立于象魏之外。命救火者，伤人则止，财可为也。命藏象魏，曰：'旧章不可亡也。'"[1]杜预注："象魏，门阙""《周礼》，正月县（悬）教令之法于象魏，使万民观之，故谓其书为象魏。"[2]"象魏"是古代天子、诸侯宫门外的一种高建筑，亦叫"阙"或"观"，是悬挂教令的地方。《吕思勉读史札记》中也解释："魏，阙名，象，乃刑典之名。象县（悬）于魏，因称魏为象魏，古有之矣……象之始当为刑象，盖画刑人之状，以怖其民，《尧典》所谓'象以典刑'也。"[3]根据这种解读，悬挂刑罚画像以教育民众才是象刑的真正含义。在春秋时期，确实有将刑法图像悬挂于象魏令民众观之的做法。《周礼·秋官·大司寇》记载"正月之吉，始和布刑于邦国都鄙，乃县（悬）刑象之法于象魏，使万民观刑象，挟日而敛之。"此外，许多古代文献在谈到象刑时多用"画象"一词来解释，如《汉书·武帝纪》"朕闻昔在唐虞，画象而民不犯。"《周礼·秋官·司圜》注疏引《孝经纬》云："画象者，上罪墨象、赭衣杂履，中罪赭衣、杂履，下罪杂履而已。"[4]《唐律疏议·名例律》疏议曰："逮乎唐虞，化行事简，议刑以定其罪，画象以愧其心。"宋代思想家朱熹也认同象刑就是画刑象的观点，他指出："其刑也，必曰'象以典刑'者，画像示民以墨、劓、剕、宫、大辟五等肉刑之常法也。或问：'象以典刑，如何为象？'曰：此正言法象，如悬'象魏'之象。"[5]宋政治家程大昌也有评述："夫既谓象，则必有形可绘，有状可示也。既其可绘可示，则凡谓为象者，其必于形象焉求之……则象刑云者，是必模写用刑物象，以明示民，使知愧畏……周之阙名象魏，魏者，取其巍巍然也。象者，实有六典事物之象画著其上也。

---

〔1〕《春秋左传·哀公三年传》。

〔2〕《十三经注疏 春秋左传正义》。

〔3〕吕思勉：《吕思勉读史札记（上）》，上海古籍出版社1982年版，第334~335页。

〔4〕《十三经注疏 周礼注疏》。

〔5〕（明）邱浚：《大学衍义补》，京华出版社1999年版，第873页。本书所涉《大学衍义补》相关引述皆出自该版本图书，下不赘述。

司寇之职，正月则垂刑象之法与象魏，使万民观刑象，挟日而敛之，此其为制。……周言刑象，命其形也；虞言象刑，着其成也，其实一也。六官皆有职，六职皆有具，治教政礼刑工，随其事物而图写之，其绘事属刑者，则刑官取而垂之魏阙，是为刑象。由刑象以推唐虞，则象刑云者，以有象而名可类推也。"〔1〕程大昌认为象刑就是画刑象悬挂于魏阙，以教育民众。清人孙星衍在《尚书古今文注疏》中说："设此画象以示民，告以不从教则当加刑，而民无敢犯者。"〔2〕清代曾运乾《尚书正读》载："象，刻画也。盖刻画墨、劓、刖、宫、大辟之刑于器物，使民知所惩戒。如九鼎象物之比。俗说乃以画衣冠异章服为象刑，盖传之失其真也。"〔3〕

以上学者对象刑的描述和评论，多认为象刑并不是一种具体的刑罚，而仅仅是一种将刑法和刑罚通过"画象"的方式向公众展示，以起到教育大众和犯罪预防作用的一种方式。所以这种观点否定了象刑为刑罚的学说。

这两种对象刑性质的观点，其分歧归根结底就是"象"字的含义，是"象征"之象，还是"图象"之象。象字的最原始含义确实为形象、图象，象征之意是在此意上衍生出来的解释。我们也不能就此判断象刑之象最早是"图象"之意，只能说在中国古代，由于原始文献记载的简略，导致了不同学者对"象刑"的实质产生了不同的看法。相比这两种观点，笔者更认同前一种，即象刑就是象征性刑罚的观点。象刑按照文献记载，产生于虞舜时期，虞舜时期在中国历史上尚属于传说时期，由于没有出土文物的佐证，这一时期的许多文献并不具有事实可考性。我们可以构想，在唐虞盛世时期，社会治安非常好，人们普遍具有一定的荣辱感。刑之不用是统治者最终的目的和理想，但是完全没有刑罚又不现实，对于偶尔犯法之人，对其适用某种替代性的象刑性刑罚，这种象征又能向社会大众传递某些犯罪受刑的信息，通过社会舆论让受刑人感受到羞耻，促使其改邪归正。这一逻辑非常好地阐述了象征性刑罚的本质。此外，通过一则出土文物，也可以说明象刑理解为象征性刑罚比理解为刑罚之图象更妥当。在陕西省岐山县出土的西周青铜器上有一则"亻朕匜"铭文，这则铭文共 157 字，如下：

---

〔1〕 （宋）程大昌撰：《考古编》，中华书局 1985 年版，第 29~30 页。
〔2〕 （清）孙星衍：《十三经清人注疏 尚书今古文注疏》，中华书局 1986 年版，第 122 页。
〔3〕 曾运乾：《尚书正读》，中华书局 1964 年版，第 21 页。

　　三月既死魄甲申，王在莱上宫。伯扬父乃成劾曰："牧牛，□乃苛勘。汝敢以乃师讼。汝上代先誓。今汝亦既又御誓，专徭啬睦倈，周亦兹五夫。亦即御乃誓，汝亦既从辞从誓。式苛，我宜鞭汝千，黩䯂汝。今我赦汝，宜鞭汝千，黜䯂汝。今大赦汝，鞭汝五百，罚汝三百锊。"伯扬父乃又使牧牛誓曰："自今余敢扰乃小大事。乃师或以汝告，则到，乃鞭千，黩䯂。"牧牛则誓。乃以告吏□吏智于会。牧牛辞誓成，罚金，倈用作旅盉。[1]

　　铭文里记载了"黩䯂"和"黜䯂"两种刑罚，根据古文字学家唐兰先生的考证，"黩䯂"是墨刑附加以黑巾蒙面的刑罚，"黜䯂"是墨刑附加免去官职的刑罚。[2]"式苛，我宜鞭汝千，黩䯂汝。今我赦汝，宜鞭汝千，黜䯂汝。"[3]可见，"黜䯂"相比"黩䯂"是得到了恩赦，那么即意味着"黜䯂"刑轻于"黩䯂"刑，如此不难推断，象刑之一的"黩"即黑巾蒙面在那个时代是一种具有一定惩罚意义的刑罚，而且其轻重程度至少不低于免官。所以黑巾蒙面这种象刑并不只是一种标记或展示，而是一种实实在在的具有惩罚意义的刑罚。

　　既然象刑是象征之刑，那么在唐虞时期，象刑的具体适用大致是这样的：犯罪本应被处以墨刑的人，代之以"幪巾当墨"，即受刑人只须戴黑巾，不准戴帽子，以此表示他是有罪并被判处墨刑之人；犯罪本应被处以劓刑的人，代之以"草缨当劓"，即让其戴上草制的帽子（另一种说法是"赭衣不纯"，即让其穿上赤褐色的衣服），以表示他是有罪并被处以劓刑之人；犯罪本应被处以刖刑的人，代之以"菲履当刖"，即让其穿上麻作的鞋，以表示他是有罪并被处以刖刑之人；犯罪本应被处以宫刑的人，代之以"艾毕当宫"，即割去受刑人身前的护膝，以表示他是有罪并被处以宫刑之人，并不是真的要破坏其生殖器官；犯罪本应被处以死刑的人，代之以"布衣无领当大辟"，即让其穿上没有领子的布衣，以表示他是有罪并被处以死刑之人。这一系列象征性措施确实不具有任何传统刑罚所具有的肉体痛苦性，也许按照后世学者的评论，不足以惩奸，但是却表达了古人对于无刑的美好社会治理模式的一种憧

---

〔1〕 转引自汪世荣：《中国古代判词研究》，中国政法大学出版社1997年版，第26页。

〔2〕 参见唐兰：《陕西省岐山县董家村新出西周重要铜器铭辞的译文和注释》，载《文物》1976年第5期。

〔3〕 转引自汪世荣：《中国古代判词研究》，中国政法大学出版社1997年版，第26页。

憬和期望。

　　另外，有学者指出象刑是中国古代最早的耻辱刑，笔者认为其实不然，若按照象刑是替代性刑罚的理论，劓刑和墨刑都在象刑之前出现，象刑只是使用"草缨当劓"和"幪巾当墨"等方式来代替劓刑和墨刑。不过在当时，象刑的出现确实具有划时代的意义，它是一种全新意义上的刑罚种类，具有耻辱性和替代性。所以只能说象刑是中国历史上最早出现的一类成体系化的象征性耻辱刑。

　　象刑是一种纯粹意义上的耻辱刑，相比墨刑、劓刑等耻辱刑，象刑不会给受刑人带来任何肉体痛苦，相比带有肉刑性质的耻辱刑来说，象刑更加文明和纯粹。象刑的刑罚作用原理仅仅是依靠给受刑人带来的羞辱和受刑人自己内心深处对这种羞辱的强烈认同和自责来达到犯罪预防的目的。所以正如慎子和荀子所说的，象刑只能适用于和谐的盛世时代，对于乱世而言，象刑的使用不足以惩奸，反而会带来"乱莫大焉"的后果。

　　其实，象刑这种耻辱刑并不只在中国古代出现过，世界上许多其他民族也有类似的刑罚。法国早期思想家法拉格在《思想起源论》一书中介绍了古代阿富汗学习斯拉夫人的一种刑罚方式就类似我国古代的象刑，书中说到："阿富汗的凶手即使他无心地杀了人，也应当恳求被害者的家庭接受他的金钱赔偿；他应当服从屈辱的仪式，很像在同样场合在南欧洲的斯拉夫人中所盛行的那种仪式。——法官和观众围成一个大圆圈，罪犯站在中间，脖子上挂着一杆枪和一柄匕首；他用膝盖爬行到被害一方的脚下，他们即除去他的武器，扶起他来并和他拥抱，说：愿上帝宽宥你。观众用热烈的掌声与欢呼声来欢迎敌人的和解……这仪式取名'血会'（Cercle du sang），最后以庆宴结束，庆宴费用由凶手负担，所有到场者都参加。"[1]这一做法就是通过用羞辱和金钱补偿的方式替代本应被判处的杀人之刑罚，罪犯受到羞辱后，最终被宽恕了，所以这种方式既具有替代意义，也具有耻辱含义，最终对于化解纠纷、解决事端起到了非常好的促进作用。在古代波兰也有类似的替代性耻辱刑，称为"波哥拉"，"属于统治阶级的人犯杀人案时，可能要举行称为所谓波哥拉（nokooa）的仪式。波哥拉含义如下：死者连同棺木均置于教堂的中央，凶手上身裸露，面向棺木跪下，他把自己的剑献给死者的亲属，以替死

---

　　〔1〕　〔法〕拉法格：《思想起源论》，王子野译，生活·读书·新知三联书店1963年版，第82页。

者做弥撒和向教堂捐献为条件祈求他们的宥恕"。[1]

第二节　先秦时期的耻辱刑历史沿革

先秦是秦统一中国以前的时期，包括了有文字历史记载的夏、商、西周、春秋、战国这几个历史阶段。

一、夏商时期

夏朝是中国历史上有文字史料记载的第一个朝代，夏朝的耻辱刑主要有劓刑和黥刑。正如上文提到的《尚书·吕刑》记载："苗民弗用灵，制以刑，惟作五虐之刑曰法。杀戮无辜，爰始淫为劓、刵、椓、黥。"夏灭苗并且沿用了苗民的刑法，继承了"劓、刵、椓、黥"等刑罚，劓刑和黥刑这两种耻辱刑自此进入了夏朝的刑罚体系。《左传·昭公六年》载"夏有乱政，而作禹刑"，《尚书大传》载"夏刑三千条"，《周礼·秋官·司刑》郑玄注曰"夏刑，大辟二百，膑辟三百，宫辟五百，劓、墨各千"，[2]可见，夏朝的刑法体系中，墨刑和劓刑已经成为了主要刑罚。

商朝的刑罚基本上继承了夏朝，《晋书·刑法志》记载："夏后氏之王天下也，则五刑之属三千，殷因于夏，有所损益。"《魏书·刑罚志》载："夏刑则大辟二百，膑辟三百，宫辟五百，劓墨各千。殷因于夏，盖有损益。"可见，商朝继承了夏朝的五刑，但有所增删。《尚书·伊训》记载了商代大臣伊尹的话"臣下不匡，其刑墨，具训于蒙士"，这里的墨指的就是墨刑。《尚书·盘庚中》记载了盘庚迁都殷后下的诏令："乃有不吉不迪，颠越不恭，暂遇奸宄，我乃劓、殄灭之无遗育"，对于行为不善、做出了违法行为、不从王命的人，盘庚下令轻者处以劓刑，重者处以死刑，灭绝其全家。商朝出现了甲骨文，甲骨文中的"刵"字，据考证就是"劓"字的古体。因此可见，在商代，确有劓刑和黥刑的存在。

---

〔1〕 苏联司法部全联盟法学研究所编：《国家与法权通史》，中国人民大学出版社1953年版，第436页。

〔2〕《十三经注疏　周礼注疏》。

二、西周时期

武王伐纣，周朝建立，周朝是中国古代最鼎盛的一个朝代，在这一时期，法律得到了极大的发展。由于这一时期的文字史料和出土文物相比夏商时期更加丰富，所以关于耻辱刑的有关记载相比夏、商两朝也更加详细。在西周，耻辱刑主要还是黥刑和劓刑。

《尚书·吕刑》对周代的五刑制度作了具体的说明："墨辟疑赦，其罚百锾，阅实其罪。劓辟疑赦，其罪惟倍，阅实其罪。剕辟疑赦，其罚倍差，阅实其罪。宫辟疑赦，其罚六百锾，阅实其罪。大辟疑赦，其罚千锾，阅实其罪。墨罚之属千。劓罚之属千，剕罚之属五百，宫罚之属三百，大辟之罚其属二百。五刑之属三千。"《周礼》中也同样记载了周代的五刑体系，"（司刑）掌五刑之法，以丽万民之罪。墨罪五百，劓罪五百，宫罪五百，刖罪五百，杀罪五百。"〔1〕可见，西周时期五刑体系已经形成，其中墨罚（墨罪）和劓罚（劓罪）就是两种耻辱刑。

《周易·睽》记载："六三：见舆曳，其牛掣，其人天且劓，无初有终。"正义曰："其人天且劓，无初有终者，黥额为天，截鼻为劓。既处二四之间，皆不相得，其为人也，四从上刑之，故黥其额，二从下刑之，又截其鼻，故曰其人天且劓"，〔2〕"天"就是在犯人的头上刺字。周易的这段话记载了一个赶车人既受到墨刑又受到了劓刑，可见，在当时有劓刑墨刑同时施用的情形。《礼记·文王世子》记载："公族其有死罪，则磬于甸人，其刑罪，则纤剸，亦告于甸人。"注云："纤读为歼，歼，刺也。剸，割也。宫、割、膑、墨、劓、刖，皆以刀锯刺割人体也。"〔3〕这里对并没有犯死罪的王公贵族处以的"纤剸"就是各种刺字割器官的刑罚，自然也包括墨刑和劓刑。

上文提到的那则非常著名的倗匜铭文，可以从司法实践中佐证耻辱刑的实际运用：

三月既死魄甲申，王在菜上宫。伯扬父乃成劾曰："牧牛，□乃苟勘。汝

---

〔1〕《周礼·秋官·司刑》。

〔2〕《十三经注疏　周易正义》。

〔3〕《十三经注疏　礼记正义》。

敢以乃师讼。汝上代先誓。今汝亦既又御誓，专狢啬睦僟，周亦兹五夫。亦即御乃誓，汝亦既从辞从誓。式苛，我宜鞭汝千，黩䵦汝。今我赦汝，宜鞭汝千，黜䵦汝。今大赦汝，鞭汝五百，罚汝三百锊。”伯扬父乃又使牧牛誓曰：“自今余敢扰乃小大事。乃师或以汝告，则到，乃鞭千，黩䵦。”牧牛则誓。乃以告吏□吏曶于会。牧牛辞誓成，罚金，僟用作旅盉。〔1〕

对于这则铭文记载的判决，古文字学家唐兰先生指出，判决里的“黩䵦”和“黜䵦”都是周代的墨刑，是墨刑的两种不同的执行方式，前者既黥面又幪黑巾，以示羞辱；后者只黥面，不幪黑巾，但是要罢官，后者轻于前者。〔2〕这一铭文从司法实践的角度再一次证明了墨刑作为一种耻辱刑，在西周的盛行。

西周时期，曾出现过一种叫“明刑”的刑罚，据《周礼·秋官·大司寇》记载：“以圜土聚教罢民，凡害人者，寘之圜土而施职事焉，以明刑耻之。”郑玄注曰：“明刑，书其罪恶于大方版，著其背。”〔3〕可见，在西周时期，对于为非作歹之徒，处罚办法就是把他们投入监狱（圜土），并把一个写有罪犯信息和所犯罪状的大方板挂在他们背后，向公众展示，使犯罪人感受到精神上被羞辱的痛苦。“以明刑耻之”清楚地揭示了明刑的耻辱刑性质。所以，学界通说认为，明刑相比劓刑和墨刑来说，是一种非常纯粹的耻辱刑，与象形类似。笔者对此存疑。郑玄定义明刑就是书写罪恶于大方板，但并无文献可考，郑玄也只是猜测和推断，笔者认为这里的明刑并不一定就是一种附加的刑罚，而是明示刑罚与公众的意思，就是将置于监狱劳改的刑罚信息公布于众，让公众谴责的意思。所以这里的明刑只是一个展示的过程，并不是一个刑罚概念。总之，不论明刑是一种耻辱刑还是仅仅是一种展现刑罚的方式，它都具有耻辱意义，郑玄在注文里对“耻之”的描述非常准确地概括了其羞辱、耻辱的含义。

---

〔1〕 转引自汪世荣：《中国古代判词研究》，中国政法大学出版社 1997 年版，第 26 页。

〔2〕 参见唐兰：《陕西省岐山县董家村新出西周重要铜器铭辞的译文和注释》，载《文物》1976 年第 5 期。

〔3〕《十三经注疏　周礼注疏》。

三、春秋战国时期

春秋战国时期，诸侯国林立，每个国家的刑罚虽各不相同，但是在这一时期各国最主要的耻辱刑仍然是劓刑和墨刑。《左传·昭公十三年》传曰："（楚）公子弃疾为司马，先除王宫。使观从从师于乾谿，而遂告之，且曰：'先归复所，后者劓。'"可见，劓刑在楚国有所适用。

战国时期，商鞅在秦国执政，劓刑和墨刑得到了广泛适用，《商君书·境内》载，凡"攻城围邑"，兵士如"不能死之，千人环，归谏，黥劓于城下。"《史记·商君列传》还记载了太子犯法，商鞅对太子的两个师傅施以了黥刑和劓刑的故事："太子犯法。卫鞅曰：'法之不行，自上犯之。'将法太子。太子，君嗣也，不可施刑，刑其傅公子虔，黥其师公孙贾。""行之四年，公子虔复犯约，劓之。"商鞅还制定了"弃灰于道者，黥"[1]的规定。秦末名将九江王英布，"黥布者，姓英氏，秦时为布衣、少年，有客相之曰：当刑而王。及壮，坐法黥。布欣然笑曰：人相我当刑而王，几是乎？"[2]英布，年轻的时候因为触犯了秦律而被处以了黥刑，所以也被称为黥布。从以上这些资料不难看出黥刑和劓刑在战国时期的频繁适用。

湖北云梦睡虎地秦简的出土为我们研究春秋战国时期的法律提供了很好的线索，在秦简的《法律答问》中，就有许多关于黥刑和劓刑具体适用的规定，由于后文会有详述，此处不赘。

第三节　秦汉至明清时期耻辱刑的演进

一、秦朝

秦始皇灭六国后，建立了中国历史上第一个封建制朝代——秦朝。秦朝的法律在很大程度上延续了战国时期秦国的法律，但也有所发展。秦朝的耻辱刑主要有黥刑、劓刑、髡刑、耐刑、完刑。

黥刑在秦朝依然是比较常见的耻辱刑，秦始皇统一六国后，为了加强统

---

〔1〕《汉书·五行志》。
〔2〕《史记·黥布列传》。

治、统一思想，开始焚书坑儒。《史记·秦始皇本纪》记载，在焚书坑儒过程中，对于“令下三十日不烧（诗、书）”者，“黥为城旦”。丞相李斯也曾上书曰：“臣请诸有文学诗书百家语者，蠲除去之。令到满三十日弗去，黥为城旦。”[1]秦法规定，凡是藏有诗书三十天不上交的，就要处以黥刑。

劓刑在秦朝也很常见。《盐铁论·诏圣》记载，秦始皇在位时，“上无德教，下无法则，任刑必诛，劓鼻盈蔂，断足盈车”，“蔂”是盛土的竹笼子，劓刑割下的鼻子都装满了竹笼，足可见当时劓刑适用之泛滥，只要违法，动辄劓鼻。就这一现象，东汉著名思想家崔寔曾说到：“秦割六国之君，劓杀其民，于是赭衣塞路，有鼻者丑，故百姓鸟惊兽骇，不知所归命。”[2]秦灭六国后，始皇把俘获的军人和百姓大都施以劓刑，竟使社会上没有鼻子的人比有鼻子的人还多，渐渐的人们以没有鼻为常态，有鼻子的反而大家觉得丑，是异类，这一结果着实令人啼笑皆非，足以见劓刑在秦朝的普遍适用性。难怪东晋思想家葛洪评论：“秦时不觉无鼻之丑。”[3]

睡虎地出土的秦墓竹简记载的尽管多是战国时期秦国的法律规定，但是由于秦朝和秦国的继承关系，所以也可以借此来管窥秦朝的刑罚状况。在秦简的《法律答问》和《封诊式》中都有大量关于劓刑和黥刑具体适用的记录，据笔者统计，仅 187 条《法律答问》中，就有 14 条记录了黥刑和劓刑的具体使用情况。

在秦朝，出现了新耻辱刑刑种：髡、耐、完。这三种刑罚都与人的毛发有关，主流观点认为髡刑是一种只剃去头发的刑罚；耐刑是一种剔去鬓须保留头发的刑罚；至于完刑，学界略有争议，有学者认为完刑就是耐刑，有学者认为完刑是一种剃光头发和鬓须的刑罚，即髡刑。在崇尚“身体发肤、受之父母、不敢毁伤、孝之始也”的古人心目中，毛发对于每一个人来说，都非常之重要，剃光了头发就是对父母的不孝，所以这三种剃除毛发的刑罚都具有一定的耻辱意义。关于这三类耻辱刑的史料记载大量见之于秦简中的《法律杂抄》《法律答问》和《封诊式》中，如《法律答问》中就有“当完城旦”“当耐为吏臣”“皆当耐”“髡子及奴妾”等记录。据笔者统计，仅

[1]《史记·李斯列传》。

[2]《政论》。

[3]《抱朴子》佚文。

"耐刑"这一种刑罚，在以上这三种文献中共出现了30多次。这三类刑罚常常作为附加刑适用，单独适用的情况并不多见。其实，髡刑在周朝可能就已经出现了，《周礼·秋官·掌戮》就有"墨者使守门，劓者使守关，宫者使守内，刖者使守囿，髡者使守积"的记载。尽管《周礼》有所记载，但是髡、耐、完这三种刑罚真正盛行始于秦朝。

二、汉朝

汉朝的法律在很大程度上继承了秦朝，正所谓"汉承秦制"，因此不论是刑法制度或是刑罚种类，汉代都与秦朝相似。汉代初期的耻辱刑仍然以黥刑、劓刑、髡刑、耐刑、完刑为主，到后期有所改变。

黥刑是汉前期比较普遍的耻辱刑，也是刑罚体系中的主要刑种。汉初政治家贾谊曾谏曰："法使天下公得顾租铸铜锡为钱，敢杂以铅、铁，为他巧者，其罪黥。"[1]《汉书·惠帝纪》载："上造以上及内外公孙、耳孙有罪当刑及当为城旦舂者，皆耐为鬼薪、白粲。民年七十以上若不满十岁有罪当刑者，皆完之。"[2]可见在汉初，耐刑和完刑这两种耻辱刑都有所运用，只不过常常作为王公贵族和老幼废疾犯罪的减等替代刑。在汉代还出现了多种耻辱刑混合使用的"具五刑"，《汉书·刑法志》记载："汉兴之初，虽有约法三章，网漏吞舟之鱼。然其大辟，尚有夷三族之令。令曰：'当三族者，皆先黥，劓，斩左右止，笞杀之，枭其首，菹其骨肉于市。其诽谤詈诅者，又先断舌。'故谓之具五刑。"所谓"具五刑"，就是对罪大恶极当诛三族的人，先黥面，再割鼻，然后斩掉左右脚，最后杀之，枭首示众，与众弃之。这种刑罚里汇集了黥刑、劓刑这两种典型的耻辱刑。此外，枭首示众、"菹其骨肉于市"对于受刑者和受刑者的家属来说也是一种莫大的羞辱，即使犯人已死，国家也不忘对其进行侮辱，足以见这种刑罚的严厉性。

汉文帝十三年（公元前167年），齐太仓令淳于意被指贪污，被处以肉刑，其女缇萦上书救父，深深打动了汉文帝，刑罚改革就此开始，文帝废除了黥刑和劓刑。文帝下令："制诏御史：盖闻有虞氏之时，画衣冠、异章服以

---

〔1〕《文献通考·卷八 钱币考》，参见（元）马端临撰：《文献通考》，中华书局1986年版，本书所涉《文献通考》相关引述皆出自该版本图书，下不赘述。

〔2〕《汉书·惠帝纪》。

为戮，而民弗犯，何治之至也！今法有肉刑三，而奸不止，其咎安在？非乃朕德之薄而教不明与？吾甚自愧。故夫训道不纯而愚民陷焉，《诗》曰：'恺弟君子，民之父母。'今人有过，教未施而刑已加焉，或欲改行为善，而道亡繇至，朕甚怜之。夫刑至断支体，刻肌肤，终身不息，何其刑之痛而不德也！岂为民父母之意哉？其除肉刑，有以易之；及令罪人各以轻重，不亡逃，有年而免。具为令。"〔1〕随后，丞相张仓、御史大夫冯敬奏言："肉刑所以禁奸，所由来者久矣。陛下下明诏，怜万民之一有过被刑者终身不息，及罪人欲改行为善而道亡繇至，于盛德，臣等所不及也。臣谨议请定律曰：诸当完者，完为城旦舂；当黥者，髡钳为城旦舂；当劓者，笞三百；当斩左止者，笞五百；当斩右止，及杀人先自告，及吏坐受赇枉法，守县官财物而即盗之，已论命复有笞罪者，皆弃市。"〔2〕黥刑和劓刑被替换为了髡钳为城旦舂和笞三百。自此以后，汉代的耻辱刑体系发生了变化，黥刑和劓刑被废除，完刑、髡刑成为了汉后期主要的耻辱刑。

汉代的髡刑并不像秦代那样单独适用，而多为髡钳刑。髡钳刑是在适用髡刑的基础上附加适用铁圈箍住受刑人的脖子的刑罚以示羞辱。汉高帝时期，郎中田叔、孟舒等十人就被处以了髡钳刑。〔3〕汉代名将季布也被施以了髡钳刑，并衣褐。〔4〕长安令杨兴新犯罪，"兴减死罪一等，髡钳为城旦"〔5〕。汉哀帝时期，大夫鲍宣被孔光陷害触怒了皇帝，被判死罪，后"上遂抵宣罪减死一等，髡钳"。〔6〕在汉朝，"外戚多毁成之短，抵罪髡钳"。〔7〕可以说，髡钳刑是髡刑的一种变种，汉代首创，在汉文帝刑罚改革中，彻底替代了先前的黥刑。此外，湖北江陵出土的张家山汉简《二年律令》中，有大量关于黥刑和髡耐刑的记录，都真实地记载了汉代黥刑和髡耐刑的适用规则，后文会有详述，此处不赘。

---

〔1〕《汉书·刑法志》。

〔2〕《汉书·刑法志》。

〔3〕参见《汉书·高帝纪》。

〔4〕参见《汉书·季布传》。

〔5〕《汉书·贾捐之传》。

〔6〕《汉书·鲍宣传》。

〔7〕《史记·酷吏列传》。

三、魏晋南北朝时期

魏晋南北朝是中国历史上朝代更替频繁，法制发展迅猛的一个时期，包括了三国、西晋、东晋、南北朝这几个时期。在这一时期，耻辱刑的种类依然延续了秦汉，主要有髡刑、耐刑、完刑等。黥刑自汉代后期被废除后，在这一时期逐渐复兴，但并不常见；劓刑自汉代被废除后就已彻底绝迹。

《晋书·刑法志》记载曹魏《新律》"改汉旧律不行于魏者皆除之，更依古义制为五刑。其死刑有三，髡刑有四，完刑、作刑各三，赎刑十一，罚金六，杂抵罪七，凡三十七名"。[1]可见，三国之魏国的正统法律规定了髡刑、完刑这两种耻辱刑。曹魏时期的军事法《步战令》规定了对军人施用的耻辱刑："临战阵骑皆当在军两头，前陷阵骑次之，游骑在后。违令，髡鞭二百。"[2]髡鞭是髡刑与鞭刑的组合使用。曹魏时期的《军令》也规定了髡刑："始出营，竖矛戟，舒幡旗，鸣鼓；行三里，辟矛戟，结幡旗，止鼓；将至营，舒幡旗，鸣鼓；至营讫，复结幡旗，止鼓。违令者，髡翦以徇。"[3]"翦"就是"剪"的意思，所以"髡翦"就是剃发刑。吴国也有髡鞭刑，《三国志·吴书》记载："即于目前加髡鞭，斥付外署。"[4]《三国志·陆逊传》载："射声校尉松于公子中最亲，戏兵不整，逊对之髡其职吏。"[5]由于文献资料的缺失，笔者并没有在蜀国相关文献资料中看到关于髡刑、耐刑、黥刑的记录，但是鉴于蜀国君主刘备与汉朝的传承关系，可以想象，其刑罚体系应该也是延续了汉朝。

西晋时期颁布了《晋律》，这是魏晋南北朝时期唯一一部颁行全国的法律。晋律原文早已亡佚，只能从其他的史料中零星寻找一些关于西晋耻辱刑的记载。据《唐六典》记载晋律"凡一千五百三十条。其刑名之制，大辟之刑有三：一曰枭，二曰斩，三曰弃市。髡刑有四：一曰髡钳五岁刑，笞二百；二曰四岁刑；三曰三岁刑；四曰二岁刑。赎死，金二斤；赎五岁刑，金一斤

---

〔1〕《晋书·刑法志》。

〔2〕（唐）杜佑撰：《通典·兵二》，中华书局1988年版，第3811页。本书所涉《通典》相关引述皆出自该版本图书，下不赘述。

〔3〕《通典·兵二》。

〔4〕《三国志·吴志·三嗣主传》。

〔5〕《三国志·吴书十三·陆逊传》。

十二两；四岁、三岁、二岁各以四两为差。又有杂抵罪罚金十二两、八两、四两、二两、一两之差。弃市以上为死罪，二岁刑以上为耐罪，罚金一两以上为赎罪"。[1]《历代刑法考》中沈家本也考证："晋承魏《志》也，髡刑有钛左右趾，完刑，作刑，自五岁刑以下凡五，余不详也。"[2]可见，晋代法律中的耻辱刑有髡刑、耐刑和完刑，且对髡刑的具体适用做了明确的规定。此外，黥刑这种传统的耻辱刑在晋代也有所复苏，如《酉阳杂俎·前集卷八》记载了《晋令》："晋令，奴始亡，加铜青若墨，黥两眼。后再亡，黥两颊上。三亡，横黥目下，皆长一寸五分。"[3]在这一时期，对于逃亡的奴隶，法律规定处以黥刑，并规定了具体的行刑方式和行刑部位，如有黥两眼，有黥面颊等。

南朝的宋国，耻辱刑主要有黥刑，《南史·宋明帝纪》载："（太始四年）诏定黥劓之制。有司奏：'自今凡劫窃执官仗，拒战逻司，攻剽亭寺及伤害吏人，并监司将吏自为劫，皆不限人数，悉依旧制斩刑。若遇赦，黥及两颊'劫'字，断去两脚筋，徙付交、梁、宁州。五人以下止相通夺者，亦依黥作'劫'字，断去两脚筋，徙付远州。若遇赦，原断徙犹黥面，依旧补冶士。'"[4]不难发现，黥刑在宋是一种非常常见，适用非常普遍的耻辱刑。《隋书·刑法志》载："《梁律》……其制刑为十五等之差：弃市已上为死罪，大罪枭其首，其次弃市。刑二岁已上为耐罪，言各随伎能而任使之也。有髡钳五岁刑，笞二百，收赎绢，男子六十疋。又有四岁刑，男子四十八疋。又有三岁刑，男子三十六疋。又有二岁刑，男子二十四疋。……遇赦降死者，黥面为劫字，髡钳，补冶锁士终身。"南朝的梁国，耻辱刑主要是髡钳刑、耐刑和黥面刑，黥面就是黥刑。自梁武帝十四年起，"除黥面之刑"，随后黥面之刑被废除。南朝的陈国，法制承袭了晋朝，但史书明文记载的耻辱刑主要是髡鞭刑，即髡刑和鞭刑的结合使用，《隋书·刑法志》载："（陈律）其髡鞭五岁刑，降死一等，锁二重。"

北朝的北魏，有文献记载的耻辱刑主要是髡鞭刑，孝文帝的女儿兰陵公

〔1〕　丘汉平：《历代刑法志》，商务印书馆 1938 年版，第 284 页。

〔2〕　（清）沈家本：《历代刑法考》，中华书局 1985 年版，第 24 页。

〔3〕　（唐）段成式，方南生点校：《酉阳杂俎》，中华书局 1981 年版，第 79 页。本书所涉《酉阳杂俎》相关引述皆出自该版本图书，下不赘述。

〔4〕　《南史·宋明帝纪》。

主的驸马刘辉与容妃、惠猛通奸，容妃、惠猛两人本被判处死刑，后被宽恕，"髡鞭付宫"。[1] 西魏年间，耻辱刑主要是黥刑，《北史·魏本纪》载："（大统）十三年春正月……诏自今应宫刑者，直没官，勿刑。亡奴婢应黥者，止科亡罪。"北齐时期的耻辱刑主要是髡刑和耐刑，《隋书·刑法志》记载："《齐律》……其制，刑名五：一曰死，重者轘之，其次枭首，并陈尸三日；无市者，列于乡亭显处。其次斩刑，殊身首。其次绞刑，死而不殊。凡四等。二曰流刑，谓论犯可死，原情可降，鞭笞各一百，髡之，投于边裔，以为兵卒。未有道里之差。其不合远配者，男子长徒，女子配舂，并六年。三曰刑罪，即耐罪也。有五岁、四岁、三岁、二岁、一岁之差。凡五等。各加鞭一百。其五岁者，又加笞八十，四岁者六十，三岁者四十，二岁者二十，一岁者无笞。并锁输左校而不髡。无保者钳之。"

四、隋唐五代时期

隋朝在中国历史上存在时间很短，两代而亡。法制也犹如过眼云烟般仅在《北齐律》和后来的唐律中间起到了一个承上启下的作用。由于历史短，关于耻辱刑的记载也非常之少，《隋书·李士谦传》中有关于黥刑的记载：李士谦曰"今之赃重者死，是酷而不惩也。语曰：'人不畏死，不可以死恐之。'愚谓此罪宜从肉刑，刖其一趾，再犯者断其右腕。流刑刖去右手三指，又犯者下其腕。小盗宜黥，又犯则落其所用三指，又不悛下其腕，无不止也。无赖之人，窜之边裔，职为乱阶，适所以召戎矣，非求治之道也。博弈淫游，盗之萌也，禁而不止，黥之则可"。这只是李士谦对黥刑的一个建议和构想，隋朝采用五刑二十等的刑罚体系，官方刑罚中并没有耻辱刑。

唐朝的正统法典《唐律疏议》中，没有规定任何诸如黥刑、髡刑等耻辱刑。唐朝的刑罚体系延续了自隋《开皇律》以来的五刑二十等：笞、杖、徒、流、死，这一刑罚体系中没有任何一种刑罚是纯粹意义上的耻辱刑。虽说自唐朝起，官方使用的典型的耻辱刑几乎绝迹，但是法外适用的带有羞辱性质的惩罚还是存在的，唐人封演的《封氏闻见记》卷九"奇政"中就记载了这

---

[1]《通典·刑五》：神龟中，兰陵公主驸马都尉刘辉，坐与河阴县人张智寿妹容妃、陈庆和妹惠猛奸乱，殴主伤胎，遂逃。门下处奏：容妃、惠猛各人死刑；智寿、庆和并以知情不加限防，处以流坐。诏曰："容妃、惠猛恕死，髡鞭付宫。余如奏。"

么一则故事："李封为延陵令，吏人有罪不加杖罚，但令裹碧头巾以辱之，随所犯轻重，以日数为等级，日满乃释，吴人着此服出入州乡以为大耻，皆相劝励，无敢僭违赋税。"〔1〕可见，对于官吏犯罪，曾出现过佩戴绿头巾以示惩罚的惩罚方式，而且确实起到了羞辱受刑人和犯罪预防的作用。虽说《封氏闻见记》记录的主要是民间轶闻，真实性还有待考证，但是至少能反映当时人们的一种观念。

五代时期朝代更替频繁，尽管这一时期的历史文献较少，但却有关于耻辱刑的记载。《文献通考》记载："吴氏《能改斋漫录》曰：《五代史·刘守光传》，天佑三年，梁攻沧州，仁恭调其境内凡男子年十五以上，七十以下，皆黥其面，文曰'定霸都'，士人则文其腕或臂，曰'一心事主'，得二十万人。故苏明允《兵制篇》曰：屯田府兵，其利既不足以及天下，而后世之君，又不能循而守之，至于五代燕帅刘守光又从而为之黥面涅手，自后遂以为常法，使之不得与齐民齿。"〔2〕可见，黥面刑在五代后梁时期是普遍适用的。在后晋天福年间，出现了一种新的耻辱刑——刺配，《文献通考》记载："流配，旧制止于远徙，不刺面。晋天福中始创刺面之法，遂为戢奸重典。宋因其法。"〔3〕"晋天福始创刺配，合用其二，仍役而不决。"〔4〕刺配是刺面和配役两种刑罚的组合，即先刺面再发配边远地区服役。这一刑罚自后晋出现后，被宋代沿用，成为了自此以后中国历史上最主要的耻辱刑种。

五、宋朝

宋代刑罚仍然沿用了隋唐时期的五刑体系，因此，官方五刑体系内，并无耻辱刑，出现于后晋的刺配刑成为了宋代最主要的耻辱刑。刺配刑始创于五代时期的后晋，到了宋代，发展到了极致。宋代的刺配刑并不在正统法典《宋刑统》里规定，而是多出自皇帝颁发的敕令。宋代的刺配刑通常是三种刑罚的混合刑，包括决杖、刺面、流配。宋太祖时期，定刺配刑为死罪的恩宥之刑，但后来盗贼类案件增多，刺配刑逐渐变成了流罪的恩宥刑，适用越来

---

〔1〕　（清）陈梦雷编，蒋廷锡校订：《丛书集成初编》（第275册），中华书局1985年版，第120页。

〔2〕　《文献通考·卷一百五十二·兵考四》。

〔3〕　《文献通考·卷一百六十八·刑考七》。

〔4〕　《文献通考·卷一百六十八·刑考七》。

越广。开宝八年，太祖赵匡胤诏曰："岭南民犯窃盗，赃满五贯至十贯者，决杖、黥面、配役，十贯以上乃死。"[1]雍熙二年，宋太宗下令："令窃盗满十贯者，奏裁；七贯，决杖、黥面、隶牢城。"[2]咸平六年，宋真宗诏："有盗主财者，五贯以上，杖脊、黥面、配牢城；十贯以上，奏裁。勿得私黥涅。"[3]从此以后，刺配刑变成了宋代惩罚盗贼罪行最主要的刑罚手段。南宋淳熙十四年八月，臣僚言："刺配之法，始于晋天福间。国初加杖，用贷死罪。其后科禁浸密，刺配日增。考之《祥符编敕》，止四十六条。至于庆历，已一百七十余条。今淳熙配法，凡五百七十条。配法既多，犯者自众，黥隶之人，所至充斥。"[4]根据这一数据统计，若说北宋时期刺配尚处于普及阶段，那么到了南宋，则变成了常刑。《宋史·刑法志》中还有关于刺字刑如何具体适用的记载："凡应配役者傅军籍，用重典者黥其面。凡犯盗，刺环于耳后；徒、流方，杖、圆；三犯杖，移于面。径不过五分。"此外，文学作品诸如《水浒传》里的许多英雄如林冲、宋江、卢俊义也都受过刺配之刑，这可以从另一个方面反映刺配刑在宋代适用之普遍。

六、辽夏金元时期

辽夏金元这几个中国历史上的少数民族政权，其刑法和刑罚大体上学习借鉴汉民族，在汉人法典的基础上根据自己民族的特色有所损益。这几个朝代的耻辱刑主要是刺配刑。

《辽史·刑法志》记载了辽代刑罚制度，"其制刑之凡有四：曰死，曰流，曰徒，曰杖。死刑有绞、斩、凌迟之属，又有籍没之法。流刑量罪轻重，置之边城部族之地，远则投诸境外，又远则罚使绝域。徒刑一曰终身，二曰五年，三曰一年半；终身者决五百，其次递减百；又有黥刺之法"。黥刺之法就是刺配刑。统和二十九年（1011 年），辽圣宗下诏："以旧法，宰相、节度使世选之家子孙犯罪，徒杖如齐民，惟免黥面，诏自今但犯罪当黥，即准法同科。"可见在辽圣宗以前，刺配刑对于官员和平民的适用是有区别的，对于官

---

[1]《宋史·刑法志》。

[2]《宋史·刑法志》。

[3]《文献通考·卷一百六十六·刑考五》。

[4]《文献通考·卷一百六十八·刑考七》。

员，可以不黥面。统和二十九年后，圣宗下令对于官员和平民在适用刺配刑时一视同仁，取消了刺配刑适用中的贵贱之别。在辽代，黥刺之法规定得比较细致，圣宗下诏，"自今三犯窃盗者，黥额、徒三年；四则黥面、徒五年；至于五则处死"，可见辽代的刺配刑有刺面、刺额的区别，配役也有了具体的年限规定。辽兴宗时期，有司奏："元年诏曰，犯重罪徒终身者，加以捶楚，而又黥面。是犯一罪而具三刑，宜免黥。其职事官及宰相、节度使世选之家子孙，犯奸罪至徒者，未审黥否？"关于是否应黥面在辽代曾颇有争论，辽兴宗上谕曰："犯罪而悔过自新者，亦有可用之人，一黥其面，终身为辱，朕甚悯焉"，遂下令"犯终身徒者，止刺颈。奴婢犯逃，若盗其主物，主无得擅黥其面，刺臂及颈者听。犯窃盗者，初刺右臂，再刺在，三刺颈之右，四刺左，至于五则处死。"兴宗时期的刺配之刑只黥臂、黥颈，不黥面，体现了兴宗的宽悯之心。

金代也有刺配刑，《金史·刑志》载："天会七年，诏凡窃盗，但得物徒三年，十贯以上徒五年，刺字充下军，三十贯以上终身，仍以赃满尽命刺字于面，五十贯以上死，征偿如旧制。"刺配刑在金代主要适用于盗窃罪行。

西夏王朝的耻辱刑主要是黥刑，在其正统法典《天盛改旧新定律令》里专章作出了明文规定，这说明了黥刑在这一时期已经上升为国家正统刑罚。在这部法典中有"黥法门"共8条律文，详细规定了黥刑的执行方式如刺什么文字、刺在什么部位、何时可以除去文字等，也规定了刺字以后服役的年限和具体适用说明等。"黥法门"可以说是中国法制史上现存的关于黥刑最直观的律文，后文详细介绍黥刑具体适用时会详述，此处不赘。

元代是中国历史上第一个统一全国的少数民族政权，其法制建设以"参汉酌金"为大政方针，在继受模仿汉人法律的基础上，根据本民族特色稍加损益。元代的耻辱刑主要以刺字和刺配为主。在《元史·刑法志》中记载了元代的法制状况，这其中有几十条关于刺面和刺配的记录。这些记录非常细致地展现了元代刺面刑和刺配刑的具体适用情形、具体用刑方式等。如《元史·刑法志》载："诸辄入禁苑，盗杀官兽者，为首杖八十七，徒二年，为从减一等，并刺字"，"诸发冢得财不伤尸，杖一百七，刺配"。在元代法律中，还对刺字的具体用刑部位作出了明确的规定，如有刺面、刺臂，还有刺项。《元史·刑法志》载："诸仓庾官吏与府州司县官吏人等，以百姓合纳税粮，通同揽纳，接受折价飞钞者，十石以上，各刺面，杖一百七"，"诸窃盗初犯，刺左臂，谓已得财者。再犯刺右臂，三犯刺项"。元代是少数民族政权，因此刑法对于不同民族的人犯罪区别对待，刺面和刺配刑也并不对所有人适用。元代将人分为四个等级：蒙古人、色目人、南人、汉人。前两类蒙古族人在法律上享有一定的特权，对这类人犯罪，通常不适用刺字之刑，如《元史·刑法志》记载："蒙古、色目人犯盗者免刺"，"诸窃盗初犯……其蒙古人有犯，及妇人犯者，不在刺字之例"，"诸色目人犯盗，免刺科断，发本管官司设法拘检，限内改过者，除其籍。"对于刺字的具体方式和操作，《元史·刑法志》中也有非常详细的记载："诸为盗经刺，自除其字，再犯非理者，补刺。五年不再犯，已除籍者，不补刺，年未满者仍补刺。诸盗贼赦前擅去所刺字，不再犯，赦后不补刺。诸应刺左右臂，而臂有雕青者，随上下空歇之处刺之。诸犯窃盗已经刺臂，却遍文其身，覆盖元刺，再犯窃盗，于手背刺之。诸累犯窃盗，左右项臂刺遍，而再犯者，于项上空处刺之。"元代除了刺面和刺配这两种常见的耻辱刑外，在汉代就已经废除的劓刑在这一时期也有所复苏，《元史·顺帝纪》中记载："强盗皆死，盗牛马者劓；盗驴骡者黥额，再犯劓；盗羊豕者墨项，再犯黥，三犯劓；劓后再犯者死。"《元史·刑法志》中也有对逃亡奴婢施以劓刑的记载，"诸获逃奴，辄刺面劓鼻，非理残苦者，禁之"。虽说劓刑又有复苏，但是这一时期的劓刑并不像前朝那样独立适用，而通常作为刺字刑的附加刑适用。

七、明清时期

自朱元璋建立明朝以来，法律得到了极大的发展，明代正统法典《大明律》主要继承了唐宋法典。这一时期的耻辱刑也继承了前朝以刺字和刺配为主。不过相比唐宋时期，刺字和刺配之刑在《大明律》中被明文规定，成为了具有官方意义的正统刑罚。朱元璋在洪武三十年（1397 年）御制大明律序中提到："合黥刺者，除逆党家属并律该载外，其余有犯俱不黥刺。"[1] 这是一条原则性的规定，从宏观上确定了明朝刺字刑的适用范围。在《大明律》正文中，一共有八条律文规定了刺字刑，分别是七类盗窃罪和一类抢夺罪。如"盗大祀神祇、御用祭器、帷帐等物，及盗飨荐、玉帛、牲牢、馔具之属者，皆斩。其未进神御，及营造未成，若已奉祭讫之物及其余官物，皆杖一

---

〔1〕（清）沈家本：《历代刑法考》，中华书局 1985 年版，第 226 页。

百，徒三年。若计赃重于本罪者，各加罪一等。并刺字"。[1]"凡白昼抢夺人财物者，杖一百，徒三年。计赃重者，加窃盗罪二等。伤人者，斩。为从，各减一等。并于右小臂膊上，刺抢夺二字。"[2]在刑律"窃盗"条中，还对累犯如何刺字做了具体规定："凡窃盗已行而不得财，笞五十，免刺。但得财者，以一主为重，并赃论罪。为从者，各减一等。初犯并于右小臂膊上刺窃盗二字，再犯刺左小臂膊，三犯者，绞。以曾经刺字为坐。掏摸者，罪同。若军人为盗，虽免刺字，三犯一体处绞。"[3]刑律"监临自盗仓库钱粮"条的注文中，对如何刺字、所刺字的大小、刺字部位都做出了具体说明，"每字各方一寸五分，每画各阔一分五厘，上不过肘，下不过腕，余条准此"。[4]可见，明朝的刺字刑不但进入了正统法典，而且还具体明确，方便规范适用。除了八条律文规定了刺字刑以外，在《大明律》中有大量的免刺规定，如军人为盗免刺，亲属相盗财物者免刺，恐吓取人财物者免刺等。沈家本对此点评，"观于御制序文，是明祖于刺字一端亦拯重，不轻刺也"[5]，正好也印证了御制序文中朱元璋的理想，不轻易适用黥刺之刑。

明朝首创了一种新型的耻辱刑——枷号刑。所谓枷号刑就是对轻罪罪犯强制其在官衙前或者市场里佩戴枷锁示众，展现其罪状的一种刑罚。在《大明律》律文中，并没有关于枷号刑的规定，枷号多见于律文后附的条例中。在条例中，仅有"枷号一个月""枷号二个月""枷号三个月""枷号半年"等表述的出现，这是枷号的四种刑期。对于枷号刑如何具体用刑，律文中没有明示。我们可以从《明大诰峻令》中对明代枷号刑的记载管窥一二。《峻令》中详细记载了枷号刑的三种具体类型，分别为"斩趾枷令""常枷号令""枷项游令"。"斩趾枷令"是断趾和枷号同时适用的一种枷号刑，《明大诰峻令》记载贵州黔阳县安江驿丞李添奇，在位期间贪污受贿，"每月取要驿户酒七十坛，茶、油、盐各七斤，喂猪白米一石二斗，喂鸡鹅鸭谷一石二斗……收买良民来兴等三名作本家驱口，占据驿夫五名在家使唤"，后又"违法作生皮牛鞭，身带腰刀，时常飞放扰民"，最终受到了法律的制裁，被朱元璋处以

---

[1] 《大明律·刑律·盗大祀神御物》。

[2] 《大明律·刑律·白昼抢夺》。

[3] 《大明律·刑律·窃盗》。

[4] 《大明律·刑律·监临自盗仓库钱粮》。

[5] （清）沈家本：《历代刑法考》，中华书局 1985 年版，第 226 页。

"断趾，枷令驿前"的刑罚。[1]"常枷号令"指的就是永远带着枷锁不许取下，据《明大诰峻令》记载："上元、江宁两县民刘二等、军丁王九儿等十四名，暗出京师百里地名边湖，称为牙行，恃强阻客。常枷号令，至死而后已。"[2]在明代，商业交易受到了法律的严格控制，牙行必须有官方的授权方可营业，但是这些人冒充牙行，私自进行居间行商交易，触犯了国家法令，被判处了枷号至死的刑罚。"枷项游令"顾名思义即是带着枷号游行示众的刑罚，这一刑罚最好地体现了枷号刑的耻辱意义。《峻令》记载常州知府王复春、青州知府陈希文"阳为君子，阴为小人"，贪污受贿、扰民索贿，最后都被判处"枷项"示众。[3]沈家本对此的评价为："以此示辱也"，[4]足以见枷号刑的耻辱意义。其实，对犯罪的人判处戴枷铐住脖子和双手的刑罚早已有之，如北魏宣武帝时期就有关于枷的尺寸和轻重的规定，"宣武帝正始初，尚书令高肇等奏曰：'杖之小大，鞭之长短，令有定式，但枷之轻重，先无成制。请造大枷，长丈三尺，喉下长丈，通颊木各方五寸，以拟大逆外叛。'自是枷杖之制，颇有定准"。[5]但这一时期的枷刑多偏重对犯罪分子的肉体处罚和限制自由，并不像明朝枷号刑那样具有耻辱意义。因为只有戴枷示众或者游行将罪行公之于众，让社会大众对犯罪人进行指责，才算得上是耻辱刑。尽管明代的枷号刑正统法典有所规定，但由于明朝曾有一时宦官掌权，变种的枷号刑成为了宦官铲除异己的主要刑罚。明代权宦魏忠贤"领东厂，好用立枷，有重三百斤者，不数日即死，先后死者六七十人"。[6]另一个大宦官刘瑾"创用枷法，给事中吉时，御史王时中，郎中刘绎、张玮，尚宝卿顾璿，副使姚祥，参议吴廷举等，并撼小过，枷濒死，始释而戍之。其余枷死者无数"。[7]宦官们掌管着东厂西厂等特务机关，肆意非为，斩忠护奸，《明史·刑法志》记载"京师谓之内行厂，虽东西厂皆在伺察中，加酷烈焉。且创例，罪无轻重皆决杖，永远戍边，或枷项发遣。枷重至百五十斤，不数日辄死"，

〔1〕（清）沈家本：《历代刑法考》，中华书局1985年版，第1932页。
〔2〕（清）沈家本：《历代刑法考》，中华书局1985年版，第1932页。
〔3〕（清）沈家本：《历代刑法考》，中华书局1985年版，第1933页。
〔4〕（清）沈家本：《历代刑法考》，中华书局1985年版，第1933页。
〔5〕《文献通考·卷一百六十五·刑考四》。
〔6〕《明史·李应升列传》。
〔7〕《明史·宦官传》。

可见，明代后期枷号刑的适用非常之泛滥。

清朝的法制基本上沿袭了明代，耻辱刑主要是刺字刑和枷号刑。关于刺字刑，《清史稿·刑法志》中有详细的评论："刺字，古肉刑之一，律第严于贼盗。乃其后条例滋多，刺缘坐，刺凶犯，刺逃军、逃流，刺外遣、改遣、改发。有刺事由者，有刺地方者，并有分刺满、汉文字者。初刺右臂，次刺左臂，次刺右面、左面。大抵律多刺臂，例多刺面。若窃盗责充警迹，二三年无过，或缉获强盗二名以上、窃盗三名以上，例又准其起除刺字，复为良民。盖恶恶虽严，而亦未尝不予以自新之路焉。"由于《大清律例》基本上沿袭了《大明律》，所以判处刺字刑的条文与上文提到的大明律基本相似。但清朝刺字刑相比明朝来说，处罚略重，正如刑法志里所提到的，主要体现在条例的规定上。《大清律例·刑律》"窃盗"条规定"凡窃盗，已行而不得财，笞十，免刺；但得财，以一主为重，并脏论罪，为从者，各减一等。初犯，并于右小臂膊上刺'窃盗'二字。再犯，刺左小臂膊。三犯者，绞。"[1]律文后的条例规定"凡窃盗停其臂膊刺字，应明刺面上。"又如"白昼抢夺"条律文规定"凡白昼抢夺人财物者，杖一百、徒三年。计脏重者，加窃盗罪二等。伤人者，斩；为从，各减一等，并于右小臂膊上刺'抢夺'二字。"[2]条例则规定"凡白昼抢夺伤人者，首犯，仍照本律科断；下手为从者，亦照窃盗拒捕伤人为从律，发边卫充军。俱仍照例面上刺'凶犯'二字。"本应按律刺臂，但依据条例的规定通通刺面，刺面的惩罚效果和耻辱意义都重于刺臂。《大清律例增修统纂集成》卷五中，有非常详细的刺字用刑规定："刺字，旗人刺臂，奴仆刺面，徒罪以上刺面，杖罪以下刺臂；再犯者亦刺面；刺面在鬓之下，颊之上；刺臂在腕之上，肘之下，逃犯刺左，余犯刺右；初犯刺左者，累犯刺右；初犯刺右者，累犯刺左；罪名刺左者，地名刺右；罪名刺右者，地名刺左；字方一寸五分，画阔一分有半，并不得过限。"[3]由于清代是少数民族政权，刺字刑的适用对于满人和汉人来说有所不同。清朝规定，满人轻囚不刺，重囚刺臂；汉人一律刺面，可见刺字刑的适用对于满人来说，稍有恩赦。光绪三十一年（1905年），修订法律大臣沈家本向朝廷提出了一

---

〔1〕《大清律例·刑律·窃盗》。

〔2〕《大清律例·刑律·白昼抢夺》。

〔3〕 转引自杨鸿烈：《中国法律发达史》，上海书店出版社1990年版，第933页。

些删除包括刺字刑在内的重法酷刑的建议，他指出："刺字乃古墨刑，汉之黥也。文帝废肉刑而黥亦废，魏、晋、六朝虽有逃奴劫盗之刺，旋行旋废。隋、唐皆无此法。至后晋天福间，始创刺配之制，相沿至今。其初不过窃盗逃人，其后日加烦密。在立法之意，原欲使莠民知耻，庶几悔过而迁善。讵知习于为非者，适予以标识，助其凶横。而偶罹法网者，则黥刺一膺，终身儑辱。夫肉刑久废，而此法独存，汉文所谓刻肌肤痛而不德者，未能收弼教之益，而徒留此不德之名，岂仁政所宜出此。拟请将刺字款目，概行删除。"[1] 沈家本向朝廷叙述了刺字刑的古今变革，并指出了其设计初衷是"欲使莠民知耻，庶几悔过而迁善"，但实际上会造成对某些人"黥刺一膺，终身儑辱"、某些人"适予以标识，助其凶横"的负面效果，这都不利于犯罪预防和教化，故建议朝廷废除刺字之刑。光绪皇帝最终接受了沈家本的建议，下令"刺字等项，亦概行革除"。[2] 从墨刑到黥刑再到刺字刑，这一存在了上千年之久最典型的耻辱刑自此彻底绝迹。

　　清朝的枷号刑也基本上沿袭了明代。枷号刑在《大清律例》的正律律文中有明确规定，这一点区别于明代。《大清律例·名例律》"犯罪免发遣"条规定"凡旗人犯罪，笞、杖，各照数鞭责。军、流、徒，免发遣，分别枷号。徒一年者，枷号二十日，每等递加五日。总徒、准徒，亦递加五日。流二千里者，枷号五十日，每等亦递加五日。充军附近者，枷号七十日；近边者，七十五日；边远、沿海、边外者，八十日；极边、烟瘴者，九十日。"[3] 这一律文是《大明律》所没有的，突出了清朝满族政权的特点。枷号刑在清朝通常是对旗人犯罪恩惠性的替代刑。《清史稿·刑法志》对此有如下评述："原立法之意，亦以旗人生则入档，壮则充兵，巩卫本根，未便离远，有犯徒、流等罪，直以枷号代刑，强干之义则然。然犯系寡廉鲜耻，则销除旗档，一律实发，不姑息也。若窃盗再犯加枷，初犯再犯计次加枷，犯奸加枷，赌博加枷，逃军逃流加枷，暨一切败检逾闲、不顾行止者酌量加枷，则初无旗、民之别。"[4] 尽管枷号刑通常是对旗人的恩惠，但法律对于寡廉鲜耻者，也不

---

〔1〕《清史稿·刑法志》。

〔2〕《清史稿·刑法志》。

〔3〕《大清律例·名例律·犯罪免发遣》。

〔4〕《清史稿·刑法志》。

会纵容，而是通过消除旗籍再按照普通律法处置，若再犯，则无旗人和汉人的区别，法律将对其一视同仁。《大清律例》还在条例中对枷锁的尺寸重量作出了具体规定，"凡寻常枷号，重二十五斤，重枷重三十五斤，枷面各长二尺五寸，阔二尺四寸，至监禁人犯，止用细炼，不用长枷。"[1]尽管律文和例文对于带枷的时间和枷锁的重量都作出了明确规定，但在司法实践中，却出现了许多用刑畸重的现象。《清史稿·刑法志》记载："其数初不过一月、二月、三月，后竟有论年或永远枷号者。始制重者七十，轻者六十斤。乾隆五年，改定应枷人犯俱重二十五斤，然例尚有用百斤重枷者。嘉庆以降，重枷断用三十五斤，而于四川、陕西、湖北、河南、山东、安徽、广东等省匪徒，又有系带铁杆石礅之例，亦一时创刑也。"律文规定枷号最长三个月（九十日），但实践中确有永远枷号；例文规定了重枷最重三十五斤，可司法实践中却常常让受刑者佩戴铁杆石墩或百余斤重的重枷。这足以见枷号刑在清代适用之不规范和泛滥。最终，宣统二年，清朝廷颁布了《大清现行刑律》，现行刑律相比《大清律例》有着天翻地覆的变化，刑罚体系发生了根本性的变革，其中枷号刑"亦一概芟削"[2]。自后魏兴起的枷刑，到明代发展极盛的枷号刑，随着《大清现行刑律》的颁布实施而最终废除。

第四节 古代中国耻辱刑历史演进规律

通过上文的梳理，不难发现，古代中国的耻辱刑经过了一个由野蛮到文明、由混乱到规范的过程。

野蛮到文明体现在用刑方式的转变上。正如上文说述，先秦耻辱刑多附带肉体刑，如墨刑、劓刑等，这类耻辱刑并不是纯粹意义上的耻辱刑，用刑效果除了羞辱、侮辱受刑人外，还会给受刑人带来或轻或重的肉体痛苦。秦以后出现了诸如髡刑、耐刑、完刑，以及枷号示众等较为纯粹的耻辱刑，其用刑目的不再是让受刑人受到肉体上的痛苦，而主要是从精神层面上侮辱、羞辱受刑人。

混乱到规范体现在耻辱刑的适用规则上。在上文的梳理中，不难发现，

---

[1]《大清律例·名例律·五刑》。
[2]《清史稿·刑法志》。

早期的耻辱刑多没有国家明文法律规定，且刑种混乱，适用随意。而到了后来，随着国家法制的健全，耻辱刑的运用也变得有法可依，许多耻辱刑在国家正统律令中都有了明文的规定，且其适用规则非常细致、明确。如在明清时期，国家法律对刺配刑的刺字字样和刺字部位都作出了严格明确的规定。

先秦时期的耻辱刑尚处于耻辱刑产生和初步发展时期，这一时期耻辱刑的刑种比较单一，只有墨刑、劓刑、象刑、明刑四种。这四种刑罚目前学界普遍认同为耻辱刑的只有墨刑和劓刑，这两类刑罚既具有肉刑性质，也具有耻辱刑性质，可以说是兼具肉刑性质的耻辱刑。这两类刑罚除了会给受刑人带来心理上的羞辱，也会给他们带来肉体上的疼痛，对于受刑人来说，肉体痛苦可能是暂时的，但心理羞辱往往是终身的。这一时期虽然有纯粹的耻辱刑诸如象刑和明刑，但文献记载并不多，而且也很含糊，许多结论只能靠推断来判定，并且学界对于这两类刑罚到底是不是耻辱刑尚有争议。

秦汉至明清这一时期，耻辱刑经历了从完善到兴盛再到逐渐消亡的过程。这一大时期里的耻辱刑包括黥刑、劓刑、髡刑、耐刑、刺配、刺字、枷号等等，这些刑罚在历史的发展过程中有的发生了转变，有的逐渐产生，有的逐渐消亡。总的来说，这一时期的耻辱刑被正统法律规定下来，成为了官方刑罚。许多耻辱刑的用刑方式、刑具标准、刑期长短都被法律明文规定下来。这一时期的耻辱刑也向着文明的方向发展，用刑更侧重于对受刑者精神的惩罚，而不再像早期具有肉刑性质的耻辱刑那样偏重对受刑人肉体的惩罚。

第二章

传统中国耻辱刑的种类与形态

在讨论了中国古代耻辱刑的历史沿革及其发展流变后，本章拟对传统中国耻辱刑的具体种类和具体形态进行考证。正如上文所归纳，中国古代有许多不同类型的耻辱刑，尽管同属耻辱刑，但是每一种具体耻辱刑在用刑方式、羞辱意义上都有区别。中国古代耻辱刑经历了千年的演变和发展，从产生到完善再到最终消亡，这些耻辱刑并不是毫无逻辑联系独立存在的个体，它们按照一定的标准可以分为不同的种类。这种分类便于我们从宏观方面更好地理解和认识耻辱刑，也为后文详细介绍每一种具体耻辱刑打下理论基础。此外，虽然每一种耻辱刑的用刑方式各不相同，但是，通过归纳，我们可以发现，从耻辱刑的外在效果形态上看，不同种类的耻辱刑也会具有某些共同的特性，这一特性往往是耻辱刑惩罚效果的核心。

第一节 耻辱刑的基本分类

一、独用耻辱刑与复合耻辱刑

古代耻辱刑按照其用刑是否单一，可以分为独用耻辱刑和复合耻辱刑。所谓独用耻辱刑，笔者将其定义为只含有一种惩罚方式的耻辱刑，简言之就是单一耻辱刑；复合耻辱刑指的是同时包含两种及以上惩罚方式的耻辱刑。这一分类是按照单一与复合的标准划分的。在中国古代，独用耻辱刑占绝大多数，复合耻辱刑只是某些朝代对单一耻辱刑进行变通执行而衍生出来的刑种。

古代中国在脸上或臂上纹字的"墨刑"（黥刑、黥面刑、刺字刑），割掉鼻子的"劓刑"，剃除毛发的"髡刑""耐刑"和"完刑"等，都是典型的独用耻辱刑。这类耻辱刑只包含一种惩罚方式，其用刑方式单一，作用效果唯一。

复合耻辱刑通常在单一耻辱刑的基础上附加上另一种刑罚组合适用，如上文提到的髡刑和佩戴枷钳组合适用的"髡钳刑"、髡刑和鞭刑组合适用的"髡鞭刑"以及刺字刑和流刑组合适用的"刺配刑"等都属于复合耻辱刑。此外，"枷号刑"也可以说是一种复合耻辱刑，因为枷号刑都会附加一个刑期（一个月、两个月、三个月、六个月），在这个期限内，犯罪人被限制自由，这可以说就是徒刑的附加适用。所以，复合耻辱刑通常包含至少两种惩罚方式，其用刑方式并不单一，作用效果也不是唯一的。

二、纯粹耻辱刑与兼为耻辱刑

古代耻辱刑按照给受刑人带来的是纯粹精神痛苦还是附带有肉体痛苦可以分为纯粹耻辱刑和兼为耻辱刑。在讨论这一分类之前，我们必须将视野放宽，将耻辱刑作广义的理解，即凡是刑罚无一例外都具有耻辱意义。因为刑罚是对犯罪的惩罚，是法律对于犯罪人某种罪行的负面评价，因此这种负面评价就意味着耻辱。

所谓纯粹耻辱刑，笔者将其定义为只给受刑人带来精神痛苦，对受刑人的肉体丝毫没有伤害的耻辱刑。上文提到的上古时期的对受刑人"画衣冠，异章服"的"象刑"，就是一种典型的纯粹耻辱刑。"象刑"通过改变受刑人衣冠服饰使之与常人不同，使受刑人蒙受精神羞辱但又不直接残害肌肤肢体。此外，秦汉时期的剃除毛发的耻辱刑"髡""耐""完"也可以归类为纯粹耻辱刑。剃除鬓须和头发，对于现代人来说，确实不存在肉体痛苦。但对于"身体发肤，受之父母"观念影响下的古人来说，剃除头发和鬓须确实是莫大的羞辱。纯粹耻辱刑对于受刑人的惩罚效果和对于犯罪预防的作用效果是建立在受刑人和社会中的其他人普遍认同的道德价值观基础之上的。也就是说，这种没有肉体痛苦的耻辱刑一方面能让受刑人自身感受到强大的精神痛苦，另一方面，社会大众对受刑人的唾弃和谴责也对其构成一种强大的社会舆论压力，在这双重作用的影响下，犯罪人才能更好地悔罪并改过自新。若受刑人寡廉鲜耻，并且社会上没有形成一种通识性的主流善恶价值评判标准，那么纯粹的耻辱刑就毫无发挥效果的基础。因此，在中国古代，纯粹耻辱刑并不常见，耻辱刑多以兼为耻辱刑的形态存在。

兼为耻辱刑若作广义的理解，任何刑罚只要给受刑人带来了精神痛苦，比如在公众面前展示其罪状、将其犯罪的信息作为反面教材公示等等，都可以归入兼为耻辱刑的范畴。若作狭义理解，兼为耻辱刑指的就是既具有耻辱意义，能给受刑人带来精神痛苦，又具有肉体惩罚性，能给受刑人带来肉体损害和肉体痛苦的刑罚。在中国古代，"墨刑""劓刑"就是典型的兼为耻辱刑。兼为耻辱刑可以细分为四大类：兼为肉刑性质的耻辱刑、兼为死刑性质的耻辱刑、兼为自由刑性质的耻辱刑、兼为荣誉资格刑性质的耻辱刑。

1. 兼为肉刑性质的耻辱刑

肉刑是中国古代对"断肢体、刻肌肤"的各种损害人身完整性刑罚的总称。凡是受过肉刑的人，身上必然会因受刑而缺少某些器官或者留下某些标记。墨刑、黥刑、刺字刑等都属于在身体上留下终身标记的刑罚。比如说墨刑，在犯罪人面部等显著部位针刺灌墨，一方面会给受刑人带来肉体上的痛苦，另一方面，一旦施了墨刑，墨迹就会永远留在皮肤里，除非用专门的医疗技术除去，一般情况下会终身保留。古代墨刑通常是把所犯罪行刺于受刑人面部、手臂，或者是在受刑人身上显著部位刺上某些标记犯罪、囚犯的图案，这会使得受刑人区别于常人，遭受公众的非议和谴责，也会给受刑人带来强烈的精神痛苦和折磨。再如劓刑，是割去鼻子的刑罚，它是一种典型的肉刑，劓刑的肉体痛苦性毋庸置疑，一个人没有了鼻子自然就成为了异类，所以，劓刑给受刑人带来的精神痛苦也是相当大的。此外，古代典型的肉刑还有刖刑和宫刑，刖刑是斩去脚的刑罚，宫刑是破坏生殖器的刑罚。这两类肉刑虽说不如墨刑和劓刑那样行刑于面部，能让受刑者迅速成为异类，从而被公众唾弃和谴责，但它们确实也具有耻辱意义。就拿宫刑来说，被处以宫刑的受刑人，确实可以通过衣服来遮掩用刑部位，但从生理医学上来看，人的生殖器官受到致命性破坏，其生理系统必然会发生一系列的变异，这些变异是无法掩饰的。男人被阉割后，由于雄性激素分泌的减少，嗓音会变尖，胡须会变少，皮肤也会变得光泽细嫩，整个人的雄性性征会逐渐消失，雌性性征会渐渐出现。最为关键的是，受宫刑的人会绝后，在古代"不孝有三，无后为大"的主流观念影响下，这绝对是莫大的羞耻。因此虽然这种刑罚的受刑部位能够用衣物遮掩，但性征的变异和绝后的事实是无法掩藏的，其耻辱意义也是不可否认的。

2. 兼为死刑性质的耻辱刑

古代死刑的种类非常多，从人类社会早期野蛮的醢刑、脯刑、车裂、戮尸、弃市，到文明后期的斩刑和绞刑，古代死刑最大的一个特点就是公开执行。古人普遍认为，只有将罪大恶极之人杀之于众，将其行刑惨状展现于世，才能够平息民愤，并且起到杀鸡儆猴的犯罪预防作用。只要是公开执行死刑，那这种死刑就必然具有耻辱刑意义。死刑的肉体痛苦性对于受刑人来说已经毫无意义，因为伴随着死刑的执行，肉体随即消逝。因为生命终结，对于受刑人来说精神痛苦已经毫无意义，但是对于受刑人的亲属和家庭以及整个家族来说，精神痛苦却是不容忽视的。被执行死刑的受刑人展现给人们的必然是人生中最惨痛的状态，这一惨状最终定格于公众，尽管受刑人自身已经无法感知，但是对于受刑人的家属和家族来说，这就是极大的耻辱。因此，兼为死刑性质的耻辱刑带来的精神痛苦并不作用于受刑人，而是作用于受刑人的亲属和家族。

3. 兼为自由刑性质的耻辱刑

兼为自由刑性质的耻辱刑，其最大的特点在于适用耻辱刑的同时限制犯罪人一定期限的人身自由。明清时期的枷号刑就属于兼为自由刑性质的耻辱刑。受刑人戴着枷锁站立于公共场合，其耻辱意义非常明显。枷锁通常也限制住了受刑人的双手和双脚，在一定时间内限制其自由。此外，兴盛于宋代的刺配刑可以说也是一种兼为自由刑性质的耻辱刑，刺字展现了该刑罚的耻辱意义，在一定时间内发配远方服役则限制了受刑人的人身自由。

4. 兼为荣誉资格刑性质的耻辱刑

兼为荣誉资格刑性质的耻辱刑并不是上文提到的典型意义上的耻辱刑，而是一种资格刑、荣誉刑。在秦汉时代，资格刑和荣誉刑非常普遍，主要适用于贵族和官吏。这类刑罚通常以剥夺受刑人的某些资格或某些爵位、称号等荣誉头衔为用刑方式。达官贵人因为犯罪被剥夺爵位、官位，对普通老百姓来说，这也许谈不上是什么羞辱，但对于那些高高在上、混迹官场的官员、贵族来说，爵位被剥夺、官职被罢免即意味着政治生涯的结束，这会使他们在自己的圈子里遭到贬低和歧视。因此，对于官僚贵族来说，资格刑、荣誉刑就是一种耻辱刑。中国古代的免官、夺爵、禁锢、废、收、逐等都是兼为资格刑性质的耻辱刑。

三、法内耻辱刑与法外耻辱刑

古代耻辱刑按照是否有成文法明确规定，可以划分为法内耻辱刑和法外耻辱刑。这一点很好理解，法内耻辱刑是法律条文明确规定的耻辱刑。如墨刑、劓刑、刺配刑、枷号刑等耻辱刑在中国古代的正统律令中都有明确规定，它们都属于法内耻辱刑。法外耻辱刑通常是某些特殊机构适用的，且国家法律没有明文规定的耻辱刑以及超出了正常耻辱刑用刑范围限制的耻辱刑。比如明代东厂、西厂、锦衣卫经常适用的超重超期的枷号刑就是典型，枷号刑的具体适用在《大明律》中有明文规定，但东西厂常常使用超重的枷锁惩罚受刑人，有时还会私自无限延长刑期。

四、作为刑罚的耻辱刑与作为刑事强制措施的耻辱刑

在中国古代，耻辱刑通常以刑罚的方式存在，比如墨刑、髡耐刑、刺配刑等。但在古代司法实践中，有些我们当下称为刑事强制措施的手段也具有一定的耻辱意义，笔者在这里统称其为作为刑事强制措施的耻辱刑。最典型的耻辱性刑事强制措施就是将受刑人押赴刑场前走街串巷、游街示众的司法程序。这种惩罚措施并不是一种明确的耻辱刑，但在中国古代的司法实践中却非常普遍。《水浒传》里有这样一段记述："大牢里取出王婆，当厅听命。读了朝廷明降，写了犯由牌，画了伏状，便把这婆子推上木驴，四道长钉，三条绑索，东平府尹判了一个'剐'字，拥出长街。两声破鼓响，一棒碎锣鸣，犯由前引，混棍后催，两把尖刀举，一朵纸花摇，带去东平府市心里，吃了一剐。"[1]这是王婆被押赴刑场游街示众的场景，我们并不陌生。在各种古装影视作品里也经常能看到如下场景：某罪大恶极的罪犯，被押赴刑场受刑，他身着囚衣，站立在囚车的牢笼里，头部卡在牢笼外，脑后插着罪行牌，押赴车队在闹市中行进，任由行人用鸡蛋、烂菜叶砸向犯人……这一场景并不是影视作品虚构出来的，而是中国古代司法实践的一个真实写照。游街示众在中国古代并不是一种刑罚，最多只能算是一种刑事强制措施。这种强制措施对受刑人以及家属来说明显带有羞辱意义，对于广大百姓来说，也具有一定的威慑和教育意义。

---

〔1〕《水浒传》第二十七回"母夜叉孟州道卖人肉、武都头十字坡遇张青"。

五、官方耻辱刑与民间耻辱刑

耻辱刑作为一种国家刑罚，必然由官方机构判处和执行，但是在中国古代社会中，家法族规在家族成员中也具有法律的效力。家法族规中也不乏耻辱性的惩罚，相比上文讨论的官方耻辱刑，我们称这类耻辱刑为民间耻辱刑。民间耻辱刑多出自家规族规中，朱勇教授在其著作《清代宗族法研究》一书中归纳了清代宗族法的处罚方式，笔者认为其中有四种处罚就具有耻辱意义，分别为记过、训斥、不许入祠、出族。[1]记过是"于宗族'功过簿'上记录，并用大字书其名于祠内照壁或特制木牌上，知晓族众"。[2]训斥是"由族长或其他宗族首领对犯罪者当众训诫、斥责，令其悔过"。[3]这两类属于较轻的斥责类惩罚，"知晓族众"和"当众训诫"即体现了这两种惩罚的羞辱和教育意义。不许入祠即判处"犯者生前不许入祠参与祭祀及其他公共活动，死后不准入祖宗之神主牌位"。[4]出族则最为严重，"对犯者于谱上除名，族内削籍，不准同姓，不准居住族属土地"。[5]这两类惩罚就属于比较重的族内耻辱刑了，永远不得入宗祠祭祀，死后也不得入祠堂牌位，或者直接被开除族籍，对于宗族里任何一个有荣辱心、知耻的人来说，这都是极其痛苦的，因此，这两类惩罚给受刑人带来的耻辱意义非同小可。这两类惩罚常常适用于侮辱祖宗以及对宗族大不敬的罪行，如河南渑池《曹氏家谱·家规》规定："女子有所作非为、犯淫狎者，与之刀绳，闭之牛驴房，听其自死。其母不容者，出之；其父不容者，陈于官而放绝之，仍告于祠堂，于宗图上削其名，生不许入祠堂。"[6]又如江南宁国府太平县《李氏家法》规定："子孙不孝不弟（悌），渎伦伤化，作奸犯科，及娼优仆隶，寡廉鲜耻，有玷祖宗清白者，概削之。"[7]对于这些败坏宗族名誉名声的作奸犯科者，家法族规从不偏袒，予以重惩。

---

〔1〕　参见朱勇：《清代宗族法研究》，湖南教育出版社 1987 年版，第 98~99 页。

〔2〕　朱勇：《清代宗族法研究》，湖南教育出版社 1987 年版，第 98 页。

〔3〕　朱勇：《清代宗族法研究》，湖南教育出版社 1987 年版，第 98 页。

〔4〕　朱勇：《清代宗族法研究》，湖南教育出版社 1987 年版，第 99 页。

〔5〕　朱勇：《清代宗族法研究》，湖南教育出版社 1987 年版，第 99 页。

〔6〕　转引自欧阳宗书：《中国家谱》，新华出版社 1993 年版，第 36 页。

〔7〕　转引自欧阳宗书：《中国家谱》，新华出版社 1993 年版，第 36 页。

第二节　耻辱刑的效果形态

耻辱刑之所以具有刑罚意义，其作用原理在于通过用刑使得受刑人区别于常人，通过用刑将受刑人的罪状、罪行公布于众，让公众对其进行唾弃和斥责，从而促使受刑人产生严重的羞辱感，并自发产生悔罪心理。正是因为耻辱刑的这一特殊刑罚意义，使其有着区别于传统刑罚的某些独特的效果形态。传统刑罚如笞杖刑，其用刑效果形态是通过鞭笞，给受刑人施以肉体痛苦；再比如徒刑，其效果形态是通过限制人身自由，给受刑人带来身体痛苦。耻辱刑的效果形态则是通过用刑使得受刑人在某些方面与常人有所不同，将受刑人的惨状、罪状公之于众，通过社会舆论使得受刑人产生极大的心理压力和羞耻愧疚感。因此，通过对每一种耻辱刑的归纳，笔者将耻辱刑的效果形态初步分为四类：残形毁容效果；污点标记效果；荣誉贬损、资格剥夺效果；人格名誉贬损效果。

一、残形毁容效果

耻辱刑最核心的惩罚效果就是通过用刑，使受刑人与常人不同，使受刑人因为受刑而成为公众贬低的异类。古人普遍认为，让一个人成为异类最常见的办法就是"残形毁容"，即通过残害肢体器官形态、毁坏面部完整的方法使得受刑人区别于常人。在古代，多数耻辱刑都是通过这种方式来用刑的，比如割去受刑人的某些器官，或者去除受刑人身上的某些附属物，使其与正常人不同。劓刑割掉受刑人的鼻子，髡刑、耐刑剃除受刑人头发或鬓须、眉毛，宫刑割去受刑人的生殖器官。这些耻辱刑，其羞辱效果形态就是典型的残形毁容。通常，残形毁容效果形态的耻辱刑，会给受刑人带来肉体痛苦，但也有例外，如髡刑、耐刑，这类剃除毛发的耻辱刑并不会给受刑人带来任何肉体痛苦。

二、污点标记效果

耻辱刑除了有残形毁容效果形态外，还有污点标记的效果形态。这类效果形态主要体现在墨刑和刺字刑、枷号刑，以及上古时期的"象刑"等耻辱刑上。所谓污点标记效果，简单地说，就是通过在受刑人身体显著部位刺上某些标示其罪行的文字或图案，或者让受刑人佩戴、身着某些特殊器材或特殊服饰，以公示其犯罪受刑的事实。墨刑、刺字刑在受刑人面部等显著部位纹上"囚""抢夺""窃盗"等文字，让其受到公众的谴责和鄙视；枷号刑强制受刑人佩戴枷锁站立于公共场合，让民众唾弃和谴责。这都是典型的污点标记效果形态。一般来说，污点标记效果形态相比残形毁容来说，给受刑人带来的肉体痛苦要小很多，但是给受刑人带来的精神痛苦往往更大。

三、荣誉贬损、资格剥夺效果

荣誉贬损、资格剥夺的效果形态主要是针对剥夺荣誉资格类耻辱刑而言的。这类耻辱刑并不是传统意义上的耻辱刑，而是一种资格刑。官员犯罪会被罢免职务以及叙用的资格，贵族犯罪会被夺取某些爵位和相应享有的种种特权。所以，这类耻辱刑是通过剥夺官僚贵族的官位、爵位或者终止某些资格、荣誉、称号，来达到惩罚的目的。荣誉贬损、资格剥夺的效果不会给受刑人带来任何肉体痛苦，但是对于被剥夺了爵位、贬损了荣誉的官员贵族来说，这就是一种耻辱。

四、人格名誉贬损效果

人格名誉贬损效果是从广义上来讲的，若我们将耻辱刑作广义理解，任何一种刑罚都具有耻辱性，那么任何一种刑罚或多或少会对犯罪人的人格和名誉造成一定的负面影响。其实，这是一种必然结果，刑罚本身就是国家法律对于犯罪人罪行、人品、人格的否定性评价，这种否定性评价必然会贬损其名誉。但是，在中国古代，人们并没有太多对于人格、名誉这些现代概念的认知。在那个时代，许多刑罚都是非常野蛮、残忍的，既给受刑人带来了巨大的肉体痛苦，也在一定程度上侵犯了人格、毁损了名誉。比如说宫刑，虽说割去生殖器官有很大的肉体痛苦，但是不至于丧命，虽说伤口可以用衣物遮掩，但是性征的变化、无法生育造成断子绝孙等严重的后果是无法掩饰的，这一切对于受刑人来说，就是严重的人格侵犯和毁损。

第二章

传统中国耻辱刑的具体类型

　　在探讨了耻辱刑的大致分类和效果形态特征后，本章拟对中国古代最具代表性的几种耻辱刑作详细考证，探讨每一种耻辱刑的具体内容，包括刑种定义、用刑方式、适用罪行、对受刑人产生的羞辱和耻辱意义等问题。这里涉及的具体耻辱刑是广义的耻辱刑，即只要是具有耻辱意义的刑罚，都被列为讨论对象，而不仅限于上文梳理历史时提到的那几类纯粹的耻辱刑。耻辱刑之所以称之为耻辱刑，其最大的特点就是其耻辱意义，耻辱意义是耻辱刑的核心，也是实现犯罪特殊预防和一般预防目的的关键。不具有耻辱意义的刑罚就不能称之为耻辱刑，相反，有些本不是上文提到的耻辱刑在某些情况下，也具有一定的耻辱意义，也能通过对受刑人产生的羞辱来达到惩戒犯罪的目的，所以这类刑罚也是本章要讨论的对象。仔细考察每一种具体耻辱刑的耻辱意义可以为后文继续研究中国古代耻辱观念和耻辱刑的历史价值和现今意义打下基础。在具体讨论每一种耻辱刑的过程中，笔者将类似的耻辱刑归为一类一并考证，以便更好地探讨该类耻辱刑的共同特征。

第一节　刺烙文字标记耻辱刑

　　在受刑人脸上纹上字或图案以示羞辱的刑罚是中国古代最常见、存续时间最久、也最具有代表性的一类耻辱刑。正如上文提到的，这类刑罚包括单一的墨刑、黥刑、刺字刑，以及变种的刺配刑等。刺烙文字标记类耻辱刑的耻辱意义非常明显，在中国古代，这类耻辱刑存在了几千年，从上古时代产生一直到清末民初才最终被废除。

一、刺烙文字标记耻辱刑与文身习俗

一说到墨刑，自然而然就会联想到文身。从外表形态上来看，墨刑和文身确实有着非常相似的地方，两者都是划开皮肉，刻出文字或图像，然后灌入墨汁或色彩，并且都会带来肉体痛苦。唯一不同之处就在于，文身具有自主性和宣示性，是一种个人喜好或社会风向的综合表现，对于文身者来说，是一种主动"美"的展现；而墨刑则具有强迫性和羞辱性，是一种受到社会大众普遍谴责和唾弃的刑罚措施，对受刑人来说，是一种被动"耻"的展现。

其实，墨刑并不是凭空产生的，它与文身习俗有着密切的渊源，是文身习俗的一个变种运用。达尔文曾说过："世界上没有哪一个民族没有过文身这一文化现象。"文身是人类历史上非常古老的一种习俗，世界上许多国家、民族在人类社会发展早期都有文身的习惯。文身起源于原始的图腾崇拜和自我美化意识。在原始社会，精神生活和物质生活非常匮乏，美通常只能通过原始的几种色彩和简单图案展现出来，所以早期的原始人类，会用白泥或染料在身上、脸上画出线条，一方面美化自己，另一方面也可以震慑敌人。可是由于技术的落后，涂抹于外的图案常常不能保留很长时间，有时候雨水、汗水一冲刷，即会消失。为了让某些自己喜爱的图案和文字能在身体上永久保留，人们就想出了划破肌肤，往里面灌墨的方法，来永久保留那些图案或文字，于是文身的习俗便出现了。人们将充满美丽、吉祥、祝福、勇敢的文字或图像刺于身上，表现了一种美好的憧憬。此外，文身也是一种个性和自我的展现，也是个人信仰最直观的表现。尽管在划破肌肤的时候伴有疼痛，但是相比给自己带来的精神满足感来说，疼痛感可以忽略不计。墨刑将文身习俗稍加转变而变成一种刑罚，它利用了文身的外在展现性这一特点，将原本文身通常使用的具有积极意义的图案或文字换成了具有耻辱意义的图案或文字。原来的文身是一种美的展现，人们把最美的东西永久保留在身体上，而墨刑给人身上留下的则是象征耻辱的永久标记，是一种警示和震慑的表现。

在中国古代，很早就有刺面文身的习俗，但中国的刺面文身习俗多具有辟邪驱鬼的信仰含义。《礼记·王制》载："东方曰夷，被发文身，有不火食者矣"，正义曰："文身者，以丹青文饰其身"，[1]可见，东方的夷人有披散头发文身的习惯。此外，《礼记·王制》还记载："南方曰蛮，雕题交趾，有不火食者矣"，[2]注文曰："雕，文。谓刻其肌，以丹青涅之"，[3]正义曰"题谓额也，谓以丹青雕刻其额，非惟雕额，亦文身也"，[4]因此，生活在南方的蛮人也可能有文身的习俗。总结起来，生活在东南方的民族普遍有文身的习俗。对于为何会产生这一习俗，正义曰："按《汉书·地理志》文，越俗断发文身，以辟蛟龙之害，故刻其肌，以丹青涅之。以东方南方皆近与海，故俱文身。"[5]在古时候的江南沿海地带，文身是一种求神保佑的祭祀方式，文身的习俗主要是为了辟邪，辟蛟龙之邪，所以主要出现在沿海省份，如吴越一带。《说苑·奉使》中也有类似评论，越人"劗发文身，灿烂成章，以象龙子者，将避水神"。[6]《汉书·严助传》里也提到了闽南一带的人民有文身的习惯，"越，方外之地，劗发文身之民也。"越指的就是现在的闽南一带，劗发就是剪掉头发，这与东夷人的披头散发有些不同，但是他们却都有文身的习俗。《淮南子·齐俗训》记载越王勾践，就曾"劗发文身，无皮弁搢笏之服，拘罢拒折之容，然而胜夫差于五湖，南面而霸天下，泗上十二诸侯皆率九夷以朝"。[7]足以见在东南沿海地带，文身习俗之普遍。

唐人段成式的笔记小说《酉阳杂俎》中，有一章名曰"黥"，对唐代以及唐以前的刺面文身习俗进行了非常详细的描述。这一章记录了大大小小十几个刺面文身的案例，还论述了刺面文身作为一种刑罚即黥刑的发展演变历史。《酉阳杂俎》中关于文身的记录，有的是为了美观，如"使王乌等窥匈奴。匈奴法，汉使不去节，不以墨黥面，不得入穹卢。王乌等去节、黥面，得入穹卢，单于爱之"，匈奴独以刺面为美；有的是一种个人信仰和神灵崇拜的展现，如"成式门下驺路神通，每军较力，能戴石簦敤六百斤石，啮破石粟数十。背刺天王，自言得神力"，"高陵县捉得镂身者宋元素，刺七十一处，

〔1〕《十三经注疏 礼记正义》。

〔2〕《礼记·王制》。

〔3〕《十三经注疏 礼记正义》。

〔4〕《十三经注疏 礼记正义》。

〔5〕《十三经注疏 礼记正义》。

〔6〕《说苑·奉使》。

〔7〕（汉）高诱注：《淮南子注》，上海书店出版社1986年版，第174~175页。

左臂曰：'昔日以前家未贫，苦将钱物结交亲。如今失路寻知己，行尽关山无一人。'右臂上刺葫芦，上出人首，如傀儡戏郭公者。县吏不解，问之，言葫芦精也"。这些文身者都具有强烈的神灵崇拜和精神信仰，所以他们将这些元素都刺于身上，以求神灵保佑和精神支持；有的则是一种风俗，或者如前文提到的是为了辟邪而文身，如"旧言妇人在草蓐亡者，以墨点其面，不尔，则不利后人"。草蓐而亡指的就是妇女在生孩子时难产死亡，对于古人来说，这是一种不祥的迹象，为了辟邪除晦，就给妇女刺面。再如"越人习水，必镂身以避蛇龙之患。今南中绣面佬子，盖雕题之遗俗也"。这种通过刺面的方式来辟蛟龙之灾的习俗上文也提到过，在东南沿海地带非常普遍。当然，刺面文身也有作为刑罚使用的，这就是我们要讨论的黥刑，《酉阳杂俎》中非常详细地介绍了黥刑的发展史和具体用刑方式。有这么一则记录颇为有趣：

　　成式三从兄邁，贞元中，尝过黄坑。有从者拾髑颅骨数片，将为药，一片上有"逃走奴"三字，痕如淡墨，方知黥踪入骨也。从者夜梦一人，掩面从其索骨曰：我羞甚，幸君为我深藏之，当福君。从者惊觉毛戴，遽为埋之。后有事，鬼仿佛梦中报之，以是获财，欲至十万而卒。

　　在这则故事里，记载了唐德宗贞元年间，有人拾到了一块带有"逃走奴"三字的髑颅骨，这位死者生前被处以了黥额，由于刺字的痕迹过深，在骨头上也留下了字迹。晚上死者托梦给拾者，希望他赶紧把这块骨头深藏之，后必重报，因为这块骨头让死者"羞甚"。这位死者曾经可能是犯了逃亡罪的奴隶，被抓获后额上刺了字。这则故事可能是虚构的，但是非常传神地向我们展现了黥面刑给受刑人带来的羞耻感，并且也介绍了古代黥刑的具体用刑方式，即刺罪行文字于额头，非常简单明了。

二、刺烙文字标记耻辱刑的用刑方式

1. 刺字类耻辱刑的用刑方式

刺面文身本是一种古老的习俗，当刺面文身作为一种刑事惩罚的时候，这便是墨刑或黥刑（墨刑、黥刑意义相同，只是不同时代表达不同）。墨刑或黥刑的用刑方式是划破受刑人皮肤，在伤口里面灌墨，待伤口愈合后，墨迹就会永远留在受刑人皮肤上。《尚书·吕刑》载："墨辟疑赦，其罚百锾，阅实其罪"，注文曰："刻其额而涅之曰墨刑"，[1]额即额头，涅是以墨染色的意思。《周礼·秋官·司刑》郑玄对"墨罪五百"注文曰："墨，黥也，先刻其面，以墨窒之。言刻额为疮，墨窒疮孔，令变色也"，[2]这里更加详细地描述了墨刑的用刑方式，即先刻破皮肤，灌入墨，伤口愈合后结疤，墨留在伤疤里，就会使得皮肤呈现出墨色。

2. 所刺图案文字及其部位

对于墨刑来说，划开皮肤的肉体痛苦是次要的，通过用刑带来的精神痛苦才是墨刑惩罚受刑人的主要目的。这种精神痛苦主要是通过所刺的图案或文字所表征的特殊意义展现出来的。一般来说，墨刑所刺的图案或文字是具有耻辱意义的，这种图案或文字可以直观地将耻辱意义传递给社会大众。正如上文提到过的，一般的文身通常都是以积极的图腾图案为主，而墨刑作为刑罚，自然不会以美的展现为主，而是为了传递某种犯罪信息，故墨刑主要是刺文字。在古代关于墨刑的记载中，只有少数文献提到了墨刑所刺的具体文字，一般来说，所刺文字多以犯罪行为为主，如《南史·宋明帝纪》载："太始四年，诏定黥刖之制。有司奏：'自今凡劫窃执官仗，拒战逻司，攻剽亭寺及伤害吏人，并监司将吏自为劫，皆不限人数，悉依旧制斩刑。若遇赦，黥及两颊'劫'字，断去两脚筋，徙付交、梁、宁州。五人以下止相通夺者，亦依黥作'劫'字，断去两脚筋，徙付远州'。"在宋明帝时期，对于犯有打劫窃盗等行为的人，若予以恩赦，则使用墨刑来替代原本刑罚，而墨刑所刺的文字就是"劫"字，刺于两颊，一侧一个。南朝梁国也有类似的墨刑，《隋书·刑法志》载："遇赦降死者，黥面为'劫'字，髡钳，补冶锁士终身。"明清两朝法律里，对于某些罪行所刺文字也做出了具体规定，如《大明律》对白昼抢夺的罪犯，"杖一百，徒三年。计赃重者，加窃盗罪二等。伤人者，斩。为从，各减一等。并于右小臂膊上，刺'抢夺'二字。"[3]《大清律例》沿袭了这一条律文，但是在条例里规定了更加严格的刺字标准："凡白昼抢夺伤人者，首犯，仍照本律科断；下手为从者，亦照窃盗拒捕伤人为从律，发

---

[1]《十三经注疏 尚书正义》。

[2]《十三经注疏 周礼注疏》。

[3]《大明律·刑律·白昼抢夺》。

边卫充军。俱仍照例面上刺'凶犯'二字。"〔1〕对于盗窃行为，《大明律》规定："凡窃盗已行而不得财，笞五十，免刺。但得财者，以一主为重，并赃论罪。为从者，各减一等。初犯并于右小臂膊上刺'窃盗'二字，再犯刺左小臂膊，三犯者，绞。以曾经刺字为坐。掏摸者，罪同。若军人为盗，虽免刺字，三犯一体处绞。"〔2〕对于常人盗仓库钱粮，《大明律》规定："凡常人盗仓库钱粮等物，不得财，杖六十，免刺。但得财者，不分首从，并赃论罪。并于右小臂膊上刺盗官（钱粮物）三字。"〔3〕对于监守自盗的，《大明律》规定："凡监临主守，自盗仓库钱粮等物，不分首从，并赃论罪。于右小臂膊上刺盗官（钱粮物）三字。"〔4〕在这一条律文的注释里，还明确规定了所刺文字的尺寸，"每字各方一寸五分，每画各阔一分五厘，上不过肘，下不过腕，余条准此"。〔5〕可见，古代墨刑所刺文字多以罪行为主。

关于墨刑刺字的部位，通过上一章的历史梳理，不难发现，刺字部位主要有四处：面、额、颈、臂。其中刺臂在具体用刑中，还有刺左和刺右的区分。人的这四个部位基本上都是裸露于外的，墨刑若仅刺字于胸前或背后等可以用衣服遮挡起来的地方，那就失去了其惩罚意义了。墨刑就是要让受刑人将所刺文字毫无遗漏地展现出来，让社会大众谴责和唾弃，以达到从精神上惩罚受刑人的目的。一般来说，早期的墨刑都以刺面和刺额为主，由于刺面刺额破坏了受刑人面容的完整，会给受刑人造成非常强烈的精神痛苦，所以相比刺颈和刺臂来说，刺面、刺额的惩罚力度要重很多。辽代，兴宗皇帝曾说过："犯罪而悔过自新者，亦有可用之人，一黥其面，终身为辱，朕甚悯焉"，遂下令"后犯终身徒者，止刺颈。奴婢犯逃，若盗其主物，主无得擅黥其面，刺臂及颈者听。犯窃盗者，初刺右臂，再刺在，三刺颈之右，四刺左，至于五则处死。"〔6〕可以说，这是黥墨之刑文明演进的一种体现。《宋史·刑法志》记载："凡犯盗，刺环于耳后：徒、流，方；杖，圆；三犯杖，移于面。径不过五分。"可见，在宋代，犯盗罪则在耳后刺一环形；判处徒刑和流

---

〔1〕《大清律例·刑律·白昼抢夺》条例。

〔2〕《大明律·刑律·窃盗》。

〔3〕《大明律·刑律·常人盗仓库钱粮》。

〔4〕《大明律·刑律·监临自盗仓库钱粮》。

〔5〕《大明律·刑律·监临自盗仓库钱粮》。

〔6〕参见《辽史·刑法志》。

刑的罪犯刺方形；判处杖刑的罪犯刺圆形，三犯杖刑则刺面，直径不超过五分。自宋以后，随着时代的发展，文明的进步，刺字之刑从以刺面为主逐渐转化为刺臂、刺颈。《元史·刑法志》记载："诸窃盗初犯，刺左臂，谓已得财者。再犯刺右臂，三犯刺项。"元代虽仍然有刺面的做法，但在司法实践中较少，主要还是以刺臂和刺项为主。有时候，在选择刺字部位时，还会根据特殊情况的不同而有所变通，如"诸应刺左右臂，而臂有雕青者，随上下空歇之处刺之。诸犯窃盗已经刺臂，却遍文其身，覆盖元刺，再犯窃盗，于手背刺之。诸累犯窃盗，左右项臂刺遍，而再犯者，于项上空处刺之。"当手臂上本身就有文身图案时，则只能刺字于手背了。此外，西夏王朝的法典《天盛改旧新定律令》中有《黥法》一门，共8条条文，第二条就详细规定了黥刑刺字的部位：

诸人犯罪黥法：徒一年至三、四年，手背黥四字。徒五、六年耳后黥六字。徒八年、十年等面上黥八字。徒十二年、无期徒刑等当黥十字。手背明显处，再后字于未及项上、头发显处，得长期徒刑者一律由面上、目下之头颜骨上、颊骨上，各种当刺黥样侬以下分别而为。[1]

西夏黥刑刺字部位比较多，有手背、有耳后，当然，也有面部和额头。不论是刺于手背还是颈部和额部，律文中都强调了必须刺于"明显处"。总之，墨刑的刺字之处一定是人裸露于外且不易长期遮掩的部位，否则，墨刑就失去了它最重要的惩罚意义——羞辱，而只剩可以忽略不计的划开肌肤的皮肉之痛了。

《大清律例增修统纂集成》卷五中对清代的刺字刑具体刺字部位作出了非常明细的规定："刺字，旗人刺臂，奴仆刺面，徒罪以上刺面，杖罪以下刺臂；再犯者亦刺面；刺面在鬓之下，颊之上；刺臂在腕之上，肘之下，逃犯刺左，余犯刺右；初犯刺左者，累犯刺右；初犯刺右者，累犯刺左；罪名刺左者，地名刺右；罪名刺右者，地名刺左；字方一寸五分，画阔一分有半，并不得过限。"[2]

---

[1] 《天盛改旧新定律令·黥法门》。
[2] 转引自杨鸿烈：《中国法律发达史》，上海书店出版社1990年版，第933页。

三、刺烙文字标记耻辱刑的具体适用罪行

墨刑或黥刑作为耻辱刑里较轻的刑种，主要适用于常见的轻罪。在古代诸多关于墨刑黥刑的文献中，我们可以从两个途径来探讨适用墨刑或黥刑的罪行：一是国家律令里的条文，二是各种正史野史。对于有现存法典的朝代，可以直接从法典原文中找到答案。许多较早的朝代，由于并无成文法典或者即使有也早已亡佚，只能通过史书中的零星记载管窥一二。

1. 先秦时期

先秦时期关于黥刑的记载多属于笼统型的描述，如"夏刑三千条，黥刑之属千"，只能说黥刑在夏代适用非常之广泛，至于具体哪些罪行处以黥刑，由于文献的匮乏，已不可考。商周两代，关于黥刑的具体记载同样非常罕见，仅有几条可做参考，《尚书·伊训》记载了商代大臣伊尹的话："臣下不匡，其刑墨，具训于蒙士。"所谓不匡就是大臣不敢直谏，对于这种行为，要处以墨刑。

西周时期，人们对信用非常之看重，周代法律对于违反盟誓是要处刑的。《周礼·秋官·司约》载："其不信者，服墨刑。"上文提到过的陕西省宝鸡市岐山县出土的一件西周青铜器"匜"上铭文，就记载了一个违反盟誓而被处以墨刑的典型案例。这则铭文记述了法官伯扬父宣判牧牛的罪状，牧牛违背了誓言，伯扬父最初宣判鞭打他一千下，处"颧䵝"刑，然后又恩赦了他，判处"黜䵝"刑，并鞭打一千下，最终大赦了他，判处鞭打五百下，罚铜三百援。牧牛受刑后，重新立了誓言，交了罚金。据考证，"黜䵝"和"颧䵝"就是墨刑的两种执行方式。

《史记·商君列传》记载，在战国时期的秦国，若太子犯法，则太子的老师要处以黥刑，以示处罚，如公孙贾就因此而被施以黥刑。在秦国的暴政统治下，许多微不足道的行为也都进入了刑法调整的对象，如商鞅就制定弃灰之法："弃灰于道者，黥"。[1]

2. 秦汉时期

自秦统一全国起，法律也得到了统一，通过秦汉时期的出土竹简，可以还原部分当时的法律条文。经笔者归纳考证，目前仅有秦国的《法律答问》

---

[1] 《汉书·五行志》。

和汉代的《二年律令》中，有具体适用黥刑的条文。

在秦简中共有187条《法律答问》，是以一问一答的形式对律文所作的解释，由于是官方作出的，所以在当时是具有法律效力的。在这187条《法律答问》中，经笔者统计，共有17条涉及墨刑的适用，详见下：

"害盗别徼而盗，驾（加）罪之。" · 可（何）谓"驾（加）罪"？ · 五人，臧（赃）一钱以上，斩左止，有（又）黥以为城旦；不盈五人，盗过六百六十钱，黥（劓）以为城旦；不盈六百六十到二百廿钱，黥为城旦；不盈二百廿以下到一钱，?（迁）之。求盗比此。

甲谋遣乙盗，一日，乙且往盗，未到，得，皆赎黥。

人臣甲谋遣人妾乙盗主牛，买（卖），把钱偕邦亡，出徼，得，论各可（何）殹（也）？当城旦黥之，各畀主。

"抉钥（钥），赎黥。"可（何）谓"抉钥（钥）"？抉钥（钥）者已抉启之乃为抉，且未启亦为抉？抉之弗能启即去，一日而得，论皆可（何）殹（也）？抉之且欲有盗，弗能启即去，若未启而得，当赎黥。抉之非欲盗殹（也），已启乃为抉，未启当赀二甲。

士五（伍）甲盗，以得时直（值）臧（赃），臧（赃）直（值）过六百六十，吏弗直（值），其狱鞫乃直（值）臧（赃），臧（赃）直（值）百一十，以论耐，问甲及吏可（何）论？甲当黥为城旦；吏为失刑罪，或端为，为不直。

士五（伍）甲盗，以得时直（值）臧（赃），臧（赃）直（值）百一十，吏弗直（值），狱鞫乃直（值）臧（赃），臧（赃）直（值）过六百六十，黥甲为城旦，问甲及吏可（何）论？甲当耐为隶臣，吏为失刑罪。甲有罪，吏智（知）而端重若轻之，论可（何）殹（也）？为不直。

当赀盾，没钱五千而失之，可（何）论？当赀。｜告人曰邦亡，未出徼阑亡，告不审，论可（何）殹（也）？为告黥城旦不审。

"擅杀子，黥为城旦舂。其子新生而有怪物其身及不全而杀之，勿罪。"今生子，子身全殹（也），毋（无）怪物，直以多子故，不欲其生，即弗举而杀之，可（何）论？为杀子。

人奴擅杀子，城旦黥之，畀主。

人奴妾治（笞）子，子以肕死，黥颜頯，畀主。｜相与闘，交伤，皆论不殴（也）？交论。

"殴大父母，黥为城旦舂。"今殴高大父母，可（何）论？比大父母。

闘以箴（针）、鉥、锥，若箴（针）、鉥、锥伤人，各可（何）论？闘，当赀二甲；贼，当黥为城旦。

完城旦，以黥城旦诬人。可（何）论？当黥。甲贼伤人，吏论以为闘伤人，吏当论不当？当谇。

当黥城旦而以完城旦诬人，可（何）论？当黥劓（劓）。

女子甲去夫亡，男子乙亦阑亡，相夫妻，甲弗告请（情），居二岁，生子，乃告请（情），乙即弗弃，而得，论可（何）殴（也）？当黥城旦舂。

女子为隶臣妻，有子焉，今隶臣死，女子北其子，以为非隶臣子殴（也），问女子论可（何）殴（也）？或黥颜頯为隶妾，或曰完，完之当殴（也）。

甲诬乙通一钱黥城旦罪，问甲同居、典、老当论不当？不当。[1]

通过归纳，不难发现，在秦代，主要是贼盗类案件适用黥刑。贼在古代泛指人身伤害类罪行，盗则泛指涉及财产类的罪行。在以上 17 条法律答问中，贼盗类罪行占主要。此外，有一些诸如诬告罪行、诈骗罪行也适用黥刑。此外，从《法律答问》的这 17 条条文中也不难看出，黥刑多数情况下并不是单独适用，而是作为附加刑使用，如"黥为城旦""黥为城旦舂"等。有时候法律也允许用赎金的方式来赎罪，如有几处就允许受刑人"赎黥"。所以，在秦代，黥刑主要惩罚相对来说较轻的人身伤害和财产侵犯类罪行，可以推测，黥刑在秦代适用是很频繁的。

张家山汉简的汉代法典《二年律令》，据笔者统计，共有 48 处"黥"字，其中详细规定了何罪判处黥刑的共有 30 条律文，详见下：

贼燔城、官府及县官积冣（聚），弃市。贼燔寺舍、民室屋庐舍、积冣（聚），黥为城旦舂。4（贼律）

诸上书及有言也而谩，完为城旦舂。其误不审，罚金四两。为伪书者，黥为城旦舂。12（贼律）

---

〔1〕 睡虎地秦墓竹简整理小组编：《睡虎地秦墓竹简》，文物出版社 1990 年版，（法律答问释文注释部分）第 93~144 页，本书所涉《睡虎地秦墓竹简》相关引述皆出自该版本图书，下不赘述。

谋贼杀、伤人，未杀，黥为城旦舂。22（贼律）

贼杀人，及与谋者，皆弃市。未杀，黥为城旦舂。23（贼律）

贼伤人，及自贼伤以避事者，皆黥为城旦舂。25（贼律）

鬼薪白粲殴庶人以上，黥以为城旦舂。城旦舂也，黥之。29（贼律）

奴婢殴庶人以上，黥頯，畀主。30（贼律）

教人不孝，36 黥为城旦舂。37（贼律）

殴兄姊及亲父母之同产，耐为隶臣妾。其奊詢詈之，赎黥。41（贼律）

以县官事殴若詈吏，耐。所殴詈有秩以上，及吏以县官事殴詈五大夫以上，皆黥为城旦舂。46（贼律）

盗臧（赃）直（值）过六百六十钱，黥为城旦舂。55（盗律）

智（知）人为群盗而通歙欠（饮）食馈遗之，与同罪；弗智（知），黥为城旦舂。63（盗律）

智（知）人略卖人而与贾，与同罪。不当卖而私为人卖、卖者皆黥为城旦舂。67（盗律）

有罪当黥，故黥者劓之，故劓者斩左止（趾），斩左止（趾）者斩右止（趾），斩右止（趾）者府（腐）之。女子当磔若要（腰）斩者，弃市。当斩为城旦者黥为舂，当赎斩者赎黥。88（具律）

有罪当耐，其法不名耐者，庶人以上耐为司寇，司寇耐为隶臣妾。隶臣妾及收人有耐罪，毄（繫）城旦舂六岁。毄（繫）日未备而复有耐罪，完 90 为城旦舂。城旦舂有罪耐以上，黥之。91（具律）

告，告之不审，鞫之不直，故纵弗刑，若论而失之，及守将奴婢而亡之，篡遂纵之，及诸律令中曰同法、同罪，其所 107 与同当刑复城旦舂，及曰黥之，若鬼薪白粲当刑为城旦舂，及刑畀主之罪也，皆如耐罪然。其纵之而令亡城旦 108 舂、鬼薪白粲也，纵者黥为城旦舂。（具律）

罪人狱已决，自以罪不当，欲气（乞）鞫者，许之。气（乞）鞫不审，驾（加）罪一等；其欲复气（乞）鞫，当刑者，刑乃听之。死罪不得自气（乞）114 鞫，其父、母、兄、姊、弟、夫、妻、子欲为气（乞）鞫，许之。其不审，黥为城旦舂。115（具律）

诬告人以死罪，黥为城旦舂，它各反其罪。126 告不审及有罪先自告，各减其罪一等，死罪黥为城旦舂，城旦舂罪完为城旦舂，完为城旦舂罪■127■鬼薪白粲及府（腐）罪耐为隶臣妾，耐为隶臣妾罪 128 耐为司寇，司寇、䙴

（迁）及黥顤（颜）頯罪赎耐，赎耐罪罚金四两，赎死罪赎城旦舂，赎城旦舂罪赎斩，赎斩罪赎黥，赎黥罪赎耐，耐罪 129■金四两罪罚金二两，罚金二两罪罚金一两。131（告律）

奴婢自讼不审，斩奴左止（趾），黥婢顤（颜）頯，畀其主。135（告律）

城旦舂亡，黥，复城旦舂。鬼薪白粲也，皆笞百。164（亡律）

匿罪人，死罪，黥为城旦舂，它各与同罪。167（亡律）

取（娶）人妻及亡人以为妻，及为亡人妻，取（娶）及所取（娶），为谋（媒）者，智（知）其请（情），皆黥以为城旦舂。168（亡律）

诸舍亡人及罪人亡者，不智（知）其亡，盈五日以上，所舍罪当黥■赎耐。170（亡律）

越邑里、官市院垣，若故坏决道出入，及盗启门户，皆赎黥。182（襍律）

复兄弟、孝（季）父、柏（伯）父之妻、御婢，皆黥为城旦舂。195（襍律）

为伪金者，黥为城旦舂。200（钱律）

诸谋盗铸钱，颇有其器具未铸者，皆黥以为城旦舂。208（钱律）

诸詐（诈）伪自爵、爵免、免人者，皆黥为城旦舂。394（爵律）

御史言：越塞阑关，论未有■，请阑出入塞之津关，黥为城旦舂。488（津关令）[1]

《二年律令》共 27 篇律文和 1 篇令文，从以上笔者列举的判处黥刑的 30 条条文中，不难看出，贼律和盗律这两篇的条文占了一半，贼律和盗律里的这些条文主要还是以人身伤害和侵犯财产罪行为主。其他的诸如具律、告律、亡律、襍律、钱律等篇中也有部分黥刑的条文，主要是诬告、逃亡、藏匿、造假币、偷渡等相对来说对社会公共安全危害较小的轻罪。所以，总结起来，在《二年律令》代表的汉代法律中，适用黥刑的主要有危害人身安全的犯罪行为、危害财产安全的犯罪行为、妨害社会管理秩序的犯罪行为以及某些官员渎职罪行等。在《二年律令》中，黥刑同样并非单独适用，绝大多数情况下，以"黥为城旦舂"的形式适用。

---

[1] 张家山二四七号汉墓竹简整理小组编著：《张家山汉墓竹简：247 号墓》，文物出版社 2006 年版，第 5~89 页（数字为竹简编号）。

3. 魏晋隋唐宋时期

黥刑自汉代后期被废除，到了魏晋南北朝时期，虽然有所复兴，但并不是常刑。《酉阳杂俎·前集卷八》记载了《晋令》："晋令，奴始亡，加铜青若墨，黥两眼。后再亡，黥两颊上。三亡，横黥目下，皆长一寸五分。"在西晋，对所逃走的奴隶抓回来后要处以黥刑。《南史·宋明帝纪》记载南朝宋"太始四年，诏定黥刖之制。有司奏：自今凡劫窃执官仗，拒战逻司，攻剽亭寺及伤害吏人，并监司将吏自为劫，皆不限人数，悉依旧制斩刑。若遇赦，黥及两颊'劫'字，断去两脚筋，徙付交、梁、宁州"。宋国对于劫窃执官仗、拒战逻司、攻剽亭寺及伤害吏人等罪行，若遇赦，则判处黥刑附加断脚筋的刑罚。南朝梁也采取了类似的做法，"遇赦降死者，黥面为劫字"，[1]黥面就是黥刑。隋唐时期，由于五刑制已经逐渐确定下来，所以在现存的正统法典中，并没有任何适用黥刑的条文。可以说，这一时期的黥墨之刑基本绝迹。五代后晋时期，始创了刺配刑，这一刑罚是黥刑的变种，自宋以后被大肆沿用，但是《宋刑统》正文里并没有适用刺配刑的条文，刺配刑的适用规则多见于皇帝的敕令中。如开宝八年（975年），太祖赵匡胤诏曰："岭南民犯窃盗，赃满五贯至十贯者，决杖、黥面、配役，十贯以上乃死。"[2]雍熙二年（985年），宋太宗下令："令窃盗满十贯者，奏裁；七贯，决杖、黥面、隶牢城。"[3]咸平六年（1003年），宋真宗诏："有盗主财者，五贯以上，杖脊、黥面、配牢城；十贯以上，奏裁；勿得私黥涅。"[4]可见，刺字刑在有宋一代，主要适用于窃盗罪行，而且适用非常广泛。

4. 辽夏金元时期

在这几个少数民族政权统治时期，除了西夏王朝的法典《天盛改旧新定律令》中有明文规定黥法外，其他各朝的黥刑适用只能从各种史书文献中管窥一二。西夏《天盛改旧新定律令》，其中卷二《黥法》一门8条条文里的第1条，就明确规定了黥刑适用的具体罪行："诸人犯罪中属十恶、盗窃、卖敕禁、检校军等犯大小罪，以及杂律中有长期徒刑等，当依黥法受黥。此外犯

---

〔1〕《隋书·刑法志》。

〔2〕《宋史·刑法志》。

〔3〕《宋史·刑法志》。

〔4〕《文献通考·卷一百六十六·刑考五》。

种种杂罪时，获一种短期劳役，高低一律勿黥。"[1]可见，在西夏，黥刑的适用相当广泛，十恶罪行、盗窃行为等涉及人身和财产安全的犯罪都适用黥刑，此外，黥刑还大量附加适用于判处长期徒刑的罪行。辽代的黥刑适用规则只能见之于《辽史》，《辽史·刑法志》载辽圣宗下诏，"自今三犯窃盗者，黥额、徒三年；四则黥面、徒五年；至于五则处死"，辽兴宗下诏"犯终身徒者，止刺颈。奴婢犯逃，若盗其主物，主无得擅黥其面，刺臂及颈者听。犯窃盗者，初刺右臂，再刺左，三刺颈之右，四刺左，至于五则处死"。辽代的黥刑主要惩罚窃盗财物类罪行。元代的黥刑适用规则多见于《元史·刑法志》中，据笔者统计，在刑法志中提到的元代律文里，共有四十多条律文规定了刺字刑。这些条文仍然以侵犯人身、财产安全，危害公共安全，危害社会管理秩序的罪行为主，这其中，窃盗类罪行占绝大多数。《金史·刑志》中只有一条关于刺字刑的记载，"天会七年，诏凡窃盗，但得物徒三年，十贯以上徒五年，刺字充下军，三十贯以上终身，仍以赃满尽命刺字于面，五十贯以上死，征偿如旧制"，在金代，刺字刑主要适用于窃盗罪行。

5. 明清时期

明清时期，刺字刑在正统法典中都有明文规定，在《大明律》的刑律贼盗篇中，共有8条刺字刑的条文，如下：

凡盗大祀神祇、御用祭器、帷帐等物，及盗飨荐、玉帛、牲牢、馔具之属者，皆斩。其未进神御，及营造未成，若已奉祭讫之物及其余官物，皆杖一百，徒三年。若计赃重于本罪者，各加罪一等。并刺字（大明律·刑律·盗大祀神御物）

凡盗制书及起马御宝圣旨、起船符验者，皆斩。盗各衙门官文书者，皆杖一百，刺字。（大明律·刑律·盗制书）

凡盗各衙门印信及夜巡铜牌者，皆斩。盗关防印记者，皆杖一百，刺字。（大明律·刑律·盗印信）

凡盗京城门钥，皆杖一百，流三千里；盗府、州、县、镇城关门钥，皆杖一百，徒三年；盗仓库门等钥，皆杖一百。并刺字。（大明律·刑律·盗城门钥）

凡监临主守，自盗仓库钱粮等物，不分首从，并赃论罪。于右小臂膊上

---

[1]《天盛改旧新定律令·黥法门》。

刺盗官（钱粮物）三字。（每字各方一寸五分，每画各阔一分五厘，上不过肘，下不过腕，余条准此。）（大明律·刑律·监临自盗仓库钱粮）

凡常人盗仓库钱粮等物，不得财，杖六十，免刺。但得财者，不分首从，并赃论罪。并于右小臂膊上刺盗官（钱粮物）三字。（大明律·刑律·常人盗仓库钱粮）

凡白昼抢夺人财物者，杖一百，徒三年。计赃重者，加窃盗罪二等。伤人者，斩。为从，各减一等。并于右小臂膊上，刺抢夺二字。（大明律·刑律·白昼抢夺）

凡窃盗已行而不得财，笞五十，免刺。但得财者，以一主为重，并赃论罪。为从者，各减一等。初犯并于右小臂膊上刺窃盗二字，再犯刺左小臂膊，三犯者，绞。以曾经刺字为坐。掏摸者，罪同。若军人为盗，虽免刺字，三犯一体处绞。（大明律·刑律·窃盗）

这8个条文涉及"窃盗""白昼抢夺""常人盗仓库钱粮""监临自盗仓库钱粮""盗大祀神御物""盗制书""盗印信""盗城门钥"八个罪名。清代法典《大清律例》基本上继承了《大明律》，规定刺字刑的律文与明代基本相同，也是这八类罪行。不难发现，明清时代律文规定的刺字刑，除了白昼抢夺以外，剩下七个罪行全属于窃盗罪，可见，在明清时期，刺字刑仅用于"窃盗"和"抢夺"两大类犯罪。著名史学家瞿同祖先生曾指出，清代法律相比明代法律"变化在例，而不在律"，所以尽管《大清律例》中刺字的律文与《大明律》相差无几，但是清代新增的刺字条例相当之多，刺字刑在清代，成为了广泛适用的耻辱刑。有学者在考证清代刺字刑的时候曾指出："从清初至同治年间，清代新增刺字条例极多。刊刻于同治八年（1869 年）的《刺字统纂》收录刺字条例 173 条，而无名氏所辑《刺字条款》辑刺字条款'六十六款四百五十二条'。由于刺字规定繁多，一般执法者难以尽悉，清代出现了多部总结整理清代刺字条例的专著，如乾隆年间徐钺所撰《刺字汇纂》，嘉庆年间王有孚所撰《刺字会钞》，同治年间孟�樨所撰《刺字统纂》，光绪年间嵩昆所辑《刺字条例》，清末沈家本的《刺字集》，以及上引无名氏的《刺字条款》。"[1]该学者通过对以上刺字条例的整理，制作了一张清代适

<hr>

[1] 于雁：《清代刺字刑考略》，载《历史教学（高校版）》2008 年第 6 期。

用刺字刑的罪行列表，非常清楚明了地归纳了清代刺字条例中，适用刺字刑
的具体罪行，详见下表：

犯罪行为	刺字内容
犯私盐	刺"凶犯"或"盐犯"
传行师巫邪术	刺"左道惑人""私传邪术""奸民"
谋叛逆造妖书妖言	刺"大逆缘坐""胁从匪犯""造妖书言""邪言惑众"
盗制书印信及各项官物	刺"盗官物""盗印信""盗制书""盗官参"等
强盗	刺"强盗""凶犯""用药迷人""凶贼"
劫囚	刺"聚众夺犯""殴差夺犯""凶犯""劫囚"
抢夺	刺"抢夺""凶犯""凶贼"
窃盗	刺"窃盗""窃贼""盗围场""私人围场"
恐吓取财	刺"结伙诈财""结伙索财""光棍""伏草捉人"等
略人略卖人	刺"药术（邪术）迷拐""开窑诱拐""强卖略卖人"等
发冢	刺"发冢""盗棺""起棺索财"
盗贼窝主	刺"强盗窝主""窃窝""盗线"
杀人	刺"凶犯"
斗殴	刺"殴官""奴婢行凶""吃酒行凶""挟制家长"
投匿名揭帖	刺"匿名揭贴"
长随、衙役犯赃	刺"犯赃""蠹役""蠹犯"
伪造印信关防制钱	刺"伪造印信""伪造差盐引""私铸铜（铅）钱"等
犯奸	刺"犯奸""奸犯""轮奸"
揽客诱赌	刺"诱赌匪犯"
放火故烧房屋仓库	刺"故烧房屋""官防仓库""挟仇放火"
军人、奴仆及犯人逃脱	刺"逃兵""逃人""逃奴""逃军""逃流""逃遣"等

（本表引自于雁：《清代刺字刑考略》，载《历史教学（高校版）》2008年第
6期。）

据作者介绍，本表基本上涵盖了清代最常见的刺字罪行。不难发现，在

清朝，适用刺字刑的罪行包括侵犯人身安全、侵犯财产安全、危害公共安全、破坏社会管理秩序这几大类犯罪。这其中又以侵犯人身安全、财产安全的犯罪为主。

四、黥刑的变种——刺配刑

黥墨之刑在五代时期，还衍生出了一种新的刑种——刺配刑。刺配刑首次出现于五代后晋时期。《文献通考》载"晋天福始创刺配，合用其二，仍役而不决"。[1]刺配刑自此以后到宋代得到了发展和完善，元明清时期，刺配刑都是官方常用的带有耻辱性质的刑罚。直到清末，才予以废除。

刺配刑，简单地说，是一种复合耻辱刑，在后晋天福年间始创时，最初是由刺字和配役两种刑罚"合用其二"，即结合适用。到了宋代，刺配刑通常为三种刑罚的复合适用，即决杖、刺面、配役，如开宝八年（975 年），宋太祖赵匡胤诏曰："岭南民犯窃盗，赃满五贯至十贯者，决杖、黥面、配役，十贯以上乃死。"[2]在宋代，刺配刑基本上都是这三种刑罚的组合适用，明代思想家邱浚曾指出："宋人承五代为刺配之法，既杖其脊，又配其人，而且刺其面，是一人之身一事之犯而兼受三刑也。"[3]可见，这种复合刑性质的刺配刑因为刑罚的畸重，在当时是受到非议的。辽金元时期也有刺配刑，但是多以刺字和配役结合适用，而不再附加杖刑。

刺配刑给受刑人带来的痛苦有两方面：一是肉体上的痛苦，如决杖，此外还有限制自由、劳动改造，这也算是肉体上的痛苦；二是精神上的痛苦，刺字就使得受刑人永久性地戴上了犯罪标签，并受到他人的冷眼和唾弃。相比单一的黥刑和墨刑，刺配刑的惩罚力度更大。宋明两代，对盗贼类犯罪，统治者们都深恶痛绝，所以常用刺配刑来惩罚这类罪犯，适用非常频繁。

五、刺烙文字标记耻辱刑的耻辱意义

不管是黥刑还是墨刑，抑或是刺字、刺配刑，都属于在受刑人身上加上犯罪标记的刑罚。这类耻辱刑通常都是划开皮肤灌墨汁，所以，必然会给受

---

〔1〕《文献通考·卷一百六十八·刑考七》。

〔2〕《宋史·刑法志》。

〔3〕《大学衍义补》。

刑人带来一定的肉体痛苦。由于墨迹会永远保留在受刑人皮肤里，所以这类耻辱刑也会给受刑人带来终身性的精神痛苦。在中国古代奴隶制时期，以墨、劓、剕、宫、大辟为主流刑罚体系，墨刑属于最轻的刑种，所以其痛苦性相较于其他四种刑罚来说，是最轻的。对于墨刑来说，惩罚目的并不在于给受刑人带来肉体上的痛苦，而是强烈的精神痛苦。试想一下，一个人受墨刑后，面部或者额头上时时刻刻显现着"抢夺""窃盗"或"劫"等代表着罪行的文字或图案，走到哪里都会遭人冷眼、受人唾弃，这对于受刑人来说，是何等羞辱。由于墨刑通常都是用刑于面部，所以，受刑人除非足不出户或时时刻刻用帽子、头巾遮掩，否则基本上没有别的办法正常生活。这就是墨刑最大的惩罚意义所在：不造成剧烈的肉体痛苦，也不限制人身自由，对于稍微有廉耻心的受刑人来说，却可以做到惩罚得淋漓尽致，令其没齿难忘。宋人胡致堂曾对黥刑如此评价："然则涅其颡者，乃五刑之正，而黥其面者，乃五虐之法也。颡受墨涅，若肤疾然，虽刑而不害；以字文面，则弃人矣。"〔1〕这里的"弃人"点中了黥墨之刑的要害，受刑人从此受人唾弃和疏远，最终会成为"弃人"。战国时期著名军事家孙膑，"与庞涓俱学兵法。庞涓既事魏，得为惠王将军，而自以为能不及孙膑，乃阴使召孙膑。膑至，庞涓恐其贤于己，疾之，则以法刑断其两足而黥之，欲隐勿见"，〔2〕孙膑因为才华出众遭同学庞涓嫉恨，而遭到了暗算被处以了剕刑和黥刑。后来"魏伐赵，赵急，请救于齐。齐威王欲将孙膑，膑辞谢曰：'刑余之人不可。'"〔3〕为何孙膑认为不可，就是因为自己既受到黥刑又受到剕刑，见不得人，所以坚决不愿复出。《水浒》里的宋江，尽管做了起义军首领，呼风唤雨，极尽风光，但每每想到自己脸上的金印（刺字），每每想到自己是被国家抛弃的人，就吃不香睡不好。由此可见，即使是宋江这样具有雄才大略的英雄好汉，也难以抹去刺字刑带来的巨大心理阴影。

第二节　剃发类耻辱刑

髡刑、耐刑、完刑是秦统一六国后始创的一类耻辱刑，这类耻辱刑与人

---

〔1〕《文献通考·卷一百五十二·刑考四》。

〔2〕《史记·孙子吴起列传》。

〔3〕《史记·孙子吴起列传》。

的毛发有关，用刑方式就是剃除受刑人的头发、鬓须、眉毛等。这一类耻辱刑最大的特点就是毫无肉体痛苦性，用今天的眼光看，也许根本称不上刑罚，但是在古代，却有着独特的羞辱性惩罚意义。其实，在古代中国，对于髡刑是否具有惩罚性就早有争论，三国时期魏人陈群曾说过："杀人偿死，合于古制，至于伤人，或残毁其体而裁剪毛发，非其理也。"[1]陈群在此质疑了髡耐作为一种刑罚的合理性。为何对于髡耐之刑，古人和今人都会有所质疑，最关键的问题无非三点：其一，普遍的观点认为刑罚必须具有肉体痛苦性，无痛苦就称不上惩罚。其二，毛发可再生，剃去后很快就能再长出来。其三，有些人天生就毛发稀少或是丝毫不长，如果将髡耐刑作为一种刑罚的话，那这类人如何得到法律的保护。鉴于这些疑问，对于髡耐之刑的讨论，我们不能不从人类对于毛发的观念和认知说起。

一、中国古代毛发观

按照我们现代人的观念，头发就是一般的身体附属物，具有一定的美观意义，也具有一定的御寒功用，除此以外，头发基本上没有任何实用性的功能。但是在古人看来，头发对于一个人来说有着非常重要的意义。

1. 头发与孝道

古代儒家经典伦理学著作《孝经》里有这么一句话："身体发肤、受之父母、不敢毁伤、孝之始也。"[2]这句话是孔子说的，他认为一个人的身体四肢、毛发皮肤，都是父母赋予的，不敢予以损毁伤残，这是孝道的开始。按照这种儒家传统孝道的观念，毛发对于人来说就显得极为重要了，若随意剃去，那就是不孝的表现。在中国传统法律中，不孝常常是非常严重的犯罪。中国古代许多朝代的律典里，都规定了十种严重危害皇权、君权、父权的犯罪行为（《北齐律》里称"重罪十条"，《唐律》一直到《大清律》里称"十恶"），对于这些行为，法律都予以了重惩，"不孝"罪就是其中的一种，足以见违反孝道行为在古人心目中的恶劣性。所以，在古代社会，头发对于一个正常人来说，是万万不可缺少的。一个人若因受刑而被剃除头发，他就是不孝，轻则难以面对父母，重则愧对祖宗。所以，从这一点上来说，髡耐之

---

[1] 《魏书·陈群传》。
[2] 《孝经·开宗明义章》。

刑确实具有耻辱意义和惩罚意义。

2. 头发与生命、健康

在古代民间信仰中，头发还与人的生命和健康有关。许慎在《说文解字》中对"发"字的解释为："根也"，根即根基、根源之意，对于人来说，那就是命根。《康熙字典》中对"发"字的解释为："（黄帝素问）肾之华在发。（草木子）血之荣以发。"可见，头发决定着人的健康。在商代，商汤剪发断爪为民祈雨的故事广为流传，《尚书大传》载："汤伐桀之后，大旱七年，史卜曰：'当以人为祷。'汤乃剪发断爪，自以为牲，而祷于桑林之社，而雨大至，方数千里。"《太平御览》卷83引《帝王世纪》对此事亦有记载："汤自伐桀后，大旱七年，洛川竭。殷史卜曰：'当以人祷。'汤曰：'吾所为请雨者，民也。若必以人祷，吾请自当。'遂斋戒，剪发断爪，以己为牲，祷于桑林之社。"商汤讨伐夏桀后，连年大旱，洛河都枯竭了，严重影响了老百姓的正常生活。有史官占卜说必须用活人作为牺牲来祈祷上天以求降雨，商汤自愿请缨，但鉴于商汤的特殊身份，他用剃去头发，剪掉指甲的方式代表了自我牺牲，向上天乞求降雨。可见，在商朝人眼里，断发就意味着牺牲，所以，头发就意味着生命。又如《吴越春秋·阖闾内传》中记载的干将莫邪铸剑的故事也表明了古人的这一认知：

> 干将作剑，来五山之铁精，六合之金英，候天伺地，阴阳同光，百神临观，天气下降，而金铁之精不销沦流，于是干将不知其由。莫耶曰："子以善为剑闻于王，使子作剑，三月不成，其有意乎？"干将曰："吾不知其理也。"莫耶曰："夫神物之化，须人而成，今夫子作剑，得无得其人而后成乎？"干将曰："昔吾师作冶，金铁之类不销，夫妻俱入冶炉中，然后成物。至今后世，即山作冶，麻绖菆服，然后敢铸金于山。今吾作剑，不变化者，其若斯耶？"莫耶曰："先师知烁身以成物，吾何难哉！"于是干将妻乃断发剪爪，投于炉中，使童女童男三百人鼓橐装炭，金铁乃濡。遂以成剑，阳曰干将，阴曰莫耶，阳作龟文，阴作漫理。[1]

干将莫邪铸造名剑，采集了天下金属中最优秀的原料进行铸造，可金属

---

〔1〕（汉）赵晔原著，张觉译注：《吴越春秋全译》，贵州人民出版社1995年版，第100~101页。

原料总是不熔化。干将不解，忽然回想起师父曾经在铸剑时也遇到同样的困难，师父和师母就跳入熔炉，牺牲于熔炉中与铸剑之铁水融合，才铸成了绝世宝剑。于是，干将莫邪用剪发断爪的方式来代替自我牺牲，将毛发和指甲投入炉中，最终铸成了绝世宝剑——干将莫邪剑。这又印证了古人的观念，头发就是生命的象征，断发意味着死亡。

曹操"割发代首"的故事也反映了这一认识。《三国志·魏书·武帝纪》中引《曹瞒传》曰："（曹操）出军，行经麦中，令'士卒无败麦，犯者死'。骑士皆下马，付麦以相持，于是太祖马腾入麦中，敕主簿议罪；主簿对'以春秋之义，罚不加于尊'。太祖曰：'制法而自犯之，何以帅下？然孤为军帅，不可自杀，请自刑。'因援剑割发以置地。"曹操带兵打仗，路过农民麦田，下令全军不许践踏麦地，违者死罪。士兵们遂下马，扶着麦子通过。可是曹操自己的马却因为受惊踏入了麦地，曹操自责地说："我自己下的命令自己都不遵守，一个不守信用的人，怎能统帅千兵万马呢？"他立即叫来随行的官员，要求给自己践踏麦田的罪行定罪。但鉴于曹操是军中统帅，最终以割去头发代替了斩首来自罚。虽然罗贯中、沈家本等学者对曹操"割发代首"的评价均为表面做给士兵看，实为玩弄欺诈的手段，但曹操割发代首这件事确实反映了当时人们对头发重要性的普遍认知。若不是有这种认识，就不会产生曹操期望的威慑效果。实际上，这也反映了古人对头发的重视。

古今以来，社会上一直有着对于剃发的禁忌，比如"新生儿的胎发，百日内是禁止剃去的（有些地方是不满月不能剃），否则小儿就有夭折的危险。现在汉族地区仍有此俗流行。剃胎发的时候，还不能剃正头顶上的胎发。正头顶俗称'呼歇顶'或称'天灵盖'，那里的波动起伏让人感到可能就是灵魂出入的地方，因此是要格外小心避忌的。这地方禁止手触、拍打，否则，压伤了天灵盖，小孩会变成哑巴，或者成为痴呆。小孩儿剃头，周围的头发都可以剃光，唯有此处的一定要保留下来。头发长了，就梳成一个小辫，辫梢上系一根红头绳，以示警戒。汉族流行在小男孩后脑或头顶的一边留一撮头发不剃，一直到男孩长到十二三岁才剃掉。有的还把这缕头发结成小辫儿，俗称'八十辫'，又称'鬼见愁'，豫南叫做'尾尾尾'，是祝愿小孩儿成人、高寿的意思。尤其是一个男孩儿，特别宝贵，更要如此。其中，也包含着让灵魂长驻其发间的意义"。[1]可见，对于胎儿或小孩儿来说，头发是非常重要的，如何打理头发，有着严格的标准，若是违背了禁忌而剃去，轻则影响健康，重则波及生命。

解放前的南京、北京地区，有这样的说法，剪了头发以后，得立马清理扫走，若被人站在上面或来回地脚踩，那自己必定头痛。此外，头发也不能倒在脏水桶里或同垃圾放在一起，因为那样会引来灾祸和病痛。江苏、安徽、浙江、河北等省，有些地方也相传人的头发如果被鼠咬，本人不久必有疾病或灾难。[2]这也反映了在人们心目中，凡是身上脱落下来的东西，如头发、指甲，都是有灵魂的，若不好好对待，则必定会影响自己的健康，有时候甚至还会带来灾祸。

3. 头发与精气、灵魂

上文提到了头发与人的健康、生命的关系，为何古人会有这种认识，其实从迷信学的角度来说，原因在于古人认为头发作为人的附属物，是有灵魂的，若对头发处理不善，则会影响到头发主人的健康或生命。在古人心目中，头发是灵魂的栖息地，是生命的象征。但是落发又不可避免，按照《康熙字典》"血之荣以发"的观点，"发乃血余"，是人身的精髓，所以古代迷信认为若落发掉到鬼怪手里，鬼怪便可摄去人的灵魂和精气。其实在很多小说和影视作品里我们都常能看到关于蛊毒妖术的描述，蛊毒者取人毛发，然后加之以蛊惑或妖术，毛发的主人就会魂不守舍或者得怪病，亦或是离奇死亡。此外，古代迷信也认为头发若落到坏人或者鬼怪手中，同样会带来灾难。《搜神记》中有"西门亭鬼魅"这么一个故事："后汉时，汝南汝阳西门亭有鬼魅，宾客止宿，辄有死亡，其厉厌者，皆亡发失精。"[3]《风俗通义》中也记载了这个故事，并按曰"北部督邮西平郅伯夷"来到西门亭除妖，夜里抓获一老狐妖"略无衣毛，持下烧杀，明旦发楼屋，得所髡人结百余，因从此绝"。[4]原来在西门亭里有一只老狐妖在作祟，专门割人头发，吸人精气，才导致了好多宾客离奇死亡。《魏书·灵征志》里也记载了狐妖取人头发吸人精

---

〔1〕 齐涛主编，任骋著：《中国民俗通志·禁忌志》，山东教育出版社 2005 年版，第 29 页。

〔2〕 参见齐涛主编，任骋著：《中国民俗通志·禁忌志》，山东教育出版社 2005 年版，第 29 页。

〔3〕 （晋）干宝著，马银琴译注：《搜神记》，中华书局 2012 年版，第 375 页。

〔4〕 （汉）应劭撰，王利器校注：《风俗通义校注》，中华书局 1981 年版，第 427~428 页。

气害人的故事："高祖太和元年五月辛亥，有狐魅截人发"，"肃宗熙平二年，自春，京师有狐魅截人发，人相惊恐。"《北齐书·后主纪》也有类似的记载："四年春正月……邺都、并州并有狐媚，多截人发。"狐魅和狐媚都是一种狐妖，他们专门割人头发，吸人精气，致人死亡，引起恐慌。这些志怪故事反映了人们对于头发是有精气的，头发联接着人的灵魂这一观念的认知。

二、关于完刑的性质的争议

中国古代剃除毛发类的耻辱刑主要有髡刑、耐刑和完刑。正如前文已经提到过的，关于髡刑和耐刑学界基本达成了一致的认识。髡，《说文解字》解释为"鬀发也"，段玉裁注曰："髡、剔也。剔者，俗鬀字。"所以髡就是剃发的意思，髡刑就是只剃去头发的刑罚。耐，古写为耏，《说文解字》对其的解释为"罪不至髡也"，段玉裁注曰："不鬀其发，仅去须鬓，是曰耐"，所以，耐刑就是只剃去鬓须的刑罚。而对于完刑的定性，学界略有争议，主要有四种观点：第一种观点认为完刑就是耐刑，即剃去鬓须；第二种观点认为完刑就是髡刑，即剃去头发；第三种观点认为完刑是一种劳役刑；第四种观点认为"完"根本就不是一种刑罚。

第一种观点认为完刑就是耐刑，即剃去鬓须的刑罚，这是目前学界的主流观点。段玉裁对《说文解字》里"耐"字的注曰："髡者、鬀发也。不鬀其发，仅去须鬓，是曰耐，亦曰完。谓之完者、言完其发也。……汉令谓完而不髡曰耐。"段玉裁认为完意味着保留头发，只剃鬓须，所以完就是耐刑。沈家本在《历代刑法考》刑法分考十一的编目里，将完刑和耐刑作为一个标题来考证，可见沈家本也认为完刑就是耐刑。程树德在《九朝律考》中也指出："按完者，完其发也，谓去其鬓而完其发，故曰之完。"[1]

第二种观点认为完刑就是髡刑，即剃去头发的刑罚。持这种观点的学者主要是从文字考据学的视角入手的。如著名法学家蔡枢衡先生就从文字学的角度论证了完刑的本质，他指出："《集韵·桓韵》：'宽、完，枯官切。'《说文》：'宽，屋宽大也。一曰缓也。古作完。'《说文解字》：'宽，完，古以为宽字。'《集韵·没韵》：'髡、完、顽，去发刑，或作完、顽。'五忽切，音物。又《魂韵》：'髡、髠，《说文》：鬀发。或从元。'枯官切，音坤。完是

---

〔1〕 程树德：《九朝律考》，中华书局 2003 年版，第 45 页。

宽、髡二字的别体。宽、髡双声，髡变为宽，宽借为髡。完是髡的别体。完之就是髡之，完为城旦就是髡为城旦。"〔1〕蔡枢衡先生从文字训诂学的角度论证了"完"其实就是髡的别体，所以完刑就是髡刑。其实，在古代，就有学人认为完刑就是髡刑，如《周礼·秋官司寇·掌戮》记载："墨者使守门，劓者使守关，宫者使守内，刖者使守囿，髡者使守积。"到了汉代，史学家班固在《汉书·刑法志》中也有类似的记载："凡杀人者踣诸市，墨者使守门，劓者使守关，宫者使守内，刖者使守囿，完者使守积。"班固在这里的描述与周礼中基本相似，唯一不同的地方就是将"髡者使守积"换成了"完者使守积"，因此，班固认为完刑就是髡刑。同时代的律学家郑玄对《周礼·秋官司寇·掌戮》"髡者使守积"的注释中也指出："髡当为完。"可见，在汉代，就有学者认为完刑与髡刑是同一种刑罚。

第三种观点认为完刑是一种既区别于髡刑，又区别于耐刑的新刑种，是一种劳役刑。《汉书·惠帝纪》记载："民年七十以上若不满十岁有罪当刑者，皆完之。"颜师古注释引孟康曰："完者，谓不加肉刑、髡剃也。"颜师古认为完刑是一种既不施以肉刑，又不处以髡剃毛发的刑罚。《汉书·刑法志》里又载："刖者使守囿，完者使守积。"颜师古注曰："完，谓不亏其体，但居作也。"所谓"不亏其体"就是不伤及人的身体任何器官或毛发，"居作"则是一种古代限制人身自由服劳役的刑罚。《后汉书·明帝纪》："完城旦舂至司寇作，三匹。"唐代李贤注曰："完者，谓不加髡钳而筑城也。"李贤也认为完刑是一种不伤及肌肤身体的劳役刑。

第四种观点认为"完"根本就不是一种刑罚。《说文解字》对"完"字的解释为"全也"，也就是完整的意思。在许多文献记载中"完"字常与刑罚连用，如秦简中的"完为城旦舂""完城旦"等，但这里的"完"字表达的都是一种状态，即保全完整身体的意思。从这一意义上来讲，"完"就根本不是一种刑罚，而只是一种状态的表现。著名法史学家栗劲先生在其书《秦律通论》中也赞同这一观点，说到："既不加宫、刖、劓、黥等肉刑，又不加以剃头发的髡刑，也不加剃鬓须的耐刑，保持完好的身体，就是所谓的'完'。"〔2〕

鉴于历史文献资料的稀疏，"完"刑到底是不是一种刑罚，若是一种刑罚

〔1〕　蔡枢衡：《中国刑法史》，中国法制出版社2005年版，第80~81页。
〔2〕　栗劲：《秦律通论》，山东人民出版社1985年版，第251~252页。

如何用刑，目前学界始终没有定论，依然众说纷纭。笔者认为，也许在古代文献中的出现的"完"字，并不都代表一种含义，很可能有的时候代表剃去毛发的刑罚，有的时候又仅代表着一种状态。在文献记载无法准确解释完刑的具体性质时，只能做如此推测。

三、髡刑、耐刑、完刑的用刑方式

髡刑、耐刑以及定性尚有争议的完刑，都属于剃去毛发类的耻辱刑。虽然这几种耻辱刑都是以剃去受刑人毛发的方式作为惩罚，但具体的用刑方式却有细微的区别。

髡刑，按照《说文解字》的解释，"髡"就是"鬀发"的意思，"鬀"即"剃"。所以，学界通说认为髡刑就是剪去受刑人头发的一种刑罚。目前现有的文献记载基本上仅证实了髡就是剃发，至于如何剃发，剃成什么样式，史料记录并不多，只能从零星的记载中推断。《晋书》中记载了西晋刘颂的上表曰："古者用刑以止刑，及今反于此。以刑生刑，以徒生徒。诸重犯亡者，发过三寸，辄重髡之，此以刑生刑。"[1]这表明了对于逃亡的重犯，若头发长于三寸，就必须"辄重髡之"，剃到三寸长。这并不能证实髡刑就是剃发至三寸长，我们再看一条汉简的记载。《居延汉简》40·1号简有如下文字："望□苑髡钳釱左右止，大奴冯宣，年廿七八岁，中壮，髡发五六寸，青黑色毋须，衣皁袍白布绔，履白革舄，持剑亡。"[2]这个叫冯宣的大奴，被处以了髡钳釱左右趾的刑罚，被髡发后，头发剩余五、六寸。这一汉简的文字证实了在汉代，髡刑就是剃发到五六寸长。我们可以推断，古代的髡刑应该不是剃光受刑人的头发，而只是剃成短发，长度保留三至五寸左右。

耐刑，是一种轻于髡刑的耻辱刑，按照《说文解字》的解释，"耐"即"罪不至髡也"，段玉裁注曰："不鬀其发，仅去须鬓，是曰耐"，所以耐刑就是仅剃去鬓毛和胡须的刑罚。因为仅剃去鬓须，并不太影响受刑人的整体外观，通过一定的遮掩，常人也不容易一眼发觉。所以相比髡刑的剪短头发，仅剃去鬓毛和胡须的耐刑，其惩罚力度确实要小很多。

由于对完刑的定性尚有争议，所以对完刑的用刑方式只能做一个大概推

---

〔1〕《晋书·刑法志》。

〔2〕谢桂华、李均明、朱国炤：《居延汉简释文合校》，文物出版社1987年版，第68页。

断。若认为完刑就是髡刑或完刑就是耐刑的话，那么完刑的用刑方式就与髡刑、耐刑相同。若认为完刑是一种劳役刑的话，那么完刑的用刑方式就是"居作"或"筑城"且不伤及受刑人的身体发肤，保留其完整的身体。

四、髡刑、耐刑、完刑的适用罪行

髡耐之刑主要存在并盛行于秦、汉以及魏晋南北朝时期。髡、耐之刑相比于黥墨之刑，惩罚力度更小，所以髡耐刑通常适用于较轻的犯罪，在古代司法实践中，适用广泛。从现存的秦汉时期法典文件和史书记载中，有大量关于髡刑、耐刑和完刑的记载。

1. 秦

由于统一六国后的秦朝法制基本上承袭了战国末期的秦国法制，所以可以从现存的秦国法典文献中探讨秦朝的髡耐刑。湖北云梦出土的睡虎地秦墓竹简里就有大量的秦国的律令简文，如《法律答问》《封诊式》《法律杂抄》等。

在这些律令简文中，关于髡刑的记载其实并不多，仅在《法律答问》中有三处条文提到了"髡"字：

"擅杀、刑、髡其后子，谳之。"·可（何）谓"后子"？·官其男为爵后，及臣邦君长所置为后大（太）子，皆为"后子"。

"公室告"【何】殹（也）？"非公室告"可（何）殹（也）？贼杀伤、盗它人为"公室"；子盗父母，父母擅杀、刑、髡子及奴妾，不为"公室告"。

"子告父母，臣妾告主，非公室告，勿听。"·可（何）谓"非公室告"？·主擅杀、刑、髡其子、臣妾，是谓"非公室告"，勿听。而行告，告者罪。告【者】罪已行，它人有（又）袭其告之，亦不当听。[1]

仔细观察这三条条文，不难发现，这里的"髡"字的含义并不是髡刑，而指的是髡这个行为。这三条条文表达的都是"擅杀、刑、髡某某"的行为，应当如何定性，如何处罚。所以在这里，"髡"和擅杀、刑属于同一类概念，即代表了一种行为，这里的"髡"只能做剪去头发的理解。

在秦简中，关于耐刑的记载相对较多，其中《秦律杂抄》里共有 6 条律

---

〔1〕《睡虎地秦墓竹简》。

文涉及了耐刑，详见下：

· 为（伪）听命书，法（废）弗行，耐为侯（候）；不辟（避）席立，赀二甲，法（废）。

当除弟子籍不得，置任不审，皆耐为侯（候）。使其弟子赢律，及治（笞）之，赀一甲；决革，二甲。除弟子律。

· 故大夫斩首者，䙴（迁）。· 分甲以为二甲搜者，耐。县毋敢包卒为弟子，尉赀二甲，免；令，二甲。· 轻车、趀张、引强、中卒所载傅〈传〉到军，县勿夺。夺中卒传，令、尉赀各二甲。

匿敖童，及占癃（癃）不审，典、老赎耐，· 百姓不当老，至老时不用请，敢为酢（诈）伪者，赀二甲；典、老弗告，赀各一甲；伍人，户一盾，皆䙴（迁）之。· 傅律。

冗募归，辞曰日已备，致未来，不如辞，赀日四月居边。· 军新论攻城，城陷，尚有棲未到战所，告曰战围以折亡，段（假）者，耐；敦（屯）长、什伍智（知）弗告，赀一甲；稟伍二甲。· 敦（屯）表律。

· 捕盗律曰：捕人相移以受爵者，耐。· 求盗勿令送逆为它，令送逆为它事者，赀二甲。[1]

这6条条文，规定了违背命书、官员任用违法、违反军制、官员失职、军队中论功行赏造假、抓捕犯人骗取爵位等罪行要处以耐刑，从《杂抄》这6条条文不难看出，在秦国，耐刑主要用于惩罚公职人员失职或徇私舞弊等罪行。

在《法律答问》中，有大量条文记载了耐刑，其中有大概15条条文详细规定了犯某种罪行处以耐刑，详见下：

司寇盗百一十钱，先自告，可（何）论？当耐为隶臣，或曰赀二甲。

"公祠未闋，盗其具，当赀以下耐为隶臣。"今或益〈盗〉一肾，益〈盗〉一肾臧〈赃〉不盈一钱，可（何）论？祠固用心肾及它支（肢）物，皆各为一具，一【具】之臧（赃）不盈一钱，盗之当耐。或直（值）廿钱，而被盗之，不尽一具，及盗不直（置）者，以律论。

---

[1]《睡虎地秦墓竹简》。

士五（伍）甲盗，以得时直（值）臧（赃），臧（赃）直（值）过六百六十，吏弗直（值），其狱鞠乃直（值）臧（赃），臧（赃）直（值）百一十，以论耐，问甲及吏可（何）论？甲当黥为城旦；吏为失刑罪，或端为，为不直。

士五（伍）甲盗，以得时直（值）臧（赃），臧（赃）直（值）百一十，吏弗直（值），狱鞠乃直（值）臧（赃），臧（赃）直（值）过六百六十，黥甲为城旦，问甲及吏可（何）论？甲当耐为隶臣，吏为失刑罪。甲有罪，吏智（知）而端重若轻之，论可（何）殹（也）？为不直。

妻悍，夫殴治之，夬（决）其耳，若折支（肢）指、胅體（体），问夫可（何）论？当耐。

律曰："鬬夬（决）人耳，耐。"今夬（决）耳故不穿，所夬（决）非珥所入殴（也），可（何）论？律所谓，非必珥所入乃为夬（决），夬（决）裂男若女耳，皆当耐。

或鬬，啮断人鼻若耳若指若唇，论各可（何）殹（也）？议皆当耐。

"葆子狱未断而诬告人，其罪当刑为隶臣，勿刑，行其耐，有（又）毄（系）城旦六岁。"·可（何）谓"当刑为隶臣"？·"葆子□□未断而诬告人，其罪当刑城旦，耐以为鬼薪而鋈足"。耤葆子之谓殹（也）。【有收当耐未断，以当刑隶臣罪诬告人，是谓当刑隶臣。】

"葆子狱未断而诬【告人，其罪】当刑鬼薪，勿刑，行其耐，有（又）毄（系）城旦六岁。"可（何）谓"当刑为鬼薪"？·当耐为鬼薪未断，以当刑隶臣及完城旦诬告人，是谓"当刑鬼薪"。

当耐司寇而以耐隶臣诬人，可（何）论？当耐为隶臣。丨当耐为侯（候）罪诬人，可（何）论？当耐为司寇。

当耐为隶臣，以司寇诬人，可（何）论？当耐为隶臣，有（又）毄（系）城旦六岁。

捕赀罪，即端以剑及兵刃刺杀之，可（何）论？杀之，完为城旦；伤之，耐为隶臣。

大夫甲坚鬼薪，鬼薪亡，问甲可（何）论？当从事官府，须亡者得。今甲从事，有（又）去亡，一月得，可（何）论？当赀一盾，复从事。从事有（又）亡，卒岁得，可（何）论？当耐。

甲捕乙，告盗书丞印以亡，问亡二日，它如甲，已论耐乙，问甲当购不当？不当。

有禀叔（菽）、麦，当出未出，即出禾以当叔（菽）、麦，叔（菽）、麦贾（价）贱禾贵，其论可（何）殹（也）？当赀一甲。会赦未论，有（又）亡，赦期已尽六月而得，当耐。[1]

在这 15 条律文中，大部分属于直接规定判处耐刑的法律条文。在这些直接规定了适用耐刑的条文中，主要包含了轻微盗窃、轻微斗殴、诬告、逃亡等几种罪行。相比于髡刑来说，耐刑多单独适用，而且主要惩罚轻微的刑事犯罪。

在秦简中，除了髡刑和耐刑的记载外，完刑的记录也比较多，其中《法律答问》中记录了完刑共 12 条，详见下：

甲盗牛，盗牛时高六尺，毄（系）一岁，复丈，高六尺七寸，问甲可（何）论？当完城旦。

上造甲盗一羊，狱未断，诬人曰盗一猪，论可（何）殹（也）？当完城旦。

或与人斗，缚而尽拔其须麋（眉），论可（何）殹（也）？当完城旦。

士五（伍）甲斗，拔剑伐，斩人发结，可（何）论？当完为城旦。

"葆子狱未断而诬【告人，其罪】当刑鬼薪，勿刑，行其耐，有（又）毄（系）城旦六岁。"可（何）谓"当刑为鬼薪"？·当耐为鬼薪未断，以当刑隶臣及完城旦诬告人，是谓"当刑鬼薪"。

"隶臣将城旦，亡之，完为城旦，收其外妻、子。子小未可别，令从母为收。"·可（何）谓"从母为收"？人固买（卖），子小不可别，弗买（卖）子母谓殹（也）。

完城旦，以黥城旦诬人。可（何）论？当黥。甲贼伤人，吏论以为斗伤人，吏当论不当？当谇。

当黥城旦而以完城旦诬人，可（何）论？当黥剿（劓）。

甲有完城旦罪，未断，今甲疠，问甲可（何）以论？当迁（迁）疠所处之；或曰当迁（迁）迁（迁）所定杀。

---

[1] 《睡虎地秦墓竹简》。

捕赀罪，即端以剑及兵刃刺杀之，可（何）论？杀之，完为城旦；伤之，耐为隶臣。

捕亡完城旦，购几可（何）？当购二两。

女子为隶臣妻，有子焉，今隶臣死，女子北其子，以为非隶臣子殹（也），问女子论可（何）殹（也）？或黥颜頯为隶妾，或曰完，完之当殹（也）。[1]

这12条法律答问中，完基本上都与城旦连用，即完城旦。处以完城旦的罪行，主要有偷盗、诬告、斗殴、逃亡四种。这其中，偷盗主要是盗窃牛羊等家畜的轻微罪行，斗殴也只是捆绑他人或拔去眉毛头发等并没有造成重大肉体损伤的轻微伤害行为。所以，完城旦刑多处罚较轻的盗窃和人身伤害行为。

2. 汉

汉代法典基本上继承和沿袭了秦律，从张家山出土的《二年律令》中，我们可以大致归纳一下汉代髡、耐、完刑的适用罪行。

在《二年律令》中，并没有提到髡刑，但是却有许多耐刑和完刑的相关记载，其中涉及耐刑的共30多条，详细记载了犯何种罪行处以耐刑的共24条，详见下：

船人渡人而流杀人，耐之，船啬夫、吏主者赎耐。其杀马牛及伤人，船人赎耐，船啬夫、吏赎䙴（迁）。其败亡6（贼律）

毁封，以它完封印印之，耐为隶臣妾。16（贼律）

斗而以釰及金铁锐、锤、椎伤人，皆完为城旦舂。其非用此物而眇人，折枳、齿、指，胅体，断肤（决）鼻、耳者，27耐。（贼律）

斗殴变人，耐为隶臣妾。31（贼律）

妻殴夫，耐为隶妾。33（贼律）

殴兄、姊及亲父母之同产，耐为隶臣妾。41（贼律）

殴父偏妻父母、男子同产之妻、泰父母之同产，及夫父母同产、夫之同产，若殴妻之父母，皆赎耐。43（贼律）

---

[1]《睡虎地秦墓竹简》。

以县官事殴若詈吏，耐。46（贼律）

盗书、弃书官印以上，耐（？）53（贼律）

盗臧（赃）直（值）过六百六十钱，黥为城旦舂。六百六十到二百廿钱，完为城旦舂。不盈二百廿到百一十钱，耐为隶臣妾。55（贼律）

告，告之不审，鞫之不直，故纵弗刑，若论而失之，及守将奴婢而亡之，篡遂纵之，及诸律令中曰与同法、同罪，其所107与同当刑复城旦舂，及曰黥之，若鬼薪白粲当刑为城旦舂，及刑畀主之罪也，皆如耐罪然。（具律）

告不审及有罪先自告，各减其罪一等，死罪黥为城旦舂，城旦舂罪完为城旦舂，完为城旦舂罪■127■鬼薪白粲及府（腐）罪耐为隶臣妾，耐为隶臣妾罪128耐为司寇，司寇、䙴（迁）及黥颜（颜）颏罪赎耐，赎耐罪罚金四两，赎死罪赎城旦舂，赎城旦舂罪赎斩，赎斩罪赎黥，赎黥罪赎耐，耐罪129■金四两罪罚金二两，罚金二两罪罚金一两。（告律）

吏民亡，盈卒岁，耐；不盈卒岁，毄（繋）城旦舂；公士、公士妻以上作官府，皆偿亡日。其自出殴（也），笞五十。给逋事，皆籍亡日，觖数盈卒岁而得，亦耐之。157（亡律）

女子已坐亡赎耐，后复亡当赎耐者，耐以为隶妾。（亡律）

诸舍亡人及罪人亡者，不智（知）其亡，盈五日以上，所舍罪当黥■赎耐；完城旦舂以下到耐罪，及亡收、隶臣妾、奴婢及亡盈十二月以上，赎耐。（亡律）

奴取（娶）主、主之母及主妻、子以为妻，若与奸，弃市，而耐其女子以为隶妾。（襍律）

盗铸钱及佐者，弃市。同居不告，赎耐。（钱律）

诸马牛到所，皆毋敢穿穽，穿穽及及置它机能害人、马牛者，虽未有杀伤也，耐为隶臣妾。（田律）

诸訾（诈）给人以有取，及有販卖贸买而訾（诈）给人，皆坐臧（赃）与盗同法，罪耐以下261有（又）䙴迁之。（市律）

民皆自占年。小未能自占，而毋父母、同产为占者，吏以□比定其年。自占、占子、同产年，不以实三岁以上，皆325耐。（户律）

其或为訾（诈）伪、有增减也，而弗能得，赎耐。（户律）

当戍，已受令而逋不行盈七日，若戍盗去署及亡盈一日到七日，赎耐；过七日，耐为隶臣。398（兴律）

御史言，越塞阑关，论未有□，请阑出入塞之津关，黥为城旦舂；越塞，斩左止（趾）为城旦；吏卒主者弗得，赎耐。488（津关令）

诈伪出马，马当复入不复入，皆以马卖（价）讹过平令论，及赏捕告者。津关吏卒、吏卒乘塞者智（知），弗告劾，510与同罪；弗知，皆赎耐。（津关令）〔1〕

这二十多条条文主要分两类：一类是直接记载了犯某罪处以耐刑，另一类是记载了犯某罪可以"赎耐"。所谓"赎耐"，就是本应判处耐刑，但可用金钱赎罪。通过对这些条文的总结分析，在汉律中，轻微斗殴、小额盗窃、诬告、逃亡、诈骗、扰乱市场秩序、违反户籍管理、违反津关制度等罪行，一般都会处以耐刑。耐刑通常单独适用，有的时候也会作为附加刑适用，如耐为吏臣妾。

在《二年律令》中，也有许多律文提到了完刑。详见下：

伪写彻侯印，弃市；小官印，完为城旦舂。10（贼律）

诸上书及有言也而谩，完为城旦舂。12（贼律）

斗而以刃及金铁锐、锤、椎伤人，皆完为城旦舂。27（贼律）

盗臧（赃）直（值）过六百六十钱，黥为城旦舂；六百六十到二百廿钱，完为城旦舂。（贼律）

公士、公士妻及□□行年七十以上，若年不盈十七岁，有罪当刑者，皆完之。83（具律）

吏、民有罪当笞，谒罚金一两以当笞者，许之。有罪年不盈十岁，除；其杀人，完为城旦舂。86■所与同鬼薪白粲也，完以为城旦舂。87（具律）

□□□□□，以其罪论之。完城旦舂罪，黥之。鬼薪白粲罪，黥以为城旦舂。其自出者，死罪，黥为城旦舂；它罪，完为城旦舂。100（具律）

告不审及有罪先自告，各减其罪一等，死罪黥为城旦舂，城旦舂罪完为城旦舂罪■127■鬼薪白粲及府（腐）罪耐为隶臣妾。（告律）

■亡人、略妻、略卖人、强奸、伪写印者弃市罪一人，购金十两。刑城旦舂罪，购金四两。完城137■二两。（捕律）

---

〔1〕 张家山二四七号汉墓竹简整理小组编著：《张家山汉墓竹简：247号墓》，文物出版社2006年版，第5~89页（数字为竹简编号）。

隶臣妾、收人亡，盈卒岁，毄（繫）城旦舂六岁；不盈卒岁，毄（繫）三岁。自出殴，笞百。其去毄（繫）三岁亡，毄（繫）六岁；去毄（繫）六岁亡，完为城旦舂。165（亡律）

诸舍亡人及罪人亡者，不智（知）其亡，盈五日以上，所舍罪当黥■赎耐；完城旦舂以下到耐罪，及亡收、隶臣妾、奴婢及亡盈十二月以上，170赎耐。（亡律）

罪人完城旦、鬼薪以上，及坐奸府（腐）者，皆收其妻、子、财、田宅。（收律）

夫有罪，妻告之，除于收及论；妻有罪，夫告之，亦除其夫罪。·毋夫，及为人偏妻，为户若别居不同数者，有罪完舂、白176粲以上，收之，毋收其子。内孙毋为夫收。177（收律）

诸与人妻和奸，及其所与皆完为城旦舂。（襍律）

复兄弟、孝〈季〉父、柏（伯）父妻、御婢，皆黥为城旦舂。复男弟兄子、孝〈季〉父、柏（伯）父子之妻、御婢，皆完为城旦。195（襍律）

诸马牛到所，皆毋敢穿穽，穿穽及及置它机能害人、马牛者，虽未有杀伤也，耐为隶臣妾。杀伤马牛，与盗同法。杀人，251弃市。伤人，完为城旦舂。252

当戍，已受令而逋不行盈七日，若戍盗去署及亡盈一日到七日，赎耐；过七日，耐为隶臣；过三月，完为城旦。398（兴律）

当奔命而逋不行，完为城旦。399（兴律）[1]

从这些条文中，我们可以发现，在汉代被判处完刑的罪行与判处耐刑的罪行大致相同，主要是斗殴、盗窃、伪造官文、诬告、逃亡以及犯奸等罪行。从这些条文中也不难看出，与耐刑不同的是，完刑基本上都是与其他刑罚一起适用，如完为城旦、完为城旦舂，只在很少的情况下才单独适用。

3. 魏晋南北朝

魏晋时期，由于这一时期并没有成文法典留存至今，也无相关简牍出土，所以对这一时期髡耐之刑适用罪行的考证，只能依据各类史料中的相关记载

---

〔1〕 张家山二四七号汉墓竹简整理小组编著：《张家山汉墓竹简：247 号墓》，文物出版社 2006年版，第 5~89 页（数字为竹简编号）。

予以探究。

在三国时期，目前现存的文献中，髡刑的具体记载多见于军法，魏国的军事法《步战令》规定了对违背军事管理法规的军人施用髡鞭刑："临战阵骑皆当在军两头，前陷阵骑次之，游骑在后。违令，髡鞭二百。"[1]。另一部《军令》也规定了军人违反军法要处以髡刑："始出营，竖矛戟，舒幡旗，鸣鼓；行三里，辟矛戟，结幡旗，止鼓；将至营，舒幡旗，鸣鼓；至营讫，复结幡旗，止鼓。违令者，髡翦以徇。"[2]吴国也有类似的违反军令处以髡刑的记载，《三国志·吴书十三·陆逊传》载："射声校尉松于公子中最亲，戏兵不整，逊对之髡其职吏。"由于三国时期普通司法中关于髡刑的记载非常罕见，由此大致可以判断，在三国时期，髡刑主要作为一种军事处罚，惩罚违背军令的军人。

两晋时期，根据《唐六典》和《晋书》的记载，髡耐刑在西晋的《晋律》中是法定刑罚。《唐六典》记载晋律"凡一千五百三十条。其刑名之制，大辟之刑有三：一曰枭，二曰斩，三曰弃市。髡刑有四：一曰髡钳五岁刑，笞二百；二曰四岁刑；三曰三岁刑；四曰二岁刑。赎死，金二斤；赎五岁刑，金一斤十二两；四岁、三岁、二岁各以四两为差。又有杂抵罪罚金十二两、八两、四两、二两、一两之差。弃市以上为死罪，二岁刑以上为耐罪，罚金一两以上为赎罪。"[3]由于《晋律》原文无可考证，《唐六典》的记载只能说明西晋的髡刑有四种刑档，分别为髡钳五岁刑、笞两百，髡钳四岁刑，髡钳三岁刑，髡钳二岁刑。尽管这唯一的记载并没有髡刑的具体适用罪行，但从死刑、髡刑、赎刑的排列顺序上来看，髡刑在西晋应该是属于中等刑罚。其刑档较多，可以推测适用应该比较广泛。

南朝时期，髡耐刑的历史记录并不是很多。南朝宋国，少帝刘义符处罚两位失职的官员，就用了髡刑，"龙骧将军兖州刺史徐琰、东郡太守王景度并坐失守，钳髡居作，琰五岁，景度四岁"[4]兖州刺史徐琰、东郡太守王景度指挥战争失败，城池失守，最后被处以了髡钳居作刑。《隋书·刑法志》中提

---

〔1〕《通典·兵二》。

〔2〕《通典·兵二》。

〔3〕丘汉平：《历代刑法志》，商务印书馆1938年版，第284页。

〔4〕《宋书·索虏列传》。

到的梁国法律《梁律》："其制刑为十五等之差：弃市已上为死罪，大罪枭其首，其次弃市。刑二岁已上为耐罪，言各随伎能而任使之也。有髡钳五岁刑，笞二百，收赎绢，男子六十疋。又有四岁刑，男子四十八疋。又有三岁刑，男子三十六疋。又有二岁刑，男子二十四疋。……遇赦降死者，黥面为劫字，髡钳，补冶锁士终身。"梁律也有髡刑的规定，与《晋律》基本相同，分四等，列于死刑之下，但是具体哪些罪行判处髡刑，目前并无更详细的史料可考。

北朝时期，髡耐之刑的记载也很少。北魏神龟年间，"兰陵公主驸马都尉刘辉，坐与河阴县人张智寿妹容妃、陈庆和妹惠猛奸乱，殴主伤胎，遂逃。门下处奏：容妃、惠猛各入死刑；智寿、庆和并以知情不加限防，处以流坐。诏曰：'容妃，惠猛恕死，髡鞭付宫。余如奏。'"[1]孝文帝的女儿兰陵公主的驸马刘辉与容妃、惠猛通奸，容妃、惠猛两人本被判处死刑，后被宽恕，"髡鞭付宫"。可见，在北魏时期，髡刑作为了死刑的宽赦替代刑适用，而且髡刑常常与鞭刑结合适用，处罚本应判处死罪后被宽恕的犯罪人。北魏高祖太和十一年春，诏曰："三千之罪，莫大于不孝，而律不逊父母，罪止髡刑。于理未衷。可更详改。"[2]可以推论，北魏时期，髡刑适用的最严重的犯罪大概是不孝之罪。

五、髡刑、耐刑、完刑的耻辱意义

髡刑、耐刑、完刑这几种剃除毛发的刑罚，其惩罚意义主要有两方面：第一，通过用刑让受刑人受到心理压力和精神痛苦；第二，通过用刑让受刑人与众不同，让社会大众知晓受刑人的罪状并加以谴责和唾弃，使受刑人倍感羞辱。

第一方面的惩罚意义是建立在上文提到的人们对毛发的普遍认知的基础之上。简单地说，这一惩罚意义是建立在古人普遍信奉的封建迷信基础之上的。在古人心目中，头发与人的精气、灵魂相关联，若头发受损，小则影响身体健康，大则伤及性命。所以，对于受刑人来说，被判处髡耐之刑，就意味着精气的丧失、灵魂的受损，若是剃去的毛发落入坏人手里被施以蛊惑，

---

[1] 《通典·刑五》。
[2] 《魏书·刑罚志》。

或者被妖魔鬼怪摄取，那么受刑人则会感觉极度的不安、恐惧和害怕，他们认为这会给他们带来病痛或者是死亡。这种强大的心理压力、精神痛苦正是髡耐之刑的第一个刑罚目的所在。此外，这一惩罚意义也建立在古人孝道观念的基础之上，被判处髡耐之刑的人，就背上了不孝的骂名，从而遭到精神上的折磨和煎熬。

第二方面的惩罚意义是建立在社会大众对于犯罪和刑罚的普遍外在评价标准之上的。通过剃发，受刑人变得与众不同，被强制佩戴上了"犯罪的标签"，从而受到他人的冷眼、非议、排斥、唾弃等。鉴于此，髡耐之刑让受刑人蒙受了来自周遭的的羞辱和耻辱。《风俗通义·佚文》中有这样的记载："秦始皇遣蒙恬筑长城，徒士犯罪，亡依鲜卑山，后遂繁息；今皆髡头衣赭，亡徒之明效也。"〔1〕犯罪逃亡的人，都被处以髡刑，并穿着与众不同的赤褐色的衣服，以示其是"亡徒"。这种做法，一方面是为了便于官方对受刑人进行管理控制来修筑长城，另一方面也是通过剃发易服对受刑人加以侮辱和惩罚。《魏书》里记载了西域波斯国的刑法，说到"（波斯国）其刑法：重罪悬诸竿上，射杀之；次则系狱，新王立乃释之；轻罪则劓刖若髡，或剪半鬓，及系牌于项，以为耻辱。犯强盗者，系之终身；奸贵人妻者，男子流，妇人割其耳鼻。赋税则准地输银钱"。〔2〕这其中的"以为耻辱"就足以看出，在古人的心目中，髡刑或剃去鬓毛惩罚的耻辱意义。此外，对于受到髡刑的人，古人还严禁他们上坟扫墓祭祀祖先，《风俗通义·佚文》中有"徒不上墓"的习俗："俗说：新遭刑罪原解者，不可以上墓祠祀，令人死亡。谨案：孝经：'身体发肤，受之父母，曾子病困，启手足以归全也。'今遭刑者，髡首剔发，身被加笞，新出狴犴，臭秽不洁。"〔3〕"新出狴犴，臭秽不洁"表明了人们对于受过髡刑和笞刑的犯罪人的厌恶和唾弃。至于为何会有这种习俗，文后的器案曰："……孔子曰：'身体发肤，受之父母，弗敢毁伤。'孝子怕入刑辟，刻画身体，毁伤发肤，少德泊行，不戒慎之所致也！愧负刑辱，深自刻责，故不升墓祀于先。古礼庙祭，今俗墓祀；故不升墓，惭负先人。一义也。墓者，鬼神所在，祭祀之处；祭祀之礼，斋戒洁清，重之至也。今已被刑，刑

---

〔1〕（汉）应劭撰，王利器校注：《风俗通义校注》，中华书局1981年版，第492页。

〔2〕《魏书·西域列传》。

〔3〕（汉）应劭撰，王利器校注：《风俗通义校注》，中华书局1981年版，第566页。

残之人，不宜与祭供侍先人；卑谦谨敬，退让自贱之意也。缘先祖之意，见子孙被刑，恻怛憯伤，恐其临祀，不忍歆享，故不上墓。二义也。"[1]古人认为上坟祭祖是神圣的事情，凡是受过刻划身体，毁伤发肤等刑罚的人，就是对祖先的侮辱和不孝，所以禁止他们祭祀。"愧负刑辱，深自刻责"就足以看出人们对受刑人的希望，希望他们能够以此为耻，深刻自责，改过自新。

第三节　示众贬辱类耻辱刑

示众贬辱类耻辱刑的核心在于展现罪状于公众，在中国古代，最具代表性的示众贬辱类耻辱刑当属枷号刑。枷号刑是明代出现的一种耻辱刑，一直沿用到清末，才被废除。枷号刑是给受刑人脖子上佩戴枷锁，并让其站立在官府或市场等特定场所示众，展现其罪状的一种刑罚。虽说枷号刑始创于明代，但是早在西周时期，就有让受刑人戴桎梏，在特定场合展示罪状的惩罚措施。枷号刑所带的枷锁，在西周时期叫桎梏，《周礼·秋官·掌囚》中记载："掌囚掌守盗贼，凡囚者，上罪梏拲而桎，中罪桎梏，下罪梏，王之同族拲，有爵者桎，以待弊罪。"注曰："郑司农云：'拲者，两手共一木也。桎梏者，两手各一木也。'玄谓在手曰梏，在足曰桎。"[2]所以，桎梏就是一种限制受刑人手脚自由的刑具。《周礼·秋官·大司寇》载："以嘉石平罢民，凡万民之有罪过而未丽于法，而害于州里者，桎梏而坐诸嘉石，役诸司空。重罪旬有三日坐，期役；其次九日坐，九月役；其次七日坐，七月役；其次五日坐，五月役；其下罪三日坐，三月役。使州里任之，则宥而舍之。"[3]注文里对"嘉石"的解释为："文石也，树之外朝门左"，[4]疏文曰："嘉，善也，有文乃称嘉，故知文石也。欲使罢民思其文理，以改悔自修。"[5]《周礼·地官·司救》载："耻诸嘉石，役诸司空"，郑玄注曰："嘉石，朝士所掌，在外朝之门左，使坐焉，以耻辱之。"[6]可见，嘉石就是一块放在官府门外左侧

---

[1]（汉）应劭撰，王利器校注：《风俗通义校注》，中华书局1981年版，第566页。

[2]《十三经注疏　周礼注疏》。

[3]《周礼·秋官·大司寇》。

[4]《十三经注疏　周礼注疏》。

[5]《十三经注疏　周礼注疏》。

[6]《十三经注疏　周礼注疏》。

的大石头，法律规定，对于犯了相应罪行的人，让其佩戴桎梏，坐在嘉石上，以展示其罪状并羞辱之，令其反省和改过自新。根据罪行轻重，法律还规定了坐嘉石的时间，并强制相应时间的劳役。这就是西周著名的的"嘉石之制"。其实，西周时期的嘉石之制可以说是明代枷号刑的鼻祖。佩戴枷锁限制犯罪人手脚自由的刑罚在明清以前就已出现，早在北魏宣武帝时期，就有关于枷的尺寸和轻重的规定，"宣武帝正始初，尚书令高肇等奏曰：'杖之小大，鞭之长短，令有定式，但枷之轻重，先无成制。请造大枷，长丈三尺，喉下长丈，通颊木各方五寸，以拟大逆外叛。'自是枷杖之制，颇有定准"。[1]这说明了北魏时期就有强制犯罪人佩戴枷锁的刑罚，但这一时期的枷刑偏重于对犯罪分子的肉体处罚和限制自由，并不像明清时期枷号刑那样具有耻辱意义。因为，只有带枷示众或者游行才能将受刑人的罪行和丑态公之于众，才算得上是耻辱刑。《清史稿·刑法志》中也说到："枷杻，本以羁狱囚。明代问刑条例，于本罪外或加以枷号，示戮辱也。"从明代开始，枷刑才具有了耻辱意义。

一、枷号刑的用刑方式

枷号刑尽管起源于明代，但是在明代正统法典《大明律》的律文中，并没有提及枷号刑。枷号刑的规定多见于《明大诰峻令》和《大明律集解附例》律文后的条例中。

枷号刑的用刑方式非常简单，就是强制受刑人佩戴枷锁，限制其手脚自由，然后让其站立在官府门口或市场等人流量较大的地方示众。对于戴枷示众的时间，在《大明律集解附例》的条例中有明确规定，共有"枷号一个月""枷号二个月""枷号三个月""枷号半年"四种刑等。尽管法律有明文规定，但是朱元璋执政时期，枷号的刑期常常被无限制延长。明初朱元璋大兴大诰，《明大诰》的法律位阶高于《大明律》，如在《明大诰峻令》中，就有"常枷号令"的记录："上元、江宁两县民刘二等、军丁王九儿等十四名，暗出京师百里地名边湖，称为牙行，恃强阻客。常枷号令，至死而后已。"[2]所谓常枷号，沈家本对其的点评为"永远枷号"。

清代的枷号刑基本上沿袭了明代，唯一的区别在于，清代正统法典《大

---

〔1〕《文献通考·卷一百六十五·刑考四》。
〔2〕（清）沈家本：《历代刑法考》，中华书局1985年版，第1932页。

清律例》的律文对枷号刑有了明确规定。《大清律例·名例律》"犯罪免发遣"条规定"凡旗人犯罪，笞、杖，各照数鞭责。军、流、徒，免发遣，分别枷号。徒一年者，枷号二十日，每等递加五日。总徒、准徒，亦递加五日。流二千里者，枷号五十日，每等亦递加五日。充军附近者，枷号七十日；近边者，七十五日；边远、沿海、边外者，八十日；极边、烟瘴者，九十日。"〔1〕可见，清代的枷号刑主要作为旗人犯罪的替代刑使用，刑期相比明代，有所减少，最长才九十日。尽管法律明文规定，但是实践中，往往也会出现变通，《清史稿·刑法志》记载"（枷号）其数初不过一月、二月、三月，后竟有论年或永远枷号者。"看来清代的统治者和明代一样，喜好法外用刑、法外加刑。

枷号刑的刑具是枷锁，明清两代法律对于枷锁的尺寸和重量都作出了明文规定。《大明令·刑令》规定："枷长五尺五寸，头阔一尺五寸，死罪重二十五斤；流罪，二十斤；杖罪，一十五斤。皆以干木为之，长短、轻重刻志其上。杻长一尺六寸，横阔三寸，厚一寸。"〔2〕这里的杻也是一种刑具，是用来铐住受刑人双手的，有点类似我们现在的手铐。《明史·刑法志》中也有关于枷的尺寸的记载："枷，自十五斤至二十五斤止，刻其上为长短轻重之数。长五尺五寸，头广尺五寸。"到了明朝后期，宦官当道，魏忠贤"领东厂，好用立枷，有重三百斤者，不数日即死，先后死者六七十人"。〔3〕宦官们掌管着东厂西厂等特务机关，肆意非为，铲除异己，《明史·刑法志》记载"京师谓之内行厂，虽东西厂皆在伺察中，加酷烈焉。且创例，罪无轻重皆决杖，永远戍边，或枷项发遣。枷重至百五十斤，不数日辄死。"可见，明代后期，法治混乱，枷号的重量、尺寸也像上文提到的枷号刑刑期一样，被肆意加重。

清代法典对于枷号刑刑具的尺寸和重量也有明文规定，《大清律例》在名例律"五刑"条的条例中对枷号的尺寸重量作出了具体规定："凡寻常枷号，重二十五斤，重枷重三十五斤，枷面各长二尺五寸，阔二尺四寸，至监禁人犯，止用细炼，不用长枷。"〔4〕相比明代，清代的枷锁更重更宽更大。尽管有

---

〔1〕《大清律例·名例律·犯罪免发遣》。
〔2〕 怀效锋点校：《大明律》，辽沈书社1990年版，第266页。
〔3〕《明史·李应升列传》。
〔4〕《大清律例·名例律·五刑》。

律法明文规定，但枷号刑在司法实践中也常常被滥用，枷锁的重量尺寸五花八门，《清史稿·刑法志》载："始制重者七十，轻者六十斤。乾隆五年，改定应枷人犯俱重二十五斤，然例尚有用百斤重枷者。嘉庆以降，重枷断用三十五斤，而于四川、陕西、湖北、河南、山东、安徽、广东等省匪徒，又有系带铁杆石礅之例，亦一时创刑也。"铁杆石墩或百余斤重的重枷都成为了常态，这足以见枷号刑在清代的滥用和残酷。

二、枷号刑的适用罪行

1. 明代

明代的枷号刑虽然在大明律正文中并无规定，但是在洪武三十五年（1402 年）的《大明律集解附例》的例文中却出现了 103 次，笔者将这 103 处例文所归属的律文进行了统计并作如下表予以展示，其中按照律文分属于不同的篇章做了如下分类，以便更直观地展现枷号刑的司法适用。其中每一条律文标题后面括号里的数字代表在这一条律文中，枷号刑出现的次数，没有数字的表明仅出现 1 次。

名例律	职官有犯、应议者之父祖有犯、军官军人犯罪免徒流、工乐户及妇人犯罪、老小废疾收赎、加减罪例
吏律	滥设官吏、贡举非其人、举用有过官吏、私创庵院及私度僧道（2）
户律	盗卖田宅、盗耕种官民田、多收税粮斛面、揽纳税粮（5）、守掌在官财物、私茶（2）、匿税（2）、违禁取利（2）、把持行市（6）
礼律	毁大祀丘坛、亵渎神明
兵律	不操练军士（2）、验畜产不以实（3）、宰杀马牛（3）、多乘驿马、多支廪给
刑律	盗园陵树木（2）、监守自盗仓库钱粮、白昼抢夺、盗马牛畜产（4）、盗田野谷麦（3）、诈欺官私取财（6）、略人略卖人、盗贼窝主（2）、威逼人致死、殴制使及本管家长、威力制缚人、骂制使及本管长官（2）、越诉（3）、诬告（4）、伪造印信历日等、私铸铜钱（3）、诈假官（3）、诈称内使等官（3）、居丧及僧道犯奸、买良为娼（2）、赌博（2）、徒流人犯（5）、囚应禁而不禁（3）、检验尸伤不以实
工律	失时不修堤防、侵占街道（2）

从此统计表中大致可以看出，枷号刑适用的罪行主要位于刑律里，其他

几篇中也有部分危害社会公共秩序、侵犯他人财产权益以及部分官员失职等犯罪行为适用枷号刑。总体来说，枷号刑的适用并没有太多的规律性，但是有一点可以肯定，判处枷号刑的犯罪行为通常来说都属于轻罪，这也是由枷号刑的惩罚力度所决定的。

《明大诰峻令》中有三处关于枷号的详细记载，分别介绍了三种不同的枷号刑，每一种枷号刑都附有了相应案例。从这三处记载，我们也可以从司法实践的层面大致观察一下明代枷号刑适用于哪些具体罪行。三种枷号分别为"斩趾枷令""常枷号令""枷项游历"。"斩趾枷令"是断趾和枷号一起使用的一种枷号刑，《明大诰峻令》记载贵州黔阳县安江驿丞李添奇，在位期间贪污受贿，"每月取要驿户酒七十坛，茶、油、盐各七斤，喂猪白米一石二斗，喂鸡鹅鸭谷一石二斗……收买良民来兴等三名作本家驱口，占据驿夫五名在家使唤"，后又"违法作生皮牛鞭，身带腰刀，时常飞放扰民"，最终受到了法律的制裁，被朱元璋处以"断趾，枷令驿前"的刑罚。[1]李添奇作为地方官员，贪污腐败，鱼肉百姓，还经常用腰刀伤人，最终被处以了断趾枷号的刑罚。"常枷号令"是永远戴着枷锁不许取下，据《明大诰峻令》记载："上元、江宁两县民刘二等、军丁王九儿等十四名，暗出京师百里地名边湖，称为牙行，恃强阻客。常枷号令，至死而后已。"[2]在明代，商业交易受到了法律的严格控制，牙人牙行必须有官方的授权方可营业，但是有些人冒充牙行，私自进行居间行商交易，触犯了国家法令，被判处了枷号至死的刑罚。"枷项游令"是带着枷号游街示众的刑罚，这其实是最典型的枷号刑，羞辱意义最大。《明大诰峻令》记载常州知府王复春、青州知府陈希文"阳为君子，阴为小人"，贪污受贿、扰民索贿，最后都被判处"枷项"示众。[3]在这几则真实案例记载中，不难看出，枷号刑常常用于处罚贪污腐败的地方官员，这一点很好理解，因为枷号示众对于其他官员来说是一种最好的、最直观的警示，这也表明了朱元璋在位时"重典治吏"的决心和愿望。

2. 清代

清代正统法典《大清律例》在律文中对枷号刑作出了明文规定，但仅仅

---

〔1〕（清）沈家本：《历代刑法考》，中华书局1985年版，第1932页。

〔2〕（清）沈家本：《历代刑法考》，中华书局1985年版，第1932页。

〔3〕（清）沈家本：《历代刑法考》，中华书局1985年版，第1933页。

是名律例中的一条律文。律文规定了旗人犯罪，可以用各种不同刑档的枷号刑来作为替代刑，并对本应判处的不同刑罚替代为枷号刑的不同刑期作出了具体规定，体现了法律对旗人的优待。除了这条律文以外，在《大清律例》中，枷号刑的记载全部都在条例里。在《大清律例》的条例中，共有 504 处枷号刑的记载，这相比明律来说，增加了很多。一方面是因为清代律文后的条例普遍增多，另一方面也说明了清代枷号刑的适用相比明代更为普遍。笔者粗略观察了这些涉及枷号刑的例文，分布并没有什么规律。在各种犯罪行为的律文中，都有某些例文规定了在某些情况下要适用枷号刑。通过这一点，只能判断，清代枷号刑是国家法律中非常主要的刑罚方式。

在《清史稿》中，有二十多处关于枷号刑的记录。除去评论性和介绍性的内容外，明确记载了某人犯某罪被判处枷号刑的有十多处。详见下：

（康熙二十六年）二月癸丑，上大阅于卢沟桥。原任湖广总督蔡毓荣隐藏吴三桂孙女为妾，匿取逆财，减死鞭一百，枷号三月，籍没，并其子发黑龙江。（清史稿·圣祖本纪）

（乾隆五十七年）十二月庚午，定唐古忒番兵训练事宜。铸银为钱，文曰"乾隆宝藏"。甲戌，免长芦兴国等五场并沧州等七州县被灾灶地额赋。丙子，以长麟为浙江巡抚，蒋兆奎为山西巡抚。以伊犁回民地亩雪灾，免本年额谷。癸未，赈河南安阳等二十五县旱灾。辛卯，命永远枷号鄂辉等于西藏。（清史稿·高祖本纪）

（嘉庆二十年）五月丁亥，刑部疏，审明知府王树勋即僧明心，蒙混捐保职官。得旨：枷号两个月，遣戍黑龙江。入教侍郎蒋予蒲褫职。（清史稿·仁宗本纪）

（道光二十一年）八月癸未，以桂轮为热河都统。丁亥，英人寇浙江。庚寅，以朱襄为河东河道总督。辛卯，万寿节，上诣皇太后宫行礼。御正大光明殿，皇子及王以下文武大臣，蒙古使臣、外藩王公行庆贺礼。褫文冲职，枷号河干。（清史稿·宣宗本纪）

（咸丰九年）五月丙子，诏骆秉章仍令田兴恕回援贵州，兆琛一军撤回。己卯，敕奕山更正俄人条约。辛巳，敕庆昀密查张家口、白城居住俄人。壬午，以周天受督办宁国军务。甲申，俄人请赴三姓贸易。诏责奕山办理软弱，革副都统吉拉明阿职，枷号乌苏里地方。（清史稿·文宗本纪）

秋审本上，入缓决者，得旨后，刑部将戏杀、误杀、擅杀之犯，奏减杖一百，流三千里，窃赃满贯、三犯窃赃至五十两以上之犯，奏减云、贵、两广极边、烟瘴充军，其余仍旧监固，俟秋审三次后查办。间有初次入缓，后复改实者，权操自上，非常例也。入可矜者，或减流，或减徒。留养承祀者，将该犯枷号两月，责四十板释放。案系斗杀，追银二十两给死者家属养赡。情实则……（清史稿·刑法志）

四十六年，甘肃撒拉尔回乱，攻兰州。明亮将四川兵自巩昌入甘肃，合军讨贼。上幸木兰，觐行在，改授乌鲁木齐都统。员外郎开泰罪谴，命永远枷号；（清史稿·明亮列传）

乾隆元年，还京师，舟经仲家浅，其仆迫闸官非时启闸越渡，高宗闻之，谕谓："皇考临御时所未尝有！徒以初政崇尚宽大，常安封疆大吏，乃为此市井跋扈之举，目无功令。"下东河总督白钟山按治，夺官，下刑部论罪，当枷号鞭责，命贷之，往北路军营董粮饷。（清史稿·常安列传）

嘉庆二十年，承藻疏请澄清流品，劾树勋，下刑部鞫实，褫职，枷号两月，发黑龙江充当苦差。（清史稿·石承藻列传）

道光二年，命往陕西按鞫渭南县民柳全璧殴毙人命狱，论知县徐润受人嘱托、疏脱正凶、事后得赃，枷号两月，遣戍伊犁。（清史稿·文孚列传）

道光十二年……通判张懋祖赔修坝工不实，罚赔枷号。（清史稿·宗室敬征列传）

（道光四年）宣宗怒，褫文浩职，命尚书文孚、汪廷珍驰勘，劾文浩御黄坝应闭不闭，五坝应开不开，蓄清过旺，以致溃决。命于工次枷号一月，遣戍新疆。（清史稿·张文浩列传）

这十二条记录中，除了有一条是介绍秋审复核的结果之一留养承祀者要处以枷号刑以外，其他的基本都是官员犯罪判处枷号的记录。这些官员有些是公务失职，但绝大多数是贪赃枉法、受财徇私。在清朝，对于官员犯罪，判处枷号示众，一方面惩罚犯罪官吏，另一方面起到杀鸡儆猴的作用，警示其他官员。这一现象并不代表在清代枷号刑只适用于官员，因为能进入正史的人物毕竟不是普通老百姓。但是有一点可以肯定的，那就是明清时期，枷号刑常常作为惩罚违法官员的常刑适用。

三、枷号刑的耻辱意义

枷号刑的惩罚意义主要体现在两方面：第一，强制受刑人佩戴枷锁，限制人身自由。枷锁本身具有一定的重量，压在脖子上会给受刑人带来一定的肉体痛苦。第二，通过枷号示众的方式，让受刑人戴枷站在官府门口或者市场等人流量大的地方展现其罪状，让受刑人蒙受羞辱和精神痛苦。

按照上文提到过的明清史书里的记载，枷械自身都有一定的重量，比如明代最重的枷械重二十五斤，清代最重三十五斤。但这只是书面规定，在司法实践中，远远超过这个重量，最重的竟重达一百斤。人的脖子相比身体其他部位来说，是比较脆弱的部位，佩戴几十斤甚至上百斤重的枷械，且按照明清法律，最少佩戴一个月，多则半年。对于受刑人来说，必定是非常痛苦的，所以，枷号刑给受刑人带来的肉体痛苦和惩罚力度是很大的。

枷号刑的另一大惩罚意义在于展现罪状于公众，以羞辱受刑人。正如前文已经提到过的，枷号刑真正开始具有羞辱性层面上的惩罚意义始于明代。上文提到的《明大诰峻令》里记载的"枷项游历"就直观地展现了枷号刑的耻辱意义，难怪沈家本在《明大诰峻令考》中对其点评"此以示辱也"。《明史·刑法志》记载："宣德三年，怒御史严皑、方鼎、何杰等沉湎酒色，久不朝参，命枷以徇。自此言官有荷校者。至正统中，王振擅权，尚书刘中敷、侍郎吴玺、陈瑄，祭酒李时勉率受此辱。"沈家本在《历代刑法考》中对这一记载的按文里这样写道："枷令之法，太祖创之，乃致辱及大臣，作法于凉，其敝至此，可为好用重法者戒。"[1] 沈家本也认为，枷号刑具有非常显著的羞辱意义。

但是，从枷号刑在司法实践中的大量记载中，不难看出，枷号刑作为一种我们前文分类里提到过的兼为耻辱刑，给受刑人带来的痛苦主要还是肉体上的，精神痛苦对于枷号刑来说，只是其次要的惩罚意义。试想一下，在公共场合佩戴百十余斤的枷锁，没有几个人能坚持住。在明清司法实践中，许多被判处枷号刑的犯罪人最终都以丧命告终。在此时，所谓的羞辱和耻辱的精神痛苦对于受刑人来说，可能已经可以忽略不计了。

尽管如此，我们仍然不能否认枷号刑的耻辱意义，在明清两代，枷号刑

---

〔1〕 （清）沈家本：《历代刑法考》，中华书局1985年版，第327页。

是作为惩罚不正官员最常见也是最有效的手段。这些生活在上层社会，受过教育的达官贵人，荣辱感或者俗话说的面子，对他们来说是非常重要的。俗话说"士可杀不可辱"，曾经叱咤风云的官员，因犯罪而被强制佩戴枷械并游街示众，对于他们来说，就是奇耻大辱。

第四节 资格荣誉剥夺类耻辱刑

资格荣誉剥夺类耻辱刑不能算严格意义上的耻辱刑，一般来说只能称为资格刑。这类刑罚主要适用于有爵位、有官职的上层社会人士。虽说这类刑罚并没有通过公众侮辱、刺刻烙印、剃发易服等方式来羞辱受刑人，但对于士大夫等上层贵族官员来说，剥夺了爵位、免去了官职，在他们的意识里，这就是一种莫大的羞辱。在中国古代，严格意义上的资格荣誉剥夺类耻辱刑主要有夺爵、禁锢、废、不齿等。

一、夺爵

夺爵，就是夺取爵位的刑罚。自秦起，就有夺爵的刑罚。秦朝建立了中国历史上第一个封建制集权王朝，并制定了严格的爵位制度。不同爵位的人享有高低不等的法律权利和司法特权。爵位体现着身份的贵贱，有时候影响到官职的高低等。所以，对于上层贵族来说，爵位的意义非常重大。在中国古代，官员犯罪，除了会受到普通自由刑或者身体刑的惩罚外，还会被剥夺爵位，从而彻底剥夺犯罪官员享有的各种特权和优待。在《史记》中，就有几处秦代适用夺爵的记载。《史记·秦始皇本纪》载"秦昭襄王五年十月，武安君白起有罪，为士伍。"资治通鉴卷七十六注："秦、汉之制，凡夺官爵者为士伍。"武安君白起犯了罪，被夺爵贬为士伍。本纪还记载"嫪毐死，舍人夺爵迁蜀，四千余家"。公元前238年，嫪毐集团企图政变篡位，但被秦王嬴政先发制人，嫪毐被处车裂，其党羽被一网打尽，有些没处死的，则被剥夺爵位迁至蜀地。秦始皇执政年间，"（始皇）十二年，不韦死，窃葬，其舍人临者，秦人六百石以上，夺爵，迁；五百石以下，不临，迁勿夺爵"。文信侯吕不韦死，私下亲临参加葬礼的官吏，六百石以上的，都被处以夺爵迁徙的刑罚。未亲临葬礼的五百石以下的官吏，则仅处以迁徙刑而不夺爵。汉代也继承了秦的夺爵刑，《汉书·景帝纪》载："夺爵为士伍，免之"，颜师古注曰："谓夺其爵，令为士伍，又免其官职，即今律所谓除名也。"按照颜师古的观点，夺爵就是夺去官员的爵位，即贬为士伍，也就是普通士卒。被夺爵的人，从此以后不再享有一切由先前爵位带来的特权和优待，地位也随之下跌。所以，这一刑罚，对于久居上层社会的达官贵人来说，就是一种羞辱。

二、禁锢

禁锢，从字面上看，是关押、监禁之意，即限制人身自由。禁锢在中国古代是一种资格刑，即剥夺犯罪人的做官资格。禁锢刑最早出现于春秋战国时期，《左转》载："（成公二年）子反请以重币锢之。"〔1〕杜预注曰："禁锢勿令仕。"〔2〕孔颖达正义曰："《说文》云：'锢，铸塞也。'铁器穿穴者，铸铁以塞之，使不漏。禁人使不得仕宦者，其事亦似之，故谓之禁锢。"〔3〕《左传》又载："（襄公二十一年）会于商任，锢栾氏也。"〔4〕可见，禁锢就是禁止犯罪人为官的刑罚。汉代也继承了禁锢之刑，汉代的禁锢刑不但禁止本人再次为官，有时候还禁止亲属做官。《后汉书》载："一人犯罪，禁至三属，莫得垂缨仕宦王朝。如有贤才而没齿无用，朕甚怜之，非所谓与之更始也。诸以前妖恶禁锢者，一皆蠲除之。"〔5〕所谓三属就是父族、母族和妻族。也就是说，一人犯罪，除了自己被禁锢外，父母和妻子的家族成员也被剥夺了做官的资格。《后汉书》还记载，熹平五年（176年），汉灵帝下诏："州郡更考党人门生故吏父子兄弟，其在位者，免官禁锢，爰及五属。"〔6〕所谓五属就是斩衰、齐衰、大功、小功、缌麻五服亲属，这一附带禁锢的范围就更加广了，一人受禁锢之刑，全家上下老小从此以后都不许做官。虽说禁锢刑只是一种终止做官资格的刑罚，但是剥夺了一个人的某种资格，使其不能像正常人一样参与社会管理和国家治理，在常人看来，就是一种负面评价。更何况禁锢刑还会殃及家人和后代，对于一个家族来说，这无不是一种耻辱。

---

〔1〕《左传·成公二年》。

〔2〕《十三经注疏　春秋左传正义》。

〔3〕《十三经注疏　春秋左传正义》。

〔4〕《左传·襄公二十一年》。

〔5〕《后汉书·肃宗孝章帝纪》。

〔6〕《后汉书·党锢列传》。

三、废

废也是一种古代非常常见的资格刑，盛行于秦朝，废即剥夺犯罪官员的官职，并永不叙用的刑罚。废类似我们现今的开除公职，永不录用。《秦律杂抄》载："为（伪）听命书，法（废）弗行，耐为侯（候）；不辟（避）席立，赀二甲，法（废）。"[1]"不当禀军中而禀者，皆赀二甲，法（废）。"[2]《法律答问》中也有记载："廷行事吏为诅伪，赀盾以上，行其论，有（又）废之。"[3]可见，废这种刑罚只适用于有官职的官吏，官吏一旦被废，永不再叙用。

四、不齿

不齿也是一种资格剥夺刑，出现于先秦时期，指的是剥夺犯罪人录用的资格。不齿的原意本为不与之同列、不与同类之意，《诗经》曰："卫文公能以道化其民，淫奔之耻，国人不齿也。"[4]郑玄笺曰："不齿者，不与相长稚。"[5]这里的不齿指的就是不与平民的年齿相同列。《汉书·陈胜项籍传》载："陈涉之位，不齿与齐、楚、燕、赵、韩、魏、宋、卫、中山之君。"颜师古注曰："齿，谓齐列如齿。"当不齿作为一种刑罚使用的时候，就演变为了一种剥夺犯罪人录用资格的惩罚措施。《尚书·蔡仲之命》记载："降霍叔于庶人，三年不齿。"孔安国传曰："三年之后乃齿录，封为霍叔。"[6]霍叔原为诸侯，因罪被贬为庶人，三年内剥夺其封号。西周时期，不齿刑也是一种常见的资格剥夺刑，《周礼》载："司圜收教罢民，凡害人者，弗使冠饰，而加明刑焉。任之以事，而收教之，能改者，上罪三年而舍，中罪二年而舍，下罪一年川舍。其不能改而出圜土者，杀。虽出，三年不齿。"[7]"凡害人

---

[1]《睡虎地秦墓竹简》。

[2]《睡虎地秦墓竹简》。

[3]《睡虎地秦墓竹简》。

[4]《诗·鄘风·蝃蝀》。

[5]《十三经注疏 毛诗正义》。

[6]《十三经注疏 尚书正义》。

[7]《周礼·秋官·司圜》。

者，置之圜土而施职事焉，以明刑耻之。其改者，反于中国，不齿三年。"[1]《礼记》载："不帅教者，屏之远方，终身不齿"[2]，指的也是这种资格剥夺刑。

第五节 肉刑死刑的附加耻辱意义

耻辱刑的作用机理和最终的惩罚效果主要是通过给受刑人带来一定的精神痛苦来实现的。但是从刑罚的深层本质上来看，只要是通过刑罚使得受刑人与众不同，且这种不同将伴随受刑人终身，社会大众可以轻易辨识这种不同并普遍认知是由于犯罪受刑造成的，那么这种刑罚就具有耻辱意义。刑罚是对犯罪人罪行的否定和惩罚，所以从刑罚的深层本质上来看，任何刑罚都具有对犯罪人的否定性评价，这种否定性评价是社会大众公认的。因此只要是被判处刑罚的人，都会遭到社会大众的批判和唾弃。按照这种广义的理解，在中国古代，肉刑和死刑都具有一定的耻辱意义。

肉刑是中国古代非常具有时代特色的一类刑罚，兴盛于先秦及秦汉时期。所谓肉刑，就是残害肢体肌肤但又不置人于死地的刑罚。在中国古代奴隶制时期，在野蛮、落后的刑罚观念影响下，肉刑的种类很多，其中最常见的且具有一定耻辱意义的肉刑有三种，即劓刑、刖刑和宫刑。死刑，也同样具有耻辱意义，只不过这种耻辱只能作用于受刑人的亲属和家族。中国古代死刑的种类很多，其中最具有耻辱意义的莫过于弃市和戮。

一、劓刑的耻辱意义

"劓"字古写"劓"，劓刑就是割去鼻子的刑罚。这种刑罚大概起源于上古时代，兴盛于夏商周以及春秋战国时期，最终在汉文帝刑罚改革时才被彻底废除。劓刑的肉体痛苦在肉刑体系里，算是较轻的。因为鼻子被割掉，除了肉体痛苦以外，并不会影响人正常的生理机能和正常生活。但是从面部美观上来讲，对于受刑人来说，劓刑意味着毁容。因为没了鼻子会严重影响面部的完整性，受刑人从此与常人就有了明显的区别，这也正是劓刑耻辱意义

---

[1] 《周礼·秋官·大司寇》。

[2] 《礼记·王制》。

之所在。此外，由于鼻子不会像其他器官诸如手、脚等，可能会因受伤或者得病而被截去。因此，在古代，凡是没有鼻子的人，绝大多数情况都是受过劓刑的。对于受刑人来说，这就是非常明显的"犯罪标签"，无法遮掩且相伴终身。

在刑罚极其严酷的秦朝，关于劓刑，曾经有这一个现象，秦始皇在位时，"上无德教，下无法则，任刑必诛，劓鼻盈藁，断足盈车"，[1]"藁"是盛土的竹笼子，劓刑割下的鼻子都装满了竹笼，足以见当时刑罚之严酷和劓刑适用之广泛。人们只要违法，动辄会被处以劓刑。就这一现象，东汉著名思想家崔寔曾指出："秦割六国之君，劓杀其民，于是赭衣塞路，有鼻者丑，故百姓鸟惊兽骇，不知所归命。"[2]秦灭六国后，始皇对俘获的军人和百姓大都施以劓刑，竟使社会上没有鼻子的人比有鼻子的人还多，渐渐地人们以没有鼻子为常态，有鼻子的人反而大家都觉得丑，是异类，这一结果着实令人啼笑皆非。这说明了一个问题，对于耻辱刑来说，必须具有社会大众的普遍价值认知才能产生耻辱效果，若耻辱刑给受刑人造成的与众不同大家都欣然接受，或者人人都因受刑而与众不同，结果导致了社会上与众不同的人是常态，正常人变成了异态，那么这一刑罚就失去了其羞辱和惩罚的意义，因此才会出现"有鼻者丑"的闹剧。《周礼·秋官·司刑》记载"司刑掌五刑之法，以丽万民之罪。墨罪五百，劓罪五百，宫罪五百，刖罪五百，杀罪五百。"注曰："劓，截其鼻也。今东西夷或以墨劓为俗，古刑人亡逃者之世类与。"[3]疏文曰："今'东西夷或以墨劓为俗，古刑人亡逃者之世类与'者，墨劓之人亡逃向夷，诈云中国之人皆墨劓为俗，夷人亦为之，相袭不改，故云墨劓为俗也。"[4]受到了劓刑被割掉鼻子的人由于羞辱而无脸见人，只能逃亡到蛮夷之地，为了掩饰自己曾经犯罪受刑的事实，这些人谎称割鼻是中原习俗，结果，崇尚中原文明的夷人也都纷纷效仿，割鼻为美，最后竟成为了一种夷人的风俗。正因为劓刑给受刑人带来的不可告人的羞辱感，所以他们才不愿意告诉夷人割鼻的真正原因，而诈称是一种习俗。从这个故事中，足以见劓刑

---

〔1〕《盐铁论·诏圣》。

〔2〕《政论》。

〔3〕《十三经注疏 周礼注疏》。

〔4〕《十三经注疏 周礼注疏》。

的耻辱意义。《周礼·秋官司寇·掌戮》载："墨者使守门，劓者使守关，宫者使守内，刖者使守囿，髡者使守积。"在周代，受过五刑的人，都会被附加判处一定的劳役刑，其中只有受过劓刑的人会被派去守卫边关。之所以如此安排，笔者认为一方面是因为他们被割了鼻，相貌突兀、丑陋，不宜在社会大众中继续生活；另一方面则是因为受刑人内心深处的羞辱感促使他们不愿呆在人多的地方受人冷眼和唾弃，于是只能到边陲僻壤之地度过余生了。

二、刖刑的耻辱意义

刖刑是砍去脚的刑罚，在先秦时期，是仅次于死刑的一种刑罚。刖刑是非常典型的肉刑，给受刑人带来的肉体痛苦是相当大的，而且还会影响受刑人往后的正常生活。刖刑有刖一足和刖两足的区别，刖一足为常态，同时刖两足的情况非常罕见，史书记载也非常之少。受刑人因犯罪而被砍去了脚，就会与正常人有明显的不同。刖刑的耻辱意义就在于使受刑人因受刑失去腿脚成为异类，从而羞辱受刑人。《管子·奢靡第五十三》曰："其狱一踦腓，一踦屦，而当死。"房玄龄注曰："诸侯犯罪者，令著一双屦以耻之，可以当死刑。"[1]通过房玄龄的注释，不难发现，古人认为刖刑给受刑人带来的痛苦包括两方面，一是砍去脚的肉体痛苦，二是失去脚而被贴上犯罪标签带来的羞辱性的精神痛苦。房玄龄说对于诸侯来说，刖刑的肉体痛苦加上精神痛苦无异于对他实施了死刑。刖刑的耻辱并不是凭空产生的，而是伴随着砍脚的用刑而出现的。所以，刖刑虽是肉刑，但同时也是一种不折不扣的耻辱刑。

刖刑相比于劓刑来说，耻辱意义相对较小。一方面，失去一条腿只是影响了受刑人的行动自由，并不会像劓刑那样会直接影响人面容的完整性，毕竟脸是人的标签。另一方面，社会上会有许多人因为天灾或人祸而被截肢，并非因为受刑，所以没有鼻子的人相比没有腿的人，更容易被社会大众认知为受过刑的人，因为一般情况下，鼻子只会因为受刑才会被割去。此外，在古代，就有假腿的出现，假腿称"踊"，受过刖刑的人带着踊，再穿上裤子，就可以轻易遮掩刑罚带来的外在创伤。相比之下，被割去鼻子的人，除非足不出户或时刻以黑纱遮面，否则毫无办法遮掩被割鼻的事实。

鉴于天灾人祸也会导致截肢，受过刖刑的人很可能会被误认为是先天残

---

〔1〕　房玄龄注，刘绩增注：《管子》，上海古籍出版社1989年版，第114页。

疾或者后天残废，也就是说，丧失了腿脚并不是受过刖刑的必然结果。所以，在这种认知下，刖刑作为耻辱刑的耻辱意义就无法完全体现出来了。古人也许对这一情况有所认识，所以在司法实践中，受过刖刑的人还会被附加处以其他诸如流放、服苦役的刑罚，"刖者使守囿"就是此理。让刖者守门，一方面当然是因为少了一只腿的人行动不便，不能从事其他工作，只能守门。另一方面则是出于羞辱、侮辱的考虑，为什么这么说呢，因为"'刑残之人'，只能'使守门'。守炉门，取罪隶（鬲）之意；守囿门，与'禽兽为伍'，均取人身侮辱之意"。[1]所以，这种守门的刑罚附加刖刑使用，就使得受过刖刑的人不会被误以为是先天残疾或者后天残废而失去腿脚了。失去了腿脚的人成为守门的贱者或被流放边疆，那他一定是因罪被处刖刑的人，因为国家不可能让一个自然残疾的人去守门或流放。正是因为附加性的刑罚弥补了刖刑作为耻辱刑存在的某些缺陷和弊端，因而刖刑也就具有了耻辱意义。

三、宫刑的耻辱意义

宫刑是破坏受刑人生殖器官使其永远丧失生殖能力的一种刑罚，是肉刑里最重的一种，在很多朝代，宫刑仅次于死刑，或作为死刑的减免替代刑。生殖器官对于人来说，有两方面意义：一是作为性别区分的标志，人通过生殖器官分泌激素，保持着本应有的性征。二是繁衍后代的需要。自人类产生以来，许多民族都曾有过生殖崇拜，进入文明社会后，传宗接代和宗祧继承往往是一个人一生中最重要的事情。因此，因为受刑罚而被破坏生殖器官，无论是从肉体层面，亦或是从精神层面，对于受刑人来说，都是致命的打击。宫刑剥夺了受刑人人生的快乐，剥夺了受刑人繁衍后代的权利，也给受刑人带来了巨大的肉体痛苦。

虽说宫刑相比于其他的肉刑或者耻辱刑来说，其受刑创面较小，也最隐蔽，用衣物可以很轻松地遮掩，而且也并不影响受刑人的一般活动机能。但从生理和医学角度上来讲，一个人的生殖器官遭到破坏，生理系统必然会发生一系列的连锁变异，这些变异往往是无法掩饰的。比如男人被阉割后，雄性激素的分泌就会大大减少，雄性激素减少最直观的表现就是嗓音变尖，胡须变少，皮肤也会越来越细嫩，整个人会出现女性性征。相反，若是女性生

---

[1] 胡留元、冯卓慧：《长安文物与古代法制》，法律出版社 1989 年版，第 40 页。

殖器官被破坏，则会因为雌性激素的降低而开始长胡子，长喉结，胸部变平，声音变粗等。这一系列的性征变化，仅仅用衣服是难以完全遮掩的。最为关键的是，受宫刑的人会绝后，在古代"不孝有三，无后为大"的主流观念的影响下，这绝对是莫大的羞耻。因此，虽然这种刑罚的受刑部位能够用衣物遮掩，但性征的变异和绝后的事实是无法掩藏的，其耻辱意义也是不可否认的。

西汉著名史官司马迁就曾因言获罪，被处以了宫刑。司马迁在给其友人任安写的一封信中这样写道："人固有一死，死有重于泰山，或轻于鸿毛，用之所趋异也。太上不辱先，其次不辱身，其次不辱理色，其次不辱辞令，其次诎体受辱，其次易服受辱，其次关木索被箠楚受辱，其次剔毛发婴金铁受辱，其次毁肌肤断肢体受辱，最下腐刑，极矣。"〔1〕司马迁对于自己的不幸遭遇甚感羞辱，他指出人固有一死，有些人死的比泰山重，有的人死的比鸿毛还轻，人首先不能污辱祖先，其次不能侮辱自己的身体，第三不能因别人的脸色和言语而受辱，再次是不能因被捆绑、穿上囚服、戴上脚镣手铐、被杖击鞭笞、被剃光头发、颈戴枷锁、毁坏肌肤、断肢截体而受辱，最下等的就是因宫刑而受辱，这简直就是侮辱到了极点。随后，司马迁又说："仆以口语遭遇此祸，重为乡党戮笑，污辱先人，亦何面目复上父母之丘墓乎？虽累百世，垢弥甚耳！是以肠一日而九回，居则忽忽若有所亡，出则不知所如往。每念斯耻，汗未尝不发背沾衣也。"〔2〕这些语句中无不表达着司马迁的激愤、痛苦和无奈。从司马迁的故事中，我们可以很明显地看出，宫刑给受刑人带来的羞辱是非常重的。

四、弃市刑的耻辱意义

弃市刑是死刑的一种，弃市并非纯粹的耻辱刑，所以在第一章历史梳理过程中，笔者并没有介绍。学界通说认为弃市就是将犯人在集市当众处死，这一刑罚区别于其他死刑的地方就在于当众处死。《周礼·秋官·掌戮》载："凡杀人者，踣诸市，肆之三日。"注曰："踣，僵尸也"，就是杀的意思，

〔1〕《汉书·司马迁传》。
〔2〕《汉书·司马迁传》。

"肆尤申也，陈也"，[1]肆就是陈列的意思。凡杀人者，必须对其处以死刑，并在市场中陈尸三日。这就是弃市刑最早的记录。郑玄在《周礼·秋官·掌戮》的注文中云："杀以刀刃，若今弃市也。"[2]《礼记·王制》中也有"刑人于市，与众弃之"的记载。《汉书·景帝纪》中，颜师古对弃市的注文曰："弃市，杀之于市也。谓之弃市者，取刑人于市，与众弃之也。"胡三省在《资治通鉴》中对弃市的注文曰："刑人于市，与众弃之。秦法论死于市，谓之弃市。"[3]清人沈家本在《历代刑法考》中指出："（弃市）此秦法也。秦法弃市为何等？刑书无明文，以汉法推之，当亦斩刑。魏、晋以下，弃市为绞刑。"[4]通过这些文献记载，我们可以很清楚地看到，弃市是一种公开执行的死刑。从这些记载中，可以用八个字总结弃市的定义，即"刑人与市，与众弃之"。这八个字非常好地展现了弃市刑的耻辱意义——让社会大众弃之。这里的弃就是厌弃、唾弃、嫌弃的意思。弃市刑是剥夺受刑人生命的刑罚，虽然在公开执行死刑，展现受刑人垂死挣扎惨状的那一刻，确实给受刑人带来了一定的羞辱，但刑罚执行完毕，受刑人生命即终结，这一耻辱意义对于受刑人来说，也就随着肉体的消灭而消失。弃市刑最主要的耻辱意义是让受刑人家族和宗族蒙受羞辱，这才是弃市刑耻辱意义之所在。罗伯斯庇尔在《革命法制和审判》一书中对于死刑的耻辱意义的评论，可以用于对弃市刑的理解："死亡对于人来说并不总是最大的灾祸。他往往宁愿死亡，而不愿失去生活所必不可缺的宝贵优点。他宁愿死一千次，也不愿活着成为自己同胞的鄙视的对象。求生的欲望让位给自豪感这一人类最强烈的欲望。对于生活在社会中的人来说，最可怕的惩罚乃是侮辱，因为这是人们对他厌恶的无可辩驳的明证。……在法律给犯罪人所规定的死刑之中最可怕的东西，乃是伴随死刑而来的可耻的外在属性。"[5]

---

〔1〕《十三经注疏　周礼注疏》。

〔2〕《十三经注疏　周礼注疏》。

〔3〕《资治通鉴·卷六·秦纪一》，参见（宋）司马光编著，（元）胡三省注：《资治通鉴》，中华书局 1956 年版，第 186 页。

〔4〕（清）沈家本：《历代刑法考》，中华书局 1985 年版，第 139 页。

〔5〕〔法〕罗伯斯比尔：《革命法制和审判》，赵涵舆译，商务印书馆 1986 年版，第 71 页。

五、戮的耻辱意义

戮有惩罚、羞辱之意，也有杀戮之意，在中国古代，戮也是一种典型的带有羞辱性质的死刑，与弃市的性质大致相似。《尚书·甘誓》载："弗用命，戮于社"，注曰："天子亲征，又载社主，谓之社事，不用命奔北者，则戮之于社主前"，[1]所谓社，就是祭祀神灵的地方。可见，戮是在公众场合或者在具有某些代表意义的场合公开执行死刑。《周礼·秋官·司寇》记载："掌戮，下士二人，史一人，徒十有二人。"注曰："戮犹辱也，既斩杀又辱之。"[2]从这一注文可以清楚地看出，在西周时期，戮刑就是一种具有羞辱性质的死刑。睡虎地秦简《法律答问》对戮的解释说："生戮，戮之已，乃斩之之谓也"，这条解释告诉我们戮即在执行死刑前先羞辱受刑人，然后斩杀之。除了"生戮"以外，中国古代还有一种"戮尸"的刑罚，戮尸是将死者尸体挖出，枭首示众，以羞辱死者的刑罚。如果说弃市、戮是杀其生者、先辱后杀，那么戮尸就是戮其死者、先杀后辱。严格意义上来说，戮尸并不能算是一种官方用刑，而只是一种法外酷刑，或者说是一种私人泄愤的方式。《史记·秦始皇本纪》载："（始皇）八年，王弟长安君成蟜将军击赵，反，死屯留，军吏皆斩死，迁其民于临洮。将军壁死，卒屯留、蒲鹝反，戮其尸。"中国古代的丧葬文化，强调了对死者的尊重，亡灵只有入土沉寂才能得以安息。若是墓地被挖，尸体被戮，对于死者的家属或家族来说，是非常不吉利的，也是一种莫大的羞辱。古人相信人是有灵魂的，即使肉体消亡，灵魂仍在，若是被戮尸，则让死者的灵魂都不得安宁，这在古代是最大的忌讳。在中国古代，人们对自己的已逝先人都极其尊敬，通过上坟扫墓等纪念先人的方式来祈求他们保佑整个家族的平安。因此，如果一个家族的祖坟被刨，祖先的尸骨被戮，那么对于这个家族来说，就是最大的痛苦。所以，戮尸给死者整个家族带来的耻辱也是非常之大的。

---

〔1〕 《十三经注疏 尚书正义》。
〔2〕 《十三经注疏　周礼注疏》。

第四章

传统中国耻辱刑的特征与功能

在前几章讨论了中国古代耻辱刑的历史源流和每一种耻辱刑具体的用刑方式及耻辱意义后，本章拟从宏观角度对中国古代各种耻辱刑的基本特征与功能进行探讨，从而研究耻辱刑对犯罪分子的儆阻与对社会大众的教化作用。一种刑罚对于犯罪人的实质惩罚只是其中一个方面，这并不是刑罚的主要目的，对犯罪人的未来改造和对一般大众的教育警示才是刑罚真正的目的。耻辱刑也不例外，所谓儆阻，就是使人警醒，阻止其犯罪，这是从特殊预防的角度来说的，即通过用刑，让受刑人不能再犯并改过自新。所谓教化，就是教育社会大众不要效仿犯罪，这是从一般预防的角度来说的，即通过对犯罪人用刑，来警示广大社会公众，让不安分子放弃犯罪的念头。耻辱刑作为中国历史上一种特殊的刑罚种类，存在了四千多年，且经久不衰的原因就是这种刑罚对于犯罪分子的惩罚改造和对社会公众的犯罪预防都起到了非常好的作用和效果。本章就是要从特殊预防和一般预防两个方面来探讨耻辱刑对犯罪的儆阻预防和对民众的道德教化。

第一节 耻辱刑执行模式的基本特征

刑罚作为一种惩治犯罪的方式，有很多种类型，在中国古代，有死刑、劳役刑、肉刑、流放刑等，当然，也包括耻辱刑。每一种刑罚类型下都有许多种具体的刑罚种类，每一种刑罚类型下的具体刑罚因为具有相类似的执行模式，所以才会被归为一类。而笔者所称的执行模式通常指的是每一类刑罚最突出、最具有代表性、最能区别于其他类型刑罚的自身特征。在上文一一介绍了每一种耻辱刑的具体适用后，本节拟归纳中国古代耻辱刑在执行模式上最显著的特质，而这些特质往往是其他刑罚所不具有的，或者说即使其他刑法具有某些特质，也不是其刑罚的主要作用机理。另外，这些特质往往也是阻却受刑人再次犯罪和教化社会大众的核心和关键因素。

一、受刑部位显著

耻辱刑强调羞辱受刑人，这种羞辱通常表现在两个层面：第一，通过用刑让受刑人自己从内心深处感到耻辱；第二，通过将刑罚效果示众，让受刑人被社会大众唾弃、责备，给受刑人施加外界压力使其感到耻辱。第一层面的耻辱，只要受刑人具有正常人最基本的荣辱感，对其用刑就能使其感到耻辱；第二层面的耻辱，必须建立在刑罚效果让社会大众广泛知晓的基础上，若对受刑人的用刑效果无法展现于公众，如只在一个密闭空间内用刑，且不让受刑人回归社会，则这一层面的羞辱将无从实现。所以，要实现第二层面的耻辱，用刑效果必须显而易见。因此，只有在受刑人身上显著部位行刑才能达到刑罚效果及耻辱效果显而易见的目的。所以，中国古代耻辱刑最主要的一个特征就是对受刑人用刑的部位极其显著。

刺字类耻辱刑，不论墨刑、黥刑、刺字刑、刺配刑、黥面刑等，都是在受刑人身上显著部位刺上字样或图案。通过前两章的介绍可知，中国古代刺字刑的用刑部位主要有四处：面、额、颈、臂。不难发现，人的这四个部位基本上都是裸露于外的，而且相对于其他部位来说，不太容易被长时间遮掩。若只是在受刑人的胸前、背后或臀部等可以用衣服轻易遮挡起来的部位刺字，那刺字刑就失去耻辱意义了。刺字刑就是要让受刑人将所刺文字或图案毫无遗漏地展现出来，才能发挥其效果。因为所刺文字或图案向社会大众传递着某种犯罪受刑的信息，受刑人会因此遭到社会大众的谴责和唾弃，刺字刑的惩罚意义才能得以实现。中国古代早期的刺字类耻辱刑都以刺面和刺额为主，由于刺面、刺额破坏了受刑人完整的面容，给受刑人造成了非常强烈的精神痛苦，所以相比刺颈和刺臂来说，刺面刺额的惩罚力度要重很多。随着时代的发展及文明的进步，刺字类耻辱刑逐渐从以刺面额为主变化为刺臂颈为主，如辽兴宗曾说过："犯罪而悔过自新者，亦有可用之人，一黥其面，终身为辱，朕甚悯焉"，遂下令"后犯终身徒者，止刺颈。奴婢犯逃，若盗其主物，主无得擅黥其面，刺臂及颈者听。犯窃盗者，初刺右臂，再刺左，三刺颈之右，四刺左，至于五则处死"。[1]可以说，这是刑罚文明演进的一种体现。但是尽管有如此改变，刺字刑仍然选择在人身体上显著裸露于外的部位用刑。在司法实践过程中，有时候也会遇上原本身上就有大量文身的受刑人，那么对于这类人若再按照正常情况适用刺字刑，则会削弱其耻辱效果。所以，对于这种情形，古代法律也做出了必须寻找相对显著的地方刺字的明文规定，如《元史·刑法志》记载了元代的刺字规则："诸应刺左右臂，而臂有雕青者，随上下空歇之处刺之。诸犯窃盗已经刺臂，却遍文其身，覆盖元刺，再犯窃盗，于手背刺之。诸累犯窃盗，左右项臂刺遍，而再犯者，于项上空处刺之。"对于应刺字于手臂而手臂上已经有文身者，在手臂还未文身的空白处刺字；若整个手臂全文满了，则用新刺字覆盖原文身图案；若再次犯盗窃罪，则在手背上刺字；对于累犯盗窃多次刺字者，若其左右手臂全部刺满已无处可刺，则在脖子上刺字。西夏王朝的法典《天盛改旧新定律令》黥法门中规定："诸人犯罪黥法：徒一年至三、四年，手背黥四字。徒五、六年耳后黥六字。徒八年、十年等面上黥八字。徒十二年、无期徒刑等当黥十字。手背明显处，再后字于未及项上、头发显处，得长期徒刑者一律由面上、目下之头颜骨上、颊骨上，各种当刺黥样依以下分别而为。"在西夏，不论是刺于手背还是颈部和额部，法律都强调了必须刺于"明显处"。总之，刺字刑的用刑部位一定是人裸露于外且不易被长期遮掩的部位，否则，这一刑罚就失去了它最重要的惩罚意义——羞耻，而只剩可以忽略不计的划开肌肤的皮肉之痛了。

　　髡耐刑等剃除毛发类的耻辱刑，其受刑部位就更加明显了。不论是剃除头发的髡刑，还是剃除鬓须的耐刑，其用刑部位都在头部。头部就好比人的标签，人们一般都通过头部和面部来互相辨认，且头部常年裸露在外又不易遮掩，所以只有在头部用刑，才能起到最大程度的展示耻辱的效果。但我们也不能否认，人身体上主要毛发都集中于头部，所以这也就决定了髡耐之刑只能用刑于头部。

　　明清时期盛行的枷号刑，其用刑方式是让受刑人佩戴枷锁并示众，枷锁一般由两块木板组成，上面留有卡住脖子和双手的圆孔。佩戴上枷锁后，虽说受刑人双手的自由被限制，但让受刑人带着沉重的枷锁示众数日，以展现其罪状和惨状，才是枷号刑的用刑真谛。那么，枷锁为何只戴在脖子上，而

————————

〔1〕　参见《辽史·刑法志》。

不戴在其他身体部位，这就是枷号刑之所以具有耻辱性的原因了。若是将枷锁戴在脚上，或者只拷在手上，必定没有戴在脖子上给人的震撼效果大。因为人的头是整个人的标签或者说是象征，古人考虑到，在脖子上戴枷锁，将这种羞辱集中于人最显著的器官——头部，才能最大程度地展现其罪状，也最大程度地羞辱受刑人。正如前文所提到过的，在明代，枷锁的重量都非常大，轻则十几斤，重则上百斤，受刑人戴上这样的枷锁，一般来说都直不起腰，这种被压弯的惨状也就是一种羞辱。另外，在传统死刑文化中，普遍认为绞刑轻于斩刑，虽说都是剥夺生命之刑，但是人们普遍认为，绞刑能保全尸，而斩刑则会使得"身首异处"。基于古人的这种认识，枷号刑让受刑人佩戴枷锁，就象征着"身首异处"，因为头和身子中间被一个大枷板隔开，就象征着断开，这也是枷号刑羞辱受刑人的一种表现。

除了以上这三类典型意义上的耻辱刑外，中国古代的许多兼为耻辱刑也具有这一特征。比如劓刑，割去受刑人的鼻子，虽然缺失了一个器官，但这比割去一个手指头、割去一只耳朵来说，其给受刑人带来的实际痛苦要大得多。这种痛苦不光是肉体上的，而多是精神上的。因为脸是人的标签，鼻子被割去就会留下一个非常大的窟窿，这种视觉的震撼会使周围的人投来异样的目光，这种异样的目光会给受刑人带来极大的心理压力和精神压力，这正是劓刑的耻辱意义所在。因此，若不是在人最显著的面部用刑，则完全不会有这种羞辱效果。

头部是人身上最显著的部位，也是人身上最重要的部位，古人明白一个人缺少手脚等其他器官还能存活，可是头没了，生命也就终结了。同样的考虑适用在各类耻辱刑上，就可以非常明显地看出耻辱刑的用刑部位常常都选择在头部的原因了。

二、刑罚效果保持长久

耻辱刑的最终目的在于羞辱受刑人，让受刑人在社会上处处受人唾弃和羞辱，有时候甚至要让受刑人永世不得翻身。因此，中国古代耻辱刑的惩罚效果相比其他种类的刑罚来说持续时间更长。比如最具有代表性的刺字类耻辱刑，划开肌肤，灌入墨汁，待伤口痊愈后，墨汁就会留在皮肤里，除非用专门的医疗方法去除刺字或者完全割掉刺字皮肤，一般来说，所刺文字会永久保留。所刺之字一般都直接明了地表明了受刑人所犯之罪，这些带有特定含义的文字或图案终身留在受刑人面部、颈部等显著部位，对受刑人来说，这种耻辱效果是永久性的。同样，在面部造成永久性损伤的劓刑，让受刑人断子绝孙的宫刑等兼为耻辱刑也是这个原理。鼻子割掉了不会再生，生殖器官没了也不能再生长出来，所以这种耻辱性的惩罚效果是伴随受刑人一辈子的。相比之下，中国古代其他的刑罚如笞刑、杖刑，惩罚效果往往就在行刑那一刻，即使会造成皮开肉绽的创伤，但很快就能痊愈。再如徒刑、流刑等，行刑时间最长也不过三五年，等刑期结束后，刑罚对于受刑人的效果就随即消逝。这些刑罚都不会像耻辱刑那样，保留长久的惩罚效果。此外，髡刑稍微有些特殊，人的毛发尽管可以再生，但是在中国古代，以留长发为美，长长了就盘成发髻。被处以髡刑或者耐刑的人，头发一下子被剃掉，只留三寸左右。从生物学角度上来讲，人正常生发速度是一个月 1 厘米，也就是说一年也才长 10 厘米左右。所以，受髡刑的人等到头发长到原始长度，也得好多年。相比笞杖等轻刑，髡刑的惩罚效果持续时间相对来说还是比较长的。

上文已经指出过，耻辱刑最主要的作用机理是通过社会大众对受刑人的唾弃和责备来使受刑人感到羞辱。那么让社会大众观摩用刑场面或者让社会大众轻而易举地知晓受刑人是犯过罪的人，最好的办法就是向公众展示用刑过程或用刑效果，展示的时间越长，才越能达到耻辱刑最好的羞辱效果。只有这样，耻辱刑才能淋漓尽致地发挥其对犯罪分子的惩罚意义。所以行刑效果保持的时间长久是耻辱刑追求的目标，也是其特征之一。

三、行刑效果夸张

行刑效果夸张也是耻辱刑相比其他刑罚较为明显的一个特征。所谓效果夸张，就是行刑给外人带来的视觉效果非常震撼。虽然中国古代不光只有耻辱刑行刑效果夸张，许多曾经出现过的肉刑和死刑都具有非常夸张的刑罚效果，如凌迟、车裂、炮烙、剥皮、剖腹、抽肋等，但是耻辱刑相比正常的法内刑诸如笞刑、杖刑、徒刑、流刑等刑罚来说，其行刑效果还是较为夸张的。

古代的刺字刑，在受刑人脸上或额头等部位刺上"盗窃""抢夺""劫""囚"等象征犯罪受刑的字样，以羞辱受刑人。刺字刑具体的用刑方式是用刀划开受刑人皮肤，然后往里面灌墨，待伤口愈合后，字样就永久保存，虽说这每一刀都是划在皮肤上，但是形成的不可磨灭的印记刀刀刻在受刑人心里。

这种行刑效果相比限制自由的徒刑、发配边疆服役的流刑和给人以皮肉痛苦的笞杖刑来说，确实是较残忍的，其行刑效果也是比较夸张的。同样，劓刑的行刑效果也极其夸张，割去鼻子，一方面羞辱了受刑人，另一方面对于社会大众来说，也是一种血淋淋的展现和警示。其他的刑罚诸如笞杖刑、流刑、徒刑都没有这种震撼效果。也正是得益于这种震撼的、夸张的行刑效果，耻辱刑才能从精神层面惩罚受刑人，促使受刑人彻底改过自新。

四、惩罚效果广为传播

上文已经提到过，耻辱刑的耻辱效果体现在两个层面：一是通过用刑让受刑人自己从内心深处感到耻辱；二是将行刑效果示众，让社会大众唾弃、责备受刑人，通过外界给受刑人施加压力使其感到耻辱。第二层面的效果，除了上文提到的必须通过用刑于人的显著部位来实现以外，还可以通过广泛传播、广泛示众的方式来实现。这也就是耻辱刑的另一大执行模式特征，即惩罚效果广为传播。

耻辱刑的惩罚效果广为传播，让更多的社会大众知晓，表现在两个方面：第一是公开执行刑罚，让老百姓第一时间看到行刑的场面；第二是通过用刑在受刑人身上留下非常明显且难以抹去的犯罪标识，让受刑人无论走到哪里都能被人们轻易识别出来他是犯过罪受过刑的人。中国古代刑罚的执行一般都是公开的，如斩首、绞刑等死刑经常在人流量较大的集市（如北京的菜市口）执行。耻辱刑里的枷号刑，就是公开执行的典范，受刑人必须佩带枷锁，站在官府门口或者集市展现罪状和受刑惨状，刑期短则一个月，长则半年。这种最直接的，且长时间的刑罚示众，最能将耻辱刑的羞辱效果发挥到极致。此外，前文提到的带有耻辱性质的死刑弃市刑，就是在公共场合对受刑人执行死刑，并陈尸数日，让老百姓唾弃和谴责犯罪人。公开执行只是耻辱刑惩罚效果传播的一个方面，一般来说，普通刑罚的执行效果往往就在行刑那一刻，一般不会持续很长时间。而耻辱刑之所以惩罚效果能更为广泛的传播，主要是因为行刑会给受刑人留下的特殊的、不可磨灭的"犯罪标签"。这种流动的犯罪标签，流动的行刑展示，广泛地传播了耻辱刑的耻辱意义和惩罚意义。此外，由于耻辱刑多属轻刑，一般不限制受刑人的人身自由，耻辱刑的行刑过程并不长，用刑完毕后，受刑人可以回到社会继续生活，但是却携带着"犯罪标签"。典型的刺字刑、髡耐刑、劓刑、宫刑等，都是通过各种用刑手段，在受刑人身上留下某些具有特定含义的标记，或者通过用刑去除受刑人某些标志性的器官使其与众不同。这些标记不易去除，能长时间保留在受刑人身上；被割去的器官也不能再生，所以受刑人无论走到哪里，都能被社会大众轻易识别，并知晓其罪行。这种流动的受刑标签能让耻辱刑的惩罚效果更广泛地传播，通过血淋淋的展示来教育社会大众不要犯罪，以起到对犯罪的特殊预防。

这一执行模式的特征可以说是耻辱刑所独有的。耻辱刑即使执行完毕，惩罚的效果仍然会保持非常长的时间，仍然能在社会中广泛传播。相比之下，古代其他刑罚则没有如此强的传播能力，比如笞杖刑、流刑、徒刑，当刑罚执行完毕后，受刑人和正常人没有什么表面上的区别，若不是专门告知，没有人能轻易知晓受刑人曾经因犯罪而受刑，对受刑人的惩罚效果会随着刑罚的执行完毕而终结。惩罚效果终结后，受刑人不论走到哪里，都不会携带任何"犯罪标签"，可以过上和正常人一样的生活。

我们不得不承认，耻辱刑的这种长久性的、易广泛传播的惩罚效果特征在犯罪的预防中会带来负面效果，那就是不利于受刑人的改过自新。这一点很好理解，耻辱刑让受刑人永远或者长久地背着"犯罪标签"，即使回到原来的社会中，也无法摆脱这一标签的束缚而正常生活。所以，即使受刑人从内心深处真正意识到了自己罪行的错误性并发誓要改过自新，但由于耻辱标签无法去除，周围的人们会因为该耻辱标签而对其疏远、指责，这也就彻底断绝了受刑人悔过的道路。若犯罪人因此彻底绝望，很有可能导致其再次犯罪，或者更加肆无忌惮地报复社会以发泄心中的不满。正因为如此，耻辱刑自古至今一直广受非议。

五、行刑地点相对公开

倘若要将耻辱刑的惩罚效果发挥到极致，那么，在执行地点的选择上，则通常会在人流量最大的地方行刑，这也是耻辱刑执行模式的另一大特征——行刑地点相对公开。这一特征在枷号刑中得到了最好的体现，前文已经指出，枷号刑起源于西周时期的"嘉石之制"，在《周礼》中记载："以嘉石平罢民，凡万民之有罪过而未丽于法，而害于州里者，桎梏而坐诸嘉石，役诸司空。重罪旬有三日坐，期役；其次九日坐，九月役；其次七日坐，七月役；

其次五日坐，五月役；其下罪三日坐，三月役。使州里任之则宥而舍之。"〔1〕
注文里对"嘉石"的解释为："文石也，树之外朝门左"〔2〕，疏文曰："嘉，
善也，有文乃称嘉，故知文石也。欲使罢民思其文理以改悔自修。"〔3〕根据注
文可知，嘉石就是放在官府门外左侧的大树下的石头。西周法律规定，对于
犯了相应罪行的人，判处其佩戴枷锁，坐在官府门外左侧的石头上，以公示
其罪状，让社会大众对其指责，促使犯罪人反省过错，改过自新。一般来说，
在任何一个地区，官府都是该地区的核心地段，也是政治、商业和文化的中
心，当然也是人流量最大的地方。在这么一个人来人往的地方执行耻辱刑，
足以见其惩罚效果之明显。上文介绍的《明大诰峻令》中记载的明代"斩趾
枷令"就判处了贪污受贿的黔阳安江驿丞李添奇"斩趾，枷令驿前"，即在他
工作的驿站门口将其枷号示众。驿站也是人流量较大的地方，又是受刑人的
工作地，所以在此处惩罚不正的地方官员，最具羞辱意义。明代《问刑条例》
在"犯奸"条下有这么一条规定："僧尼不分有无度牒及尼僧女冠犯奸者，依
律问罪，各于本寺观庵院门首，枷号一个月发落。"〔4〕根据这条例文，对于出
家人犯奸，法律判处在"本寺观庵院门首"将犯奸僧尼枷号示众。虽说寺庙
门口不如闹市人流量大，但是对于出家人来说，因犯罪被判处在寺庙门口戴
枷锁示众，这就是一种羞辱和惩罚，更何况还是僧人犯奸这种违背佛门大忌
的恶行。再如前文提到过的《明大诰峻令》中的"枷项游历"，就记载了常
州府同知王复春、青州府知府陈希文因为下乡扰民、乱收苛捐杂费，被处以
佩戴枷项游历"九州之邑"的刑罚。九州是古时中国的九个区域，即徐州、
冀州、兖州、青州、扬州、荆州、梁州、雍州和豫州，可以说，九州就代表
着全国。游历九州之邑的表达虽说带有夸张的成分，但足以见枷号游历刑行
刑地点之广，公开范围之大。再比如上文提到的弃市刑，虽说不是一种纯粹
意义上的耻辱刑，但却具有非常大的耻辱意义。弃市刑强调"刑之于市，与
众弃之"，"市"就是市场、闹市，在古代社会，市场往往是一个地区的经济
文化中心，人流量极大。在市场执行死刑，并陈尸示众，受刑人的生命被剥

〔1〕《周礼·秋官·大司寇》。
〔2〕《十三经注疏 周礼注疏》。
〔3〕《十三经注疏 周礼注疏》。
〔4〕《明会典》卷一百七十。

夺，临刑前的绝望和恐惧、死后的惨状被一览无遗地展现在众人面前，成为人们唾弃、鄙夷的对象。

耻辱刑之所以选在公开地点行刑，其目的还是更加广泛地传播惩罚效果，让更多的人知晓受刑人的罪状，从而加深对受刑人的羞辱。试想一下，若只是在一个没有人的地方用刑，且用刑后将受刑人单独关押，那么耻辱刑给受刑人带来的耻辱性惩罚意义就小多了。因为耻辱感的产生是一种人与人的互动过程，没有了互相的影响，耻辱刑的惩罚效用就会减半。

第二节　耻辱刑的儆阻功能

耻辱刑作为一种刑罚，首要的刑罚效果在于惩罚受刑人，促使受刑人改过自新，不再犯罪。其实，按照刑法学的理论，刑罚的主要目的并不在于单方面惩罚犯罪人，而在于改造犯罪人并教育大众。著名刑法学家贝卡里亚指出："刑罚的目的仅仅在于：阻止罪犯再重新侵犯公民，并规诫其他人不要重蹈覆辙。"[1]按照这种刑罚的双重目的理论，那么耻辱刑的第一层目的就是阻止犯罪人再次犯罪。我在这里将这种功能归纳为儆阻，所谓儆阻就是警示犯罪人并阻止其再次犯罪。儆阻是从犯罪特殊预防的角度来讲的，耻辱刑对于受刑人个人的儆阻效果主要表现在以下几个方面。

一、客观上阻止再次犯罪

刑罚最直接的作用就是客观上制止受刑人再次犯罪，这是从剥夺犯罪条件的层面上来说的。国家法律通过对犯罪人施用不同种类的刑罚诸如徒刑、流刑等，限制犯罪人自由，从而在一定时期内剥夺了其再次犯罪的客观条件；若对犯罪人判处死刑，则从根本上剥夺了犯罪人再次犯罪的条件。耻辱刑作为刑罚的一种，同样能有力地制止受刑人再次犯罪。如宋代的刺配刑，在对受刑人刺字的基础上附加发配边疆服役的刑罚，这就在一定时间里限制了受刑人的人身自由，直接阻却了受刑人再次犯罪的可能性。再如明清时期的枷号刑，强制受刑人在一定时间里佩戴限制手脚自由的枷锁并站立于特定场所的用刑方式，同样直接剥夺了受刑人在枷号刑期内再次犯罪的客观条件。弃

---

〔1〕［意］切萨雷·贝卡里亚：《论犯罪与刑罚》，黄风译，中国方正出版社 2004 年版，第 28 页。

市刑就更明显了，由于弃市刑是具有耻辱性质的死刑，被剥夺生命的受刑人更不会有再次犯罪的可能性了。

客观上阻止再次犯罪是耻辱刑给予受刑人最直接、且最主要的一种用刑效果，这一效果从很大程度上起到了直接的犯罪特殊预防。当然，这也是许多其他刑罚所具有的最主要的目的之一。虽然以上这几种耻辱刑确实在客观上制止了受刑人再次犯罪，但其阻止再次犯罪的作用机理是限制受刑人人身自由。其实，这并不是耻辱刑的首要用刑效果，而只是个别耻辱刑附随惩罚效果而已。但是，尽管客观上阻却再次犯罪并不是耻辱刑的最主要的效果，我们也不能将其忽视。因为客观上剥夺再犯的条件属于最低层次的犯罪特殊预防效果，尽管受刑人可能并没有真正意识到自己罪行的错误性，但是由于身体自由受限，从客观上来说，确实直接阻却了其再次犯罪的可能。

二、增加再次犯罪难度

任何限制人身自由的刑罚在执行期间，都能从客观上阻止受刑人再次犯罪，因为其限制了犯罪人人身自由或行动自由，即剥夺了其再次犯罪的客观条件。但是，一旦刑罚执行完毕，受刑人回归社会，在受刑人身上的刑罚效果自此消失。此时，如果受刑人并没有因刑罚的惩罚而彻底改过自新，并试图再次犯罪，那么，已经执行完毕的刑罚则无法阻却或制止其再次犯罪。然而，耻辱刑在这一点上却不同于普通刑罚，因为其具有延伸性的阻却犯罪的效果。一般来说，耻辱刑的刑罚效果分为两个阶段：第一个阶段我们称之为行刑阶段，第二个阶段我们称之为耻辱性惩罚效果持续阶段。第一个阶段对受刑人的惩罚效果只在行刑那一刻，如剃去毛发、割去鼻子、在脸上刺字等。第二个阶段对受刑人的惩罚效果持续时间则比较长久，因为第一阶段的用刑，会使得受刑人缺失某些器官或被迫贴上明显的"犯罪标签"，这一效果可能会终生伴随着受刑人。所以，即使第一阶段的刑罚执行完毕，第二阶段的惩罚效果在很大程度上仍然能增加受刑人再次犯罪的难度，从而起到阻止受刑人再犯的作用。这一点在刺字刑、髡耐刑、劓刑等耻辱刑上得到了很好的体现。

这几种耻辱刑不同于上文提到的枷号刑和弃市刑，因为它们并不是通过限制自由、剥夺生命的方式来直接阻止受刑人再次犯罪，而是通过用刑给受刑人带来的不可磨灭的标记增加受刑人再次犯罪的难度，从而间接阻止受刑人再犯罪。比如中国古代的刺字刑，常常将表征罪行的文字或图案刺于受人面、额、颈等显著部位。上文曾介绍过，在南朝宋明帝时期，对于犯有打劫窃盗等行为的人，处以墨刑，而墨刑所刺的文字就是"劫"字，刺于受刑人两颊，一侧一个。明清两朝法律里，刺字主要刺所犯罪行，如《大明律》里对白昼抢夺的罪犯，"于右小臂膊上，刺'抢夺'二字"，[1]对于盗窃的罪犯，《大明律》规定："初犯并于右小臂膊上刺'窃盗'二字。"[2]而对于常人盗仓库钱粮和监守自盗的罪犯，则"于右小臂膊上刺盗官（钱粮物）三字"。[3]《大清律例》白昼抢夺的条例里规定了更加严格的刺字标准，"俱仍照例面上刺'凶犯'二字。[4]"劫""抢夺""凶犯""窃盗"等字样，有的表明受刑人曾经所犯的罪状，有的直接标明受刑人就是一名罪犯。这些字样常常刺于受刑人的面部、额头、手臂、颈部等非常明显的部位。所以，受过刺字刑的人不论走到哪里都很容易被公众辨别出来，公众能轻易知晓该受刑人曾经犯过什么罪，从而对其提高警惕或避而远之，这也就大大增加了受刑人再次犯罪的难度。受刑人因为被贴上了难以磨灭的"犯罪标签"，而被社会大众孤立、抛弃，这会使他们的日常生活处处受阻，更何况继续犯罪了。割去鼻子的劓刑，同样也会让受刑人与众不同，一般来说，人不会因为疾病或者事故而失去鼻子，在古代社会中，没有鼻子的人绝大多数都是受过劓刑的。基于这一认识，受过劓刑的人在社会上同样也很容易被识别，这些人想再次犯罪也确实不易。髡耐之刑也是同样的道理，只不过这一层面的效果相比刺字刑和劓刑要弱一些。因为人的头发、眉毛、鬓须剃去都可以再生，但是我们不能不否认，在受刑人的毛发完全长回原始长度的那段时间里，他在社会中还是很好辨认的。所以，在这段时间里，髡耐刑也有增加受刑人再次犯罪难度的惩罚效果。

若说直接阻止再次犯罪是通过用刑的直接效果实现的，那么增加再次犯罪难度则是通过用刑的后续持续效果实现的。但是我们不能不承认，这都只是从客观上来阻却受刑人再次犯罪，而并不是从根源上消除受刑人再犯的念头。也就是说，耻辱刑最根本的目的不是从客观上阻却犯罪，而应是从主观

---

〔1〕《大明律·刑律·白昼抢夺》。

〔2〕《大明律·刑律·窃盗》。

〔3〕《大明律·刑律·常人盗仓库钱粮》《大明律·刑律·监临自盗仓库钱粮》。

〔4〕《大清律例·刑律·白昼抢夺》条例。

上促使受刑人悔过，并改过自新，不再犯罪。这其实也是刑罚的终极目的，若一种刑罚只能通过威吓和制造痛苦的方式使受刑人因为害怕而不去犯罪，而不是通过教化和感悟唤起受刑人内心深处对自己罪行的认识而悔过自新，那么这种刑罚在犯罪预防上可以说是失败的。

三、促成悔罪心理

促成悔罪心理，让受刑人真正意识到自己罪行的错误性，并且改过自新，彻底消除再次犯罪的念头，这才是刑罚追求的终极目的。耻辱刑作为一种刑罚，其设计初衷也是为了实现这一目标。正如上文所论述，通过用刑的直接效果来阻止再犯和通过用刑的后续持续效果来增加再犯难度并不是耻辱刑最终想要达到的犯罪预防目的。通过用刑使得受刑人知耻，使受刑人彻底醒悟，并彻底放弃一切犯罪念头才是耻辱刑想要追求的终极目的。为了实现这一用刑效果和预防目的，耻辱刑通过各种方式羞辱受刑人，从内心深处教化受刑人。因此，虽说通过用刑羞辱受刑人并不是耻辱刑的最终目的，但是通过这种羞辱，其实更容易让受刑人彻底悔过自新。

按照刑法学上的理论，犯罪分子因受到刑罚而不再犯罪，这里的不再犯罪包括两种情形：一是主动不再犯罪，二是被动不再犯罪。所谓主动不再犯罪，指受刑人受到刑罚惩罚后，深刻认识到了自己所犯罪行的错误和给社会大众带来的危害，对自己所犯罪行感到深刻自责和内疚，并下决心以后再也不会实施危害社会的行为，彻底改过自新，遵纪守法。所谓被动不再犯罪，指受刑人受到刑罚惩罚后，并没有真正认识到自己所犯罪行的错误和给社会大众带来的危害，也没有对自己所犯罪行感到自责和内疚，但是由于刑罚确实带来了肉体痛苦或者限制了人身自由，为了不再受到这样的惩罚，而不再去犯罪。这两个层面上的不再犯罪，尽管最终的结果相同，但是促使受刑人不再犯罪的机理却不同。前一种是受刑人自发主动的，后一种是受刑人为了免受皮肉之苦被动而为的。可以说，前一种不再犯罪是从精神层面阻止了再犯，后一种则是从肉体层面阻止了再犯。所以，要想让受刑人在内心深处感受到压力并产生悔罪心理、改过自新，耻辱刑相比其他刑罚来说，更有效果。人分为两种：一种是有廉耻心，有荣辱观的人，他们知道什么是光荣，什么是羞耻，能在荣辱观的影响下，时刻自律；另一种是寡廉鲜耻的人，他们荣辱观颠倒，对于许多社会公认的耻辱，不以为耻，反以为荣。在中国古代社会，毕竟前一类人占绝大多数，正是由于他们的存在，社会上才能保有一种普适的荣辱观念。正是由于他们的存在，中国古代儒家提倡的"羞恶之心，人皆有之"[1]"无羞恶之心，非人也，……羞恶之心，义之端也"[2]"人不可以无耻，无耻之耻，无耻矣"[3]等思想学说才能流传至今。所以，在这种正常的社会氛围下，耻辱刑才能发挥其作用，在惩罚受刑人的同时，让其感悟到背后的道理，并反省自己的罪行，产生悔罪心，从而改过自新。其他刑罚相比耻辱刑，其惩罚效果持续时间较短，比如中国古代限制自由的徒刑和发配边疆服役的流刑，经过一定的时间，受刑人总能恢复自由，回归社会。此时，对于某些无耻之徒来说，刑罚给他们带来的只有肉体痛苦和自由的禁锢，短时间内他们也许并不会领悟到刑罚给他们带来的真正意义，正所谓"好了伤疤忘了疼"，刑罚一结束，他们很有可能会再次犯罪。而耻辱刑的刑罚效果持续时间长于其他的刑罚，其他刑罚用刑结束后，刑罚效果随即消失；耻辱刑即使行刑结束，惩罚效果有时候会持续伴随直至终生。耻辱刑会给受刑人造成永远无法抹去的伤疤，让其终生难忘，即使没有肉体痛苦，但带来的精神压力、精神痛苦则会伴随受刑人一辈子。所以，即使是那些寡廉鲜耻的人，也许短时间的普通刑罚无法使其产生悔罪心理，那么，这种长时间的羞辱性精神惩罚往往能彻底将其击败，令其最终悔悟。鉴于此，耻辱刑更容易让受刑人从内心深处对自己的罪行感到自责和内疚，从而产生悔罪感和立志要改过自新的决心。

四、造成相关心理激愤和负面效果

由于耻辱刑具有较特殊的行刑方式，相比其他刑罚来说，确实会给受刑人带来更多的精神痛苦。虽说这种精神痛苦有利于对受刑人进行教化和惩戒，也有利于通过公民的监督来防止受刑人再次犯罪，但是，我们不能否认，耻辱刑也会造成一定的负面效应，甚至有时会产生适得其反的后果。

刑罚的终极目的并不在于给受刑人带来多少肉体痛苦和精神痛苦，而在于通过惩罚来改造和教化受刑人，使其成为一个对社会无害的人。所以，惩

---

[1] 《孟子·告子上》。
[2] 《孟子·公孙丑上》。
[3] 《孟子·尽心上》。

罚只是过程，刑罚的最终结果并不是要让受刑人痛苦终生。刑罚只要足以让受刑人悔过自新，且不再犯罪，并附带对公众进行了教育，即可解除。但是相比徒刑、流刑、笞杖刑等刑罚，耻辱刑往往会给受刑人带来终生的、难以恢复的惩罚效果。在很多情况下，受刑人本想改过自新，但身上却有无法磨灭的"犯罪标签"，无论他走到哪里，周围的人都会对其敬而远之，甚至背后议论或排斥。在这么一种氛围下，即使受刑人立志改过自新，也会因为耻辱刑带来的耻辱标签无法去除，而失去悔罪改过的客观条件。有时候，还会出现受刑人怨恨政府、仇恨社会，从而更加肆无忌惮地报复社会的恶性后果。清末修订法律大臣沈家本曾向朝廷提出了一些删除重法酷刑的建议，其中就有关于耻辱刑负面效果的评论，他指出："（刺字刑）立法之意，原欲使莠民知耻，庶几悔过而迁善。讵知习于为非者，适予以标识，助其凶横。而偶罹法网者，则黥刺一膺，终身僇辱。……拟请将刺字款目，概行删除。"[1]沈家本认为刺字刑的设计初衷是"欲使莠民知耻，庶几悔过而迁善"，即通过用刑使受刑人知耻，从而悔罪从善。但实际上刺字刑往往使受刑人"黥刺一膺，终身僇辱"，并产生"适予以标识，助其凶横"的负面效果，这并不利于犯罪的预防和教化，反而会造成更严重的犯罪。鉴于此，沈家本建议朝廷废除刺字之刑。光绪帝最终接受了沈家本的建议，下令"刺字等项，亦概行革除"。[2]再如，《水浒传》里的那些被刺配的梁山好汉，里面的许多人诸如林冲、宋江、卢俊义，都是性情温和讲情理的人，因为过失或者遭陷害而被处以刺配刑。由于脸上被刺了"金印"，因此他们无法融入社会、无法改过自新，走投无路，只能被迫上山为匪，与朝廷作对。

　　这一负面效果正是基于耻辱刑独特的用刑方式而产生的。我们不能否认，耻辱刑对于预防犯罪、教化民众确实起到了很好的效果；但是这种刑罚却是一把双刃剑，用力太轻，不利于犯罪预防；用力适中，则能有力地打击犯罪，惩戒犯罪分子；若用力过重，则会激起受刑人心理的愤怒并产生报复社会的念头，从而造成无法挽回的后果。

---

〔1〕 《清史稿·刑法志》。
〔2〕 《清史稿·刑法志》。

五、仁刑的考虑

尽管耻辱刑给受刑人带来了精神痛苦，有时候也伴有肉体痛苦，有些耻辱刑还会给受刑人带来终生的耻辱效果。但在中国古代，耻辱刑常常是宽恕仁刑的代表。国家经常用耻辱刑来替代某些重刑，以显恩赦。

中国古代的象刑，就是通过象征性刑罚作为普通刑罚的替代刑，以恩赦受刑人的。《慎子·逸文》载："有虞氏之诛，以幪巾当墨，以草缨当劓，以菲履当刖，以艾毕当宫，布衣无领当大辟。此有虞之诛也。"[1]在虞舜时期，墨、劓、刖、宫、大辟五种刑罚，都可以通过象刑的方式来替代执行。髡刑、耐刑等毛发类的耻辱刑也常常作为替代刑，以恩赦受刑人，如《汉书·惠帝纪》载："上造以上及内外公孙，耳孙有罪当刑及当为城旦舂者，皆耐为鬼薪白粲。民年七十以上若不满十岁有罪当刑者，皆完之。"汉初，耐刑和完刑这两种耻辱刑常常是王公贵族和老幼废疾犯罪的宽恕替代刑。汉文帝、汉景帝废肉刑，也曾采用髡耐刑替代断肢体、刻肌肤的肉刑，以达到刑罚宽缓的目的。汉文帝颁布废除肉刑的诏令后，丞相张仓、御史大夫冯敬奏言："臣谨议请定律曰：诸当完者，完为城旦舂；当黥者，髡钳为城旦舂；当劓者，笞三百。"[2]可见，髡钳城旦舂取代了黥刑，髡刑相比黥刑，惩罚力度要轻很多。在汉代，髡钳刑常被作为死罪的减等刑广泛适用，汉元帝时期，长安令杨兴新犯罪，"兴减死罪一等，髡钳为城旦"[3]。汉哀帝时期，大夫鲍宣被孔光陷害触怒了皇帝，被判死罪，"上遂抵宣罪减死一等，髡钳。"[4]在汉朝，髡钳刑也常常作为皇室外戚犯罪的替代刑，《史记》载："（汉武帝时期）外戚多毁成之短，抵罪髡钳"。[5]南北朝时期，黥刑也曾作为死刑的替代刑适用，《南史·宋明帝纪》载："太始四年，诏定黥刖之制。有司奏：'自今凡劫窃执官仗，拒战逻司，攻剽亭寺及伤害吏人，并监司将吏自为劫，皆不限人数，悉依旧制斩刑。若遇赦，黥及两颊'劫'字，断去两脚筋，徙付交、梁、宁州。"可见，在南朝宋国，本应处以斩刑的罪犯，若遇赦免，则处以黥面和断

---

[1] 《太平御览》卷六四五。

[2] 《汉书·刑法志》。

[3] 《汉书·贾捐之传》。

[4] 《汉书·鲍宣传》。

[5] 《史记·酷吏列传》。

脚筋附加流放的刑罚。南朝梁国也有类似的做法，"遇赦降死者，黥面为劫字，髡钳，补冶锁士终身"。[1]清朝《大清律例·名例律》"犯罪免发遣"条规定："凡旗人犯罪，笞、杖，各照数鞭责。军、流、徒，免发遣，分别枷号。"[2]清代的枷号刑通常作为旗人犯罪恩惠性的替代刑适用，《清史稿·刑法志》对此评论："原立法之意，亦以旗人生则入档，壮则充兵，巩卫本根，未便离远，有犯徒、流等罪，直以枷号代刑，强干之义则然。"原来这是为了保证旗人不因为受刑而被流放发遣，故而采用了枷号刑的方式替代原始刑罚。

　　从以上这些史料中不难看出，耻辱刑在古代经常作为其他刑罚的减等替代刑来适用，所谓减等替代刑就是用耻辱刑来替代比其更重的刑罚，这正体现了耻辱刑对受刑人的仁刑效果。这些减等替代刑多数时候并不仅仅替代为单纯的耻辱刑，而多是用耻辱刑附加其他身体刑或自由刑结合适用的方式来替代更重的刑罚。由于中国古代刑罚体系相对简单，层级较少，若死刑减等，直接减为流刑、徒刑或者笞杖刑，其惩罚力度就大大减弱。徒刑、流刑通常刑期短，笞杖之刑又太轻，总的来说，用这些刑罚替代死刑，惩罚力度太小，无法做到罪责刑相适应，也就无法有效地惩戒犯罪。所以，若再附加执行相应的耻辱刑，则既能给受刑人带来肉体痛苦（如执行相应的肉刑和流放刑），又能给受刑人带来精神痛苦，这才能让受刑人所犯罪行与所受惩罚之间达到大致的平衡。此外，死刑减等为耻辱刑附加身体刑或者自由刑的做法，归根结底还是免除了受刑人的死罪，古人云"生者为大"，所以这种做法正是刑罚宽恕的表现。

第三节　耻辱刑的教化功能

　　犯罪预防有两个方面：一是特殊预防，二是一般预防。特殊预防是针对受刑人来说的，一般预防则是针对广泛的社会大众。耻辱刑的特殊预防上文已经论述，本节则要讨论耻辱刑的一般预防，即耻辱刑对于社会大众以及社会上的不安分子的教化作用。耻辱刑不同于其他刑罚最大的特点就在于这种刑罚具有非常强有力的公示、示众效果，这一效果对于犯罪的一般预防来说，

---

〔1〕《隋书·刑法志》。

〔2〕《大清律例·名例律·犯罪免发遣》。

起到了很关键的作用。国家通过对受刑人施加耻辱刑，将行刑惨状和耻辱标签让社会大众广泛知晓，从而告诉人们犯罪和刑罚的因果关系，警示不安分子放弃犯罪念头，这正是耻辱刑对于犯罪的一般预防的体现。因为一般预防是针对受刑人以外的社会大众，所以耻辱刑对社会公众也就会产生一定的效果，主要体现在以下几个方面。

一、行刑惨状的恫吓威慑效果

中国古代有着公开执行刑罚的传统，且主要以死刑为主。比如上文介绍的弃市刑，强调"刑人于市，与众弃之"。置受刑人于死地已经不是弃市刑的主要目的，羞辱受刑人及其家族、恫吓社会公众，让社会上的不安分子彻底放弃犯罪念头才是弃市刑的真正目的。因此，弃市刑只有公开执行，才能实现这一目的。《周礼·秋官·掌囚》中说到："及刑杀，告刑于王，奉而适朝，士加明梏，以适市而刑杀之。"所谓明梏就是"书其姓名及其罪于梏而著之也"，[1] 弃市刑一方面将受刑人的罪状展现给公众，另一方面又公开执行死刑，向公众传递一种信息：若犯此罪，下场就是这样的。《周礼·秋官·掌戮》中也说到："凡杀人者，踣诸市，肆之三日。"对于杀人者，必须对其处以死刑，并在市场中陈尸三日。试想一下，一个杀人犯被当众执行死刑，陈尸数日直至尸体腐烂发臭，这种血淋淋的行刑惨状和惊悚的尸体展示是极具视觉震撼和感官震撼的，这种"杀鸡儆猴"的威吓、恫吓方式，正是弃市刑给社会公众带来的最直观的感受。再如上文提到过的戮刑，在公共场合先羞辱受刑人，最后斩杀之，这种极尽凌辱、最后人头落地的执行方式，对于旁观者来说，就是一种令人毛骨悚然的恐吓。此外，中国古代还有一种名为枭首的刑罚，也是一种耻辱性的死刑，《隋书·刑法志》载："《齐律》……其制，刑名五：一曰死，重者轘之，其次枭首，并陈尸三日；无市者，列于乡亭显处。其次斩刑，殊身首。其次绞刑，死而不殊。"枭首是把犯人斩首后，将其首级悬挂于木杆上或者城门楼上等显著位置示众的一种刑罚。这种极其惨烈的酷刑，一方面终结了受刑人的生命，另一方面展示了其罪状和身首异处的惨状，既羞辱了受刑人及其家族，又教育了社会大众，并且直接恐吓、震慑了那些社会上的不安分子，促使他们彻底放弃犯罪念头。虽说公开行刑

---

[1] 《十三经注疏　周礼注疏》。

确实是一种"杀鸡儆猴"的原始方式，但不能否认，这种血腥的、原始的方式对民众起到了很好的教化作用。血淋淋的行刑展示对于绝大多数人来说都是一种震撼。实践证明，基于这种震撼而产生的害怕心理确实能促使绝大多数有犯罪意图的人放弃犯罪念头。其实，不光是古代如此，我们现今也有类似的做法。在当今司法实践中，常常运用公审公判的"运动型司法"来羞辱犯罪嫌疑人，教育大众。近些年来，为了更好地惩治暴力犯罪，许多地方的司法部门都广泛开展严打活动以整治社会治安，如 2012 年 3 月 31 日，在河南周口项城市，市司法部门在人民广场举行了春季严打整治推进会，对 51 名危害社会安全的犯罪嫌疑人进行了公开审判和公开宣判。据报道称现场警车开道，武警押送，上千名市民围观，犯罪嫌疑人个个被反手捆绑，胸前挂着白底黑字的罪名牌，全部蹲在地上，被一条粗绳串起来，犹如串蚂蚱，现场图片被上传到网上，引起轩然大波。虽说现代的法律严令禁止公开执行刑罚，但是对于这种刑事强制措施的公开性却没有明确规定。这种公审公判大会具有羞辱犯罪嫌疑人的意义，起到了警示社会公众的作用。尽管这种公审公判展现的不是行刑惨状，但是五花大绑、游街示众、任人唾弃的方式，就足已让老百姓风声鹤唳了。

二、受刑标志的流动警示效果

耻辱刑对于受刑人来说，意味着无尽的精神痛苦和心理煎熬。之所以会有精神痛苦和心理煎熬，正是因为耻辱刑给受刑人带来的不可磨灭的耻辱标记。这种标记往往长时间伴随着受刑人，有的甚至终生无法去除。这些耻辱标记对于受刑人来说，是一种极大的羞辱，而对于社会大众来说，则是一种流动的警示。正如前文所介绍的，耻辱刑区别与其他刑罚最大的特征就是即便行刑结束，其惩罚效果仍然可以持续很长时间。如果说上文提到的行刑惨状的恫吓展示是所有公开执行的刑罚所共同具有的特征（耻辱刑也不例外），那么这里的耻辱标签流动警示则是耻辱刑给社会大众带来的独有效果。

耻辱刑最大的特征就是通过用刑在受刑人身上留下某些表征罪行或者犯罪的标记，这些标记常常难以去除，而且这些标记多留在受刑人面部颈部等显著部位。一般来说，其他刑罚诸如笞杖刑、流刑、徒刑只要执行完毕，受刑人就可以回到社会中继续生活，和正常人完全一样。但耻辱刑则不是，即便用刑结束，受刑人身上也会留下"犯罪标签"且无法去除，受刑人即使回到社会中，也能轻易地被辨识出来，从而受到社会大众的疏远和指责。中国古代最具代表性的刺字刑在受刑人面部、额头、颈部、手臂等处刺字，所刺的诸如"窃盗""抢夺""凶犯""劫""囚"等字样都能直观地向公众传达该人因犯罪而受过黥刑的信息。由于人的这些部位一般很难刻意遮掩，所以只要受刑人身处人群中，就能很容易地被人们发觉。一旦受刑人的刺字被人们发现，人们一方面会提防、远离、孤立受刑人；另一方面，人们更会对这种流动的罪行标签记忆犹新，被深刻地教育和警示。如果说刺字刑只是向社会大众传递受刑人犯了何种罪、被处以何种刑的明确信息，那么劓刑则直接向社会大众展现了刑罚带来的耻辱和痛苦。受刑人因犯罪被割去了鼻子，脸的正中间会出现一个大窟窿，此后的一生，不管他走到哪里，都能被轻易认出，走到哪里都会给他人带来触目惊心的恐惧感。这种令社会大众感到恐惧和对社会的警示，正是通过劓刑的残忍性和侮辱性来实现的。除此之外，剃去毛发的髡耐之刑，在一定的时间里，也让受刑人成为了流动的犯罪标签，走到哪里都会给人以警示，只不过髡耐之刑相比于刺字刑和劓刑来说，其警示力度稍弱，因为毛发可以再生，而且髡耐刑的行刑方式并不残忍。

耻辱刑的这种流动警示的效果还必须建立在不限制受刑人自由，受刑人可以回归社会的基础上，这也是耻辱刑的一个特征。多数耻辱刑在行刑完毕后，并不会限制受刑人的人身自由，也不会剥夺受刑人的生命，而是让受刑人带着"耻辱标签"回到社会继续生活。所以这种流动性的耻辱展示，能非常有效地向社会传播"只要犯罪下场就是如此"的信息，从而有效地扼杀社会上不安分子的内心蠢动，提醒其不要尝试犯罪。这一警示效果是其他刑罚所不具有的。所以，假若对受刑人判处耻辱刑后，却将其发配至荒无人烟的边疆或终生囚禁起来，或者直接处死，那么这一流动警示的传播效果就无法实现，耻辱刑的核心耻辱意义就无法展现。正如前文所述，耻辱刑给受刑人带来的耻辱分为两个层面：第一个层面是通过行刑让受刑人自己感到羞辱，第二个层面是通过耻辱展示，利用社会舆论压力使受刑人感受到精神折磨和精神痛苦。前者是受刑人自发产生的，后者往往是通过外界的力量促使受刑人产生的。这第二个层面的耻辱建立在示众的基础上，因此，只有让受刑人背上"犯罪标签"流动展示，才能实现这一层面的耻辱意义。而且这一层面的耻辱意义是犯罪一般预防的核心和关键，也是有力改造和教化受刑人最有效的方式。

三、提醒公众防范恶人再犯的效果

耻辱刑的刑罚作用机理是通过用刑羞辱受刑人，让受刑人感到耻辱，从而认识到自己的罪行，并改过自新。简言之，耻辱刑是通过精神痛苦来改造受刑人使其不再犯罪，而不是像其他刑罚那样，通过肉体痛苦或者限制自由来改造犯罪。因此，耻辱刑必须建立在一定的社会荣辱观念的价值基础上，才能体现出其效果。通过用刑羞辱受刑人，若这种羞辱效果在社会上无法得到共鸣和认知，那么耻辱刑就毫无用处。对于受刑人本身来说，刑罚效果也会因为每个人不同的荣辱观念而有所不同，对于这一现象，杨鸿雁教授在《对耻辱刑的理性思考》一文中指出，对有廉耻心，有耻辱感的罪犯来说，耻辱刑是刑重于罪；对无廉耻心，无耻辱感的罪犯来说，耻辱刑是刑轻于罪，有时甚至完全失效。[1]邱兴隆教授曾指出："对于良知未泯、知廉懂耻的人来说，惩罚可以使其羞愧难当，而对于良知泯灭、缺廉少耻的人来说，惩罚则有如搔痒，甚至不但不会使其引以为耻，反而可能使其引以为荣。"[2]可见，社会上确实存在着寡廉鲜耻的人，他们自封"我是流氓我怕谁"，甚至基于扭曲的荣辱观念，往往不把犯罪受刑视为一种羞辱，反而将其视为一种荣耀。这类人，谁犯的罪大、受的刑重，谁就是"英雄"；谁屡次犯罪、屡受刑罚，谁就是"好汉"。所以，对于这类人，想通过耻辱刑来使其感到自责和耻辱，并悔过自新，几乎是不可能的。此外，由于耻辱刑不会长时间限制人身自由或根本就不限制人身自由，也不会给受刑人带来很大的肉体痛苦。所以，对于寡廉鲜耻的人来说，耻辱刑的惩罚效果是很不明显的，他们甚至会不以为耻、反以为荣，很容易肆无忌惮地继续犯罪。这些人行刑结束后放归于社会，对社会安定会有很大的威胁。但是，由于刑罚已经执行完毕，受刑人是否真正改过自新不再是法律所调控的范围，所以，即使他们毫无悔意，仍然意图再次犯罪，国家法律也不能提前对其进行防范性惩戒。在这种情况下，虽然耻辱刑对寡廉鲜耻的受刑人本身来说，并没有起到很好的犯罪预防效果，但是至少在受刑人身上留下了无法磨灭的"犯罪标签"。对于社会大众来说，这些非常明显的标签（刺字、劓鼻等），能时刻提醒公众提防、注意这些恶徒，

---

[1]　参见杨鸿雁：《对耻辱刑的理性思考》，载《贵州大学学报（社会科学版）》2004年第2期。

[2]　邱兴隆：《撩开刑罚的面纱——刑罚功能论》，载《法学研究》1998年第6期。

从而增加受刑人再犯的难度。虽说耻辱刑在此时无法真正改造受刑人，但是至少可以降低其再犯的可能性，且提醒公众注意防范。可以说，这是耻辱刑最低层次的犯罪预防，虽然效果并不是很好，也许没有达到耻辱刑的预期目的，但至少从某一方面来说保护了社会公众的人身和财产安全。从宏观上来看，可以说对于犯罪预防还是有一定效果的。

第五章

传统中国耻辱刑的成因与存在基础

耻辱刑作为一种独特的刑罚种类，常以特殊标识使受刑人蒙受羞辱，并将这种羞辱加以公示广告，借助受刑人内心耻辱的痛楚和大众观睹的恐惧来达到惩阻和犯罪预防的目的。为何这类刑罚能在中国产生并存在几千年而不被社会所淘汰，这其中有深层次的原因和基础。我们可以说，耻辱刑的成因是非常自然的，也是不可避免的。从人的本性上来讲，看到国家法律对犯罪人进行人身污损、人身侮辱，是一种自然而然的认同。在任何一个时代，"罪犯就应该受罚并受辱"的认识，是广大群众普遍的心理，但这并不是最深层的原因。在上文对耻辱刑的具体刑种以及其对犯罪的预防效果进行探讨的过程中，笔者曾多次提到耻辱刑之所以能成为一种刑罚且有效地惩治犯罪是建立在一定的思想基础之上的，这一基础就是中国古代社会大众的耻辱观念或者说主流荣辱观，宏观上说就是耻感文化。正因为有了这种思想认识的基础，耻辱刑才能有施展其效能的土壤。另外，耻辱刑是官方刑罚的一种，刑罚属于统治阶级治理社会的手段，任何刑罚的存在和运作都必须以推动社会发展、维护社会秩序、维护统治阶级权威为出发点，所以耻辱刑的存在基础不能忽视国家政治统治的需要。除了以上两方面因素以外，耻辱刑的存在基础还包括中国古代某些具体的文化和观念，在这些文化观念的影响下，耻辱刑才能对罪犯起到惩罚作用，才能对民众起到教化作用。

第一节 传统中国的"耻辱观念"

从宏观上来讲，中国古代"耻感文化"是耻辱刑作用的基础。"耻感文化"这一概念最初是美国人类学家鲁思·本尼迪克特在给日本文化类型下定义时提出的。他认为日本文化类型就是"耻感文化"，这是在区别于西方"罪感文化"的基础上概括出来的。鉴于日本与中国源远流长的关系，西方学者普遍认为"耻感文化"也是中国传统文化的重要内容之一。所谓"耻感文化"就是以人的耻辱感这种心理感受为基础，加以发掘、升华，使之成为一种文化积淀，且这种文化积淀对人们的行为和传统文化产生了深远的影响，同时也深刻地影响了国家体制的构建。"耻感文化"是一个比较大的上层概念，其核心即"耻辱观念"，"耻辱观念"决定着"耻感文化"的走向和发展，本节就是要讨论中国古代社会的"耻辱观念"。

耻辱观念即荣辱观，简言之就是一个社会对于什么是耻辱、什么是荣誉的普遍共识。这一共识是在人类发展的过程中自发地、逐渐地形成的。称之为共识，就意味着对于何为耻、何为荣，社会上绝大多数自然人有着相同的认识，并且这种共识被一代又一代人作为民族文化的精华传承下来。拥有羞耻心、耻辱感是人类文明的集中体现，也是人区别于动物最大的特点，同时也是人类社会正常生存发展的自保机制。美国作家马克吐温曾说过"人是唯一知道羞耻和有必要知道羞耻的动物"，正因为如此，羞耻心、耻辱感才能把人类从禽兽群中区别出来，成为文明的动物。也正是因为羞耻心和耻辱感，人类才向着文明化的方向不断进化。因此，荣辱观是人格完善和社会生存的重要保障。

由于荣辱感是体现在道德层面的概念，所以国家并不干涉也不强制推行人对于荣誉和耻辱的认识。至于中国古代的耻辱观，我们可以从各大思想学派的主流观点中管窥一二。先秦诸子百家如儒家、墨家、道家、法家等学派，对社会、政治、人性等都发表过各自的见解，这其中不乏对耻辱观的认识和观点。古代诸子提到的耻辱观念、荣辱观念是广义的概念，往往包含很多方面，但在这里，笔者指的耻辱观是人对于自己受到了羞辱时的感受那一层面上的耻辱观，而不是广义的耻辱观念，因此，笔者也仅仅讨论诸子关于这一层面耻辱观的论断。

一、儒家的耻辱观

儒家是中国古代最具影响力的学派，以孔子、孟子、荀子为代表人物，其中以孔子的思想为核心。儒家强调"仁义礼智信"的"五常"之道，这是做人最基本的道德准则和伦理原则。因此，儒家学派对于耻辱和耻辱观也有一定的见解。

孔子是儒家学派的创始人、集大成者。作为一名大儒，他非常注重"耻"。孔子曾指出："道之以政，齐之以刑，民免而无耻；道之以德，齐之以礼，有耻且格。"〔1〕诸侯国统治者们若用政治手段来治理他们的人民，用刑罚来约束他们的人民，人民只会因为惧怕刑罚而不去犯罪，但不会知道什么是耻辱；若用道德来治理他们的人民，用礼义来教化他们的人民，人民就会自发地认识到何为耻辱，通过自行修养而归顺国家。可见，孔子认为人的耻辱观是建立在教育基础之上的，只有通过道德礼义的教化，才能让人产生耻辱感和耻辱心。孔子这里说到的耻是人们对于罪恶的认识，对于道德行为标准的认识，对于犯罪之耻的认识。子贡曾问过孔子什么样的人才称之为"士"，"子贡问曰：'何如斯可谓之士矣？'子曰：'行己有耻，使于四方，不辱君命，可谓士矣。'"〔2〕孔子认为，"士"是一种特殊的人群，只有时刻保持羞耻之心，出使外国，很好地完成君主的使命，才可以叫作"士"。"士"在先秦时期是一种贵族阶层，是统治阶级中知识分子的统称。所以孔子认为作为士，最基本的要素就是要有羞耻心，鉴于这一普遍认识，中国古代耻辱刑对于官员适用才会起到一定的惩罚效果。此外，对于平民百姓的个人荣辱观，孔子也有一定的看法，他指出"不降其志，不辱其身"，这是孔子在评论伯夷、叔齐时说的话。伯夷、叔齐是商末孤竹君的两个儿子，由于都不想继承王位，逃到周国，武王伐纣时，他们极力谏阻。商朝最终灭亡后，"伯夷、叔齐耻之，义不食周粟，隐于首阳山，采薇而食之。……遂饿死于首阳山"。〔3〕孔子对伯夷叔齐的评价是非常高的，"不降其志，不辱其身"是一种有骨气的表现，也展现了中国古代"士可杀、不可辱"的气节文化。

孟子是孔子思想的直接传承人，将儒家学派发扬光大。孟子对耻辱观念也有着一定的见解，他在介绍恻隐、羞恶、恭敬、是非"四心"理论时指出："乃若其情，则可以为善矣，乃所谓善也。……恻隐之心，人皆有之；羞恶之心，人皆有之；恭敬之心，人皆有之；是非之心，人皆有之。"〔4〕孟子认为，

---

〔1〕《论语·为政》。

〔2〕《论语·子路》。

〔3〕《史记·伯夷列传》。

〔4〕《孟子·告子上》。

人生性就是善良的，恻隐之心、羞恶之心、辞让之心和是非之心是一个正常人与生俱来的品质，所以"无羞恶之心，非人也，……羞恶之心，义之端也"。[1]在孟子眼里，一个人若没有羞耻心，简直就不能称其为人，因为羞耻心是义的发端。孟子对什么是耻还有过非常精辟的定义："人不可以无耻。无耻之耻，无耻矣。"[2]就是说人必须知道什么是羞耻，不知道何为羞耻的人，才是真正的无耻之徒。所以孟子曰："耻之于人大矣！"[3]"不耻不若人，何若人有！"在孟子看来，耻辱感对于人来说，是非常重要的品质，不知耻就不算是正常人。

荀子是儒家学派的另一代表性人物，对儒家思想有所改进和发展，对于耻辱观，荀子有着自己的看法。荀子在跟宋钘争辩何为耻辱时指出："（荣辱）是有两端矣：有义荣者，有势荣者；有义辱者，有势辱者。志意修，德行厚，知虑明，是荣之由中出者也，夫是之谓义荣。爵列尊，贡禄厚，形势胜，上为天子诸侯，下为卿相士大夫，是荣之从外至者也，夫是之谓势荣。流淫、污僈，犯分、乱理，骄暴、贪利，是辱之由中出者也，夫是之谓义辱。詈侮、捽搏，捶笞、膑脚，斩、断、枯、磔，藉、靡、舌乡举，是辱之由外至者也，夫是之谓势辱。是荣辱之两端也。故君子可以有势辱而不可以有义辱；小人可以有势荣而不可以有义荣。"[4]孟子指出了荣誉和耻辱都各有两个方面，耻辱有"义辱"和"势辱"的区别，"义辱"即道义方面的耻辱，"势辱"即势位方面的耻辱。行为放荡、污秽卑鄙，违反教义、伤天害理，骄横凶暴、唯利是图，这是从内心深处自发产生的"义辱"，这种耻辱即名义上的耻辱；受人责骂侮辱、被揪住头发挨打，受笞杖刑被鞭打、受膑刑被挖去膝盖骨，被砍头断手、五马分尸并弃市，被五花大绑、被反绑吊在树上，这是从外部得到的"势辱"，这种耻辱即实质上的耻辱。荀子指出君子可以有势位方面的耻辱而不可能有道义方面的耻辱，就是说君子可以受刑而死，而绝不能因违犯教义、唯利是图而受到侮辱。简言之，这是"士可杀、不可辱"的气节文化的展现。

---

[1]《孟子·公孙丑上》。

[2]《孟子·尽心上》。

[3]《孟子·尽心上》。

[4]《荀子·正论》。

二、墨家的耻辱观

墨家作为小手工业者以及小商业者的代表，虽说影响力不如儒家学派，但与儒家学派同为显学。墨家学派代表性人物是墨翟，也就是墨子。墨子对耻辱观的讨论并不是很多，且多是从宏观角度来论述的。《墨子·所染》曰："（范吉射、中行寅、吴王夫差、智伯、中山尚、宋康王）此六君者，所染不当，故国家残亡，身为刑戮，宗庙破灭，绝无后类，君臣离散，民人流亡。……家日损，身日危，名日辱。"墨子在评论这六位君主为何会亡国的原因时指出，就是因为他们"所染不当"，即交友不慎。所以才会落得国家灭亡、身受刑戮、宗庙被毁、断子绝孙、人民流亡、大臣离散的后果。这一切在墨子看来，就是"身危名辱"。墨子论耻多是从国家兴亡的角度出发的，他提出"强必荣，不强必辱"，[1]一个国家如果国力强盛，则必然会受到盛荣；一个国家如果积贫积弱，那么这个国家肯定会受到耻辱。从商人和小手工业者的眼光来看，这确实有一定的道理。墨子将这一理论推广到平民百姓，指出"今也农夫之所以蚤出暮入，强乎耕稼树艺，多聚叔粟而不敢怠倦者，何也？曰：彼以为强必富，不强必贫；强必饱，不强必饥。故不敢怠倦。"[2]虽说墨子的耻辱观并没有涉及个人对耻辱观的认知，但是也为我们对耻辱观念的理解提供了一定的线索。

三、道家的耻辱观

道家思想学派是中国古代另一主流思想学派，以老子和庄子的思想为主。关于耻辱观，道家有着与儒家不同的看法和认识。道家崇尚无为而治，提倡一种韬光养晦的处世哲学。老子在《道德经》中指出："知其荣，守其辱，为天下谷。"河上公注曰："荣以喻尊贵，辱以喻污浊，知己之有荣贵，当守之以污浊。如是，则天下归之，如水流入深谷也。"[3]老子这句话的意思就是说虽然知道如何得到荣誉，但不去争，而甘心受屈辱。这与儒家孔孟倡导的"不可辱"的思想完全不同，这也足以见道家学派的清心寡欲。

---

〔1〕《墨子·非命下》。

〔2〕《墨子·非命下》。

〔3〕崔仲平、崔为注译：《老子译注》，吉林文史出版社 1996 年版，第 103 页。

　　道家的另一思想大家——庄子，也有着与老子类似的看法。《庄子·外篇·在宥》云："今世殊死者相枕也，桁杨者相推也，形戮者相望也，而儒墨乃始离跂攘臂乎桎梏之间。噫，甚矣哉！其无愧而不知耻也甚矣！"庄子指出，在当下，身首异处的尸体处处皆是，镣手铐脚的犯人互相推操，因刑致残的罪人举目皆是，而儒家墨家这才开始在枷锁之间努力奋斗。他们既不觉惭愧又不知羞耻，实在太过分。可见，在庄子看来，因刑受罚而导致身首异处、佩戴镣铐、断肢刻肤对于受刑人来说是非常耻辱的。但庄子在随后虚构的河伯与北海若的对话中又道出了相反的观点，《庄子·外篇·秋水》载河伯与北海若的对话，北海若曰："世之爵禄不足以为劝，戮耻不足以为辱，……约分之至也。"这句话的意思就是说世间的高官厚禄不足以使之振奋，刑罚与耻辱也不足以使之感到羞愧，那么这才是安于本分、安于现状所达到的最高境界。尽管河伯和北海若是庄子虚构的神话人物，但是也能从中反应出庄子的观点。这一观点与儒家提倡的宁可死也不能受辱的观点有着本质的区别。

　　庄子在道家学派里算是一个比较有特色的人物，他的思想非常飘逸，而且非常理想化，有时显得有些不切实际。他甚至曾直接否认荣辱的观念和荣辱的区分，他指出"荣辱立然后睹所病，货财聚然后睹所争"。[1]庄子认为正是因为有了荣誉与耻辱的区分，社会上才产生了许多隐患和弊病，正是因为财富多了，社会上才会产生相互争斗。在庄子看来，不要区分荣和辱，不要有荣辱观念，这样整个社会才会平静安宁。

四、法家的耻辱观

　　法家是先秦诸子中对法律最为重视的一个学派，以商鞅、韩非、管仲等思想家为代表。法家学派对于耻辱观也有一定的认识和看法。

　　商鞅在《商君书》一书中指出"治民羞辱以刑，战则战"，[2]治理人民，必须用刑法来让他们知道何为耻辱、何为羞辱，只有这样，战争时他们才会奋力出战。在商鞅看来，治理人民，可以通过耻辱、羞辱的方式，哪怕是用刑来耻之，也能起到很好的效果。商鞅还说道："夫刑者，所以禁邪也；而赏

---

〔1〕《庄子·杂篇·则阳》。

〔2〕《商君书·弱民》。

者，所以助禁也。羞辱劳苦者，民之所恶也；显荣佚乐者，民之所务也。"〔1〕刑罚，是剪恶除奸的有力工具；赏赐，则是刑罚的辅助，使其能更好地禁邪。羞耻、侮辱、疲劳、痛苦是人民憎恶的对象。显贵、荣耀、安逸、快乐是人民追求的对象。所以，在商鞅看来，只要是正常人，都能知道羞耻和侮辱是不好的东西，人们不会去追求这些，反而会痛恨之。

　　另一法家代表人物韩非在其思想著作《韩非子》一书中指出："赏莫如厚，使民利之；誉莫如美，使民荣之；诛莫如重，使民畏之；毁莫如恶，使民耻之。然后一行其法，禁诛于私家，不害功罪。赏罚必知之，知之，道尽矣。"〔2〕韩非认为赏赐应该优厚一些，使人民觉得有利；赞扬应该美好一些，使人民感到荣耀；惩罚应该严重一些，使人民感到害怕；批评应该残酷一些，使人民感到羞耻。法制必须坚决贯彻，禁止臣下私自行刑，不让他们破坏赏功罚罪的制度。什么应该赏、什么应该罚，君主一定要分清是非，只有这样，才能治理好国家。可见，韩非子认为给人以羞辱感是可以通过批评和惩罚来实现的，而且惩人以耻辱使其认识到自己的错误也是国家法制的一个很重要的因素，就像赏赐和赞扬一样。韩非也提到了思想家宋钘关于耻辱感的论断，宋钘认为："设不斗争，取不随仇，不羞囹圄，见侮不辱，世主以为宽而礼之。"〔3〕宋钘主张完全不要斗争，绝对不要有仇恨并报仇，坐牢也不感到羞愧，被人欺侮不要觉得耻辱，如此心宽坦荡的人，当今君主才会加以尊崇。韩非子如同上文提到的荀子一样，也不赞同这一看法。说明了韩非子对于耻辱观是有着正确的认识的，那就是人必须得知道什么是耻辱，不知耻辱的人禽兽不如。

　　法家还有一位代表思想家管仲，他对于耻辱观也有不少论述。管仲指出："有过者，罚之以废亡之辱、僇死之刑，而民不疾也。"〔4〕这就是说，对于犯有过错的人，就要撤去他的职务来羞辱他，并用受戮而死的重刑来处罚他，只有这样，人民才不敢有嫉恨和抱怨的情绪。在此，管仲认为不论是身体性刑罚还是资格性刑罚，对于犯罪人来说，都是一种耻辱。此外，管子还指出：

---

〔1〕《商君书·算地》。

〔2〕《韩非子·八经》。

〔3〕《韩非子·显学》。

〔4〕《管子·君臣上》。

"顿卒怠倦以辱之，罚罪宥过以惩之，杀僇犯禁以振之。"[1]对于懒惰松懈的人，要对其进行训斥予以羞辱；对于有过错的人，要通过处罚予以惩戒；对于违法犯罪的人，要通过杀戮予以威慑。管仲认为，只要是有任何瑕疵的人，就要用各种不同的手段予以制裁，小到训斥，大到处死，这对于受刑人来说，都是一种耻辱。对于荣辱观念的产生，管仲认为："仓廪实，则知礼节；衣食足，则知荣辱。"[2]荣辱观和知礼节一样，都属于精神层面的一种认识，只有粮食富裕，衣食丰足，人们才能知道要讲礼节，知道什么是荣辱。所以管仲才会感叹"甚贫不知耻"。[3]总结起来，可以发现，管仲认为荣辱观的产生是建立在一定的基础之上的，只有具备良好的物质生活基础，有衣穿有饭吃，人们才能提升精神层面的认识，才能逐渐感悟到何为荣、何为耻，才能逐渐产生并认知荣辱观。

第二节　耻辱刑的自然与人性基础

刑罚作为一种制裁犯罪的手段，具有一定的惩戒性，惩戒性表现在剥夺或者限制受刑人某项权利或者自由，这一惩戒往往与受刑人给社会带来的危害性大致对应。犯罪人造成的社会危害越大，所受的惩罚就越重，反之则惩罚越轻。这种罪刑相适应的原理是得到了社会大众的普遍认同的。耻辱刑作为一种刑罚，也具有这一特征。从人的本性上来讲，对犯罪人进行人身污损、人身侮辱等惩罚，是一种自然而然的认同，这一认同往往不需要任何外界影响，而是一种发自人内心深处自然而然的感受。在任何一个时代，对于罪犯就应该让他受罚并任人辱骂唾弃这一认知，是广大群众的普遍心理。

一、人身污损作为报复手段的自然运用

自古以来，"杀人偿命"是社会大众的一种常见的心理认知。人们认为杀了人就要用自己的命来抵罪，这是天经地义的，以命抵命是再公正不过的事。若杀人者不偿命，那才是最大的不公。这一认识是建立在社会大众对善恶的

---

[1]《管子·版法》。

[2]《管子·牧民》。

[3]《管子·侈靡》。

普遍认知的基础之上的。一个社会，只要保有正常的善恶观，人们知道何为善、何为恶，什么行为是合法的、会受到赞扬，什么行为是违法的、会遭到惩罚，那么这个社会就能自发产生诸如"杀人偿命"的普遍认识。"杀人偿命"只是针对犯杀人罪的人而言的，同理，伤人者受刑也是一种人的自然认知。儒家著名思想家荀况曾说过："杀人者死，伤人者刑，是百王之所同也，未有知其所由来者也。"[1]荀子认为，杀人者被处以死刑，伤人者被处以相应刑罚，这是历代帝王所共识的，没有人知道它是从什么时代传下来的，也没有人知道这一共识是怎么达成的。可见，这一认识是人自发产生的。到了后来刘邦入主咸阳城后与老百姓约法三章"杀人者死，伤人及盗抵罪"[2]正是出于这么一种认识。

其实，"犯罪受刑"的这种普遍认识，更早是源自古代的复仇观念，即原始社会的同态复仇观念，也就是我们现在常说的"以牙还牙"。同态复仇是一种古老的复仇习俗，古代中西方都曾出现过同态复仇的习惯。一般来说，古代氏族、部落成员或集体成员遭到外来伤害时，受害方会给对方予以同等的报复，以命偿命，以伤抵伤。加害者氏族或部落一般只能交出加害人，以求得整个氏族或者部落的集体安全。这种观念是原始社会各个种族之间自发形成、自发达成，且长期存在的一种共识。同态复仇在解决氏族纠纷、维护部落之间的和平相处等方面发挥了重要的作用。同态复仇的观念除了作为一种习俗之外，也曾进入过法律的调控。《汉谟拉比法典》第196、197、200条规定："伤害他人眼睛、折断他人骨头、击落他人牙齿的自由民，应分别处以伤害其眼、折断其骨、击落其齿的刑罚。"[3]可见，早在四千年前的古巴比伦时期，同态复仇的观念就已经深入人心，既然在法律中被明文规定，那么可以推断，这一观念早就已经得到了社会大众的普遍认同。

基于人类社会曾有过的这种同态复仇的观念认识，人们才普遍认同杀人者死、伤人者刑的做法。耻辱刑作为一种刑罚，其目的是给受刑人带来精神痛苦和部分肉体痛苦，比如在受刑人脸上刺上表征犯罪的符号和字样，让受

---

〔1〕《荀子·正论》。

〔2〕《史记·高祖本纪》。

〔3〕《外国法制史》编写组：《高等学校法学教材参考资料：外国法制史资料选编》，北京大学出版社1982年版，第40页。

刑人戴枷锁示众等。在普通老百姓眼里，这些痛苦正是对受刑人所犯罪行、给社会带来的危害的报应。尽管受刑人展现给外界的是其受刑惨状，但是人们普遍认为他罪有应得，不值得怜悯。如果受刑人连这点痛苦都不用去承担，那么最基本的司法公平正义就难以实现了。

二、人身污损导致自身痛苦的客观存在

犯罪人因犯罪而受到耻辱刑的惩罚，社会大众的普遍心态是认同和支持，上文已经提到过，这也是长久以来人们形成的共识。那么因犯罪受刑而身心受辱，受刑人自己是何种心态，也是考察耻辱刑能有效存在的基础。

一般来说，心智正常的人或多或少都会有荣辱感，能知羞耻、能知荣耀，这是道德层面调整的对象，知荣辱也是一个心智正常的人最基本的特质。在此基础上，受过教育的人一般都能掌握罪与非罪的界限，在法律的约束下，他们能遵纪守法，知道可以做什么，必须做什么和禁止做什么。那么，在这么一种理想的状态下，一个人犯了罪，被法律判处了耻辱刑，在法律和道德两个层面上，刑罚都会对受刑人产生一定的惩罚效果。在法律层面，受刑人因罪受罚，知晓了自己的罪行违反了国家法律，自己的行为违背了法律对于什么应该做、什么可以做、什么禁止做的基本规定，自己的行为遭到了社会和法律的否定性评价。因此，自己必须因为犯罪而承担刑罚的不利后果。在道德层面，这种用刑效果是来自社会的责备和非难。因为国家社会对于犯罪持负面评价，这也是社会公众的普遍认识，所以心智正常的受刑人，一般来说都会从内心深处感到自责和羞耻，再加上耻辱刑常常将这种耻辱效果放大、扩大，这就加大了受刑人在精神上的痛苦程度。诚如上文所述，如受过墨刑的人，面部或者额头上时时刻刻显现着诸如"劫""抢夺""窃盗"等代表着罪行的文字或标记，[1]对受刑人来说，这就是一种羞辱。尽管墨刑的用刑部位有面部、颈部、手臂等，但主要是用刑于面部，所以，受刑人除非足不出户或时时刻刻用帽子、头巾遮掩，否则基本上无法正常生活。这种不带来

---

〔1〕《隋书》卷二十五《刑法志》载："遇赦降死者，黥面为'劫'字。"《大明律·刑律·贼盗》"白昼抢夺"条规定："白昼抢夺人财物者，杖一百，徒三年。计赃重，加窃盗罪二等。伤人者，斩。为从，各减一等。并于右小臂膊上，刺'抢夺'二字。"《大明律·刑律·贼盗》"窃盗"条规定："凡窃盗已行而不得财，笞五十，免刺。但得财者，以一主为重，并赃论罪。为从者，各减一等。初犯并于右小臂膊上刺'窃盗'二字，再犯刺左小臂膊，三犯者，绞。"

剧烈肉体痛苦，也不限制人身自由的刑罚，对于稍微有廉耻心的人来说，却可以做到惩罚得淋漓尽致，令其没齿难忘。宋人胡致堂曾评价墨刑："颡受墨涅，若肤疾然，虽刑而不害；以字文面，则弃人矣。"〔1〕这里的"弃人"点中了黥墨之刑的要害，受刑人从此受人唾弃和疏远，最终被社会所抛弃。所以，耻辱刑给受刑人带来的人身污损、人格羞辱效果致使其自发产生了精神痛苦、精神压力，也是该刑罚存在的一种客观基础。若无这一基础，耻辱刑就毫无存在的价值。战国时期著名军事家孙膑被同学庞涓陷害，"断其两足而黥之，欲隐勿见"〔2〕。后来"魏伐赵，赵急，请救于齐。齐威王欲将孙膑，膑辞谢曰：'刑余之人不可。'"〔3〕孙膑受黥刑刖刑，自以见不得人，所以坚决不愿复出。《水浒传》里的宋江，尽管做了寨主，极尽风光，但一想到自己脸上的金印（刺字），每每心情沮丧。诸如孙膑、宋江之类英雄好汉都难以克服刺字（墨面）刑带来的巨大心理创痛，这正是耻辱刑能得以发挥效用的展现。可是，我们也不能忽视一种极端情形，对于寡廉鲜耻、毫无荣辱感的人来说，因犯罪受到了耻辱刑的惩罚，这一惩罚也许只能从法律的层面给其带来一些权利的限制或者肉体的痛苦，受刑人不会自发产生任何悔罪感和内疚感，即使耻辱刑的用刑使其耻之于公众，公众也对其进行责备和唾弃，但受刑人自己仍然不会产生任何羞辱感和罪恶感，反而引以为荣，感到自豪，并发誓要更加变本加厉地报复社会。那么此时，耻辱刑就失去了惩治犯罪的效果。可见，耻辱刑的效果常常是因人而异的，尽管寡廉鲜耻的人只占社会的很小一部分，但是我们不能忽视其存在。因此，耻辱刑必须具有能使受刑人自发感到精神痛苦和心理压力的客观事实，才能产生惩罚效果。

三、社会大众好"观赏"受刑者惨状的普遍心理

中国古代经常公开执行刑罚，如斩首、绞刑、凌迟处死等刑罚，通常都会在人流量较大的集市闹市执行，一方面是为了威慑犯罪，另一方面也是为了教育民众。对于老百姓而言，公开行刑可以说是"机会难得"，人内心深处对于刑罚的好奇心激发了其"观赏"的欲望，于是，只要是有公开行刑，就

---

〔1〕《文献通考》卷一百五十二。
〔2〕《史记》卷六十五《孙子吴起列传》。
〔3〕《史记》卷六十五《孙子吴起列传》。

会引起围观，有时候行刑现场人山人海、水泄不通。这一现象其实是人性阴暗面的一种展现，即围观他人受刑惨状的一种心理。明末进士郑鄤因恶逆而被处以凌迟，计六奇在《明季北略》"郑鄤本末"篇中就记载了明末进士郑鄤被凌迟处死的场景：

　　二十六日黎明，脔割之旨乃下，外拟原不至是。许曦是早来，促同往西市，俗所云甘石桥下四牌楼是也。时尚无一人，止有地方夫据地搭厂，与竖一有丫之木在东牌坊下。旧规，杀在西而剐在东也，厂则坐总宪、司寇、秋卿之类。少停，行刑之役俱提一小筐，筐内俱藏贮铁钩与利刃，时出其刀与钩颖，以砂石磨砺之。辰巳二刻，人集如山，屋皆人覆，声亦嘈杂殊甚。鄤阳停于南牌楼下，坐筐篮中，科头跣足，对一童子嘱付家事，絮絮不已。傍人云："西城察院未到，尚缓片刻。"稍停，从人丛中舁之而入，遥望木丫，尚闻其"这是何说"者连词。于极鼎沸中，忽闻宣读圣旨，结句声高："照律应剐三千六百刀。"刽子百人，群而和之，如雷震然，人尽股栗也。炮声响后，人皆跂足引领，顿高尺许，拥挤之极，亦原无所见。下刀之始不知若何，但见有丫之木，指大之绳勒其中，一人高踞其后，伸手垂下，取肝腑二事，置之丫巅，众不胜骇惧。忽又将绳引下，而鄤阳之头突然而兴，时已斩矣，则转其面而亲于木，背尚全体，丛而割者如蝟。须臾，小红旗向东驰报，风飞电走，云以刀数报入大内也。午余事完，天亦暗惨之极。归途所见，买生肉以为疮疖药科者，遍长安市。二十年前之文章气节、功名显宦，竟与参术甘皮同奏肤功，亦大奇矣。[1]

　　这是明末的一次凌迟处死的真实纪实，"辰巳二刻，人集如山，屋皆人覆，声亦嘈杂殊甚"就足以见当时现场围观民众之多，离行刑还有不少时间，刑场早已是人山人海，连屋顶上都挤满了黑压压的人群，现场人声鼎沸、嘈杂至极。待凌迟执行完毕后，刽子手把郑鄤尸体的肉一条一条割下出售，据说这些肉是作为配制疮疥药的原料，以至于"买生肉以为疮疖药科者，遍长安市"。这种聚众观看行刑、信奉吃人肉可以治百病的现象反映了古代人们喜好"观赏"受刑惨状的一种普遍心理状态。

———————

〔1〕（清）计六奇撰：《明季北略》，中华书局 1984 年版，第 262~263 页。

正是基于社会大众的这种普遍围观行刑惨状的心理，耻辱刑这种特殊的刑罚才能最大程度地发挥其惩罚意义。也正是基于这么一种社会大众对于围观行刑的猎奇心，耻辱刑才能一方面向社会大众展现行刑惨状，威慑他们，另一方面，通过威慑，教育社会上的不安分子放弃犯罪念头。所以，若虽公开执行耻辱刑，但是根本无人围观、无人感兴趣，刑罚执行完毕后，持续性的耻辱效果也无人唾弃和责备，那么耻辱刑就基本上失去了其惩戒犯罪和教化民众的意义。

第三节 耻辱刑存在的社会政治需要

中国古代耻辱刑种类繁多，有法内耻辱刑，也有法外耻辱刑；有官方耻辱刑，也有民间耻辱性惩罚。但是总的来说，中国古代主流耻辱刑还是以法内官方耻辱刑为主。这些耻辱刑都属于国家正统刑罚体系的范畴，是由国家正统法令严格规定的。法律是一个国家维护统治秩序必要的工具，刑罚作为法律的执行手段，自然是重中之重。所以，任何一种刑罚的存在，都必须以服务于统治阶级的需要为前提。耻辱刑也不例外，耻辱刑的存在同样要符合社会政治的需要。这种需要主要体现在以下几个方面。

一、恫吓儆阻效尤的需要

耻辱刑最首要的目的就是制止犯罪、惩戒犯罪人。这一目的是通过刑罚给受刑人带来的诸如限制某些权益、限制某些自由、直接造成身体损害等效果来实现的，这也是由刑罚具有惩罚性的本质所决定的。刑罚给受刑人带来的负面效果对于受刑人来说，必然是痛苦的，有身体上的痛苦，也不免精神上的痛苦。这一效果对于社会公众来说，可以说就是一种震慑、一种恫吓。国家通过对受刑人用刑，以及持续性的惩罚效果，向社会表明国家对犯罪人及其所犯罪行的谴责和否定评价，从而威吓和震慑社会上的不安分子，使这些不安分子产生一种出于对刑罚痛苦的畏惧而不敢尝试犯罪的心理。这种惩罚受刑人、震慑不稳定分子、教育社会民众的效果正是耻辱刑恫吓儆阻效尤的表现，这也是其存在的社会政治需要。

一种刑罚，对于受刑人本身的惩罚效果我们暂且不谈，若是想产生非常好的威慑和恫吓社会大众的效果，那么这种刑罚就必须具有非常惨烈的行刑外在表现和迅速传播行刑惨状于社会公众的特征。传统刑罚诸如限制自由的徒刑、发配边疆的流放刑、带来肉体痛苦的鞭笞之刑，在以上这几个效果方面，都远远不如耻辱刑。一方面，是因为这些主流刑罚行刑方式都不惨烈，仅仅只是限制受刑人某些权利或限制人身自由，或是给受刑人带来一些短期就能痊愈的皮肉痛苦。另一方面，这些主流刑罚一旦刑罚执行完毕，受刑人重归社会，从表面上来看，和正常人没有任何区别，惩罚效果自行刑完毕后即完全消失。从这两点上来看，耻辱刑在恫吓儆阻效尤这方面的表现，相比其他刑罚，确实尤为明显。耻辱刑以给受刑罚人带来羞辱和耻辱为其惩罚的主要目的。为了达到这一目的，耻辱刑通常会给受刑人贴上难以磨灭的犯罪标签。正如前文提到过的墨刑、黥刑、劓刑等耻辱刑，它们都是通过在受刑人身上留下永久性标记的方式来惩罚受刑人的，如墨刑、黥刑就是在受刑人面部刺字，劓刑就是割去受刑人的鼻子。这些耻辱刑在给受刑人造成肉体痛苦的同时，也为受刑人贴上了永久性的或者长久性的犯罪标记。这些标记使得受刑人不论走到哪里，都会向社会公众宣布自己曾经犯罪受刑，让民众身临其境地感受到了刑罚的严酷性。这种宣示效果非常直观地、非常有效地起到了教化民众的作用。我们可以试想一下，一个曾经因盗窃被处以墨刑的人，脸上刺有"盗窃"字样的伤疤和墨迹，或者曾经因为犯罪被处以劓刑而被割去了鼻子，脸上只剩一个大窟窿，那么这些人无论走到哪里，都是人们关注和斥责的对象，这种流动的行刑惨状和耻辱标签的展示有力地教化了民众、遏止了社会上不稳定分子的犯罪念头，这正是国家维护社会稳定、稳固政治统治的需要。

二、标榜恤刑仁恕的需要

耻辱刑作为统治阶级维护社会政治统治需要的手段，除了给人以恫吓和教化外，还体现在标榜恤刑仁恕方面。换句话说，在中国古代，耻辱刑通常作为统治者们表现其仁爱恤刑，从而代替其他更重的刑罚来宽宥犯罪人的一种手段。一般来说，耻辱刑相比死刑或者非常残忍的肉刑来说，其惩罚力度、给受刑人带来的肉体痛苦都要小很多。但实际上，耻辱刑对犯罪的儆阻和民众的教化效果又不弱于这些刑罚。所以在中国古代统治者看来，用耻辱刑作为重刑的替代刑是一个两全其美的办法，既展现了自己仁爱恤刑，又非常有力地打击了犯罪、教育了民众。

　　统治者通过运用耻辱刑标榜恤刑仁恕主要表现在两个方面：一是直接将耻辱刑作为减等替代刑来适用；二是对于某些弱势人群直接适用耻辱刑。

　　第一种情形在中国古代较为常见，如上古时期的象刑，就是用象形来直接替代奴隶制五刑，以恩赦受刑人，体现了君王的仁爱。《慎子·逸文》载："有虞氏之诛，以幪巾当墨，以草缨当劓，以菲履当刖，以艾毕当宫，布衣无领当大辟。此有虞之诛也。"[1]虞舜时期，国家对于墨、劓、刖、宫、大辟五种刑罚，常常通过让受刑人佩戴某些象征性衣物的方式来替代原来的刑罚。除了象刑以外，髡刑、耐刑等剃除毛发类的耻辱刑也常常作为替代刑，以恩赦受刑人。汉文帝、汉景帝废肉刑，也曾采用髡耐刑替代断肢体、刻肌肤的肉刑，以达到刑罚宽缓的目的。汉文帝时期，丞相张仓、御史大夫冯敬曾奏言："臣谨议请定律曰：诸当完者，完为城旦舂；当黥者，髡钳为城旦舂；当劓者，笞三百。"[2]髡钳城旦舂取代了黥刑，尽管用耻辱刑替代耻辱刑，但是剃除毛发的髡刑相比在脸上刺字的黥刑，惩罚力度要轻很多。在汉代，髡钳刑作为髡刑的一个变种刑罚，常被作为死罪的减等刑广泛适用。如汉元帝时期，长安令杨兴新犯罪，"兴减死罪一等，髡钳为城旦"[3]。汉哀帝时期，大夫鲍宣被孔光陷害触怒了皇帝，被判死罪，后"上遂抵宣罪减死一等，髡钳"。[4]在汉朝，髡钳刑也常常作为皇室外戚犯罪的替代刑，《史记》载："（汉武帝时期）外戚多毁成之短，抵罪髡钳。"[5]南北朝时期，黥刑也曾作为死刑的替代刑适用，《南史·宋明帝纪》载："太始四年，诏定黥刖之制。有司奏：'自今凡劫窃执官仗，拒战逻司，攻剽亭寺及伤害吏人，并监司将吏自为劫，皆不限人数，悉依旧制斩刑。若遇赦，黥及两颊'劫'字，断去两脚筋，徙付交、梁、宁州。"在南朝宋国，本应处以斩刑的罪犯，若遇赦免，则处以黥面和断脚筋附加流放的刑罚。南朝梁国也有用耻辱刑恩赦死刑的做法，"遇赦降死者，黵面为劫字，髡钳，补冶锁士终身"。[6]总之，君主经常

---

〔1〕《太平御览》卷六四五。

〔2〕《汉书·刑法志》。

〔3〕《汉书·贾捐之传》。

〔4〕《汉书·鲍宣传》。

〔5〕《史记·酷吏列传》。

〔6〕《隋书·刑法志》。

下令用比较轻的耻辱刑来替代较重的死刑和肉刑来适用，恩赦犯罪人，也展现了自己的仁爱。

第二种情形是对某些特殊人群犯罪，直接适用相对较轻的耻辱刑，以体现恩赦。这种特殊人群主要有两类：一类是老弱病残等弱势人群，他们本身对社会危害性就小，而且也比较可怜，所以可以宽赦；另一类是权势阶层或者贵族阶层，对其直接处以较轻的耻辱刑，与其说这是恩赦的体现，不如说是统治者对于官僚贵族的照顾和偏袒。汉惠帝时期，在刑事司法上，推行矜恤老幼妇孺、保护弱势群体的政策，如汉惠帝时曾下诏令："上造以上及内外公孙，耳孙有罪当刑及当为城旦舂者，皆耐为鬼薪白粲。民年七十以上若不满十岁有罪当刑者，皆完之。"[1]可见，在汉代，耐刑和完刑这两种耻辱刑常常作为官僚贵族和老幼之人犯罪的宽恕替代刑。清朝也有对特殊人群判处耻辱刑以显恩赦的做法，《大清律例·名例律》"犯罪免发遣"条规定"凡旗人犯罪，笞、杖，各照数鞭责。军、流、徒，免发遣，分别枷号"。清代的枷号刑通常作为旗人犯罪恩惠性的替代刑适用，《清史稿·刑法志》对此评论："原立法之意，亦以旗人生则入档，壮则充兵，巩卫本根，未便离远，有犯徒、流等罪，直以枷号代刑，强干之义则然。"这样做是为了保证旗人不要因为受刑而被流放发遣。虽说不是主动恩赦，但总的来说，相比流、徒、发遣等刑罚，枷号刑的惩罚力度还是很轻的，这也是一种保护统治阶级民族利益的手段，换句话说，就是一种政治统治的需要。虽说耻辱刑在肉体痛苦和自由限制层面确实不如其他刑罚力度大，但对于受过教育、有强烈荣辱观的官僚贵族来说，有时耻辱效果也许比对适用于普通老百姓更大。如瞿同祖先生在《中国法律与中国社会》一书中指出："五刑之中除死刑而外，墨、劓、剕、宫四者为肉刑，皆毁损肢体，残阙官能，与完刑有别。这种容貌形体上无法掩饰的残毁，受者终身不齿于人，奇耻大辱莫过于此，自非君子所能堪，而且墨者守门，劓者守阙，宫者守内，剕者守囿，种种贱役，更非君子所屑为，无论其刑其役，非君子所能容忍，不但对于受刑者本人是一种绝大的侮辱，便是对于贵族全体也是一种侮辱，威严已失，何以临民。"[2]这就体现了耻辱刑的一个非常大的特色，即同样的耻辱刑对于不同的人，其效果会大不

---

[1] 《汉书·惠帝纪》。

[2] 瞿同祖：《中国法律与中国社会》，中华书局 2003 年版，第 224~226 页。

相同。越是受人瞩目的上层阶级，越有荣辱感和廉耻心，对他们用刑就能最大限度发挥耻辱刑的惩罚效果。而对于有些顽固不化、寡廉鲜耻的底层人民来说，毫无痛感的耻辱刑对他们也许会效果减半。

三、礼义廉耻教育的需要

对统治阶级来说，刑罚的目的一方面是惩戒特定的犯罪人，让其为自己的罪行承担相应的刑罚。另一方面就是教育特定的民众，让他们知晓最基本的行为标准。通过刑罚的展现尤其是耻辱刑的公示效应来教育、教化民众也正是统治阶级维护社会政治统治的需要。

这一需要主要体现在通过耻辱刑用刑效果、耻辱效果的广泛传播，来向社会大众传达一种行为准则。简单的说就是要通过行刑，告诉老百姓什么该做、什么不该做、什么可以做。换句话说，就是要向社会公众传播一种基本的礼义廉耻标准。礼义廉耻出自管仲的学说，管仲将礼义廉耻称之为"国之四维"，他指出："国有四维，一维绝则倾，二维绝则危，三维绝则覆，四维绝则灭。倾可正也，危可安也，覆可起也，灭不可复错也。何谓四维？一曰礼，二曰义，三曰廉，四曰耻。礼不逾节，义不自进，廉不蔽恶，耻不从枉。"[1]所谓"礼"就是一个人行为的界限，不能超出一定的道德规范；"义"，就是谦虚，不自荐；"廉"，就是不隐瞒自己的缺点和过错；"耻"，就是人必须具有羞耻之心，不与邪恶的人同流合污。在管仲看来，"礼义廉耻"四种认知在国家的纲纪里占有非常重要的位置，缺少一维，国家就会倾斜；缺少二维，国家就会危险；缺少三维，国家就会颠覆；缺少四维，国家就会灭亡。倾斜、危险、倾覆尚可以解救，但国家若灭亡了，那就毫无办法了。五代时期思想家冯道对管仲的"礼义廉耻"论大加赞扬："'礼义廉耻，国之四维；四维不张，国乃灭亡。'善乎，管生之能言也！礼义，治人之大法；廉耻，立人之大节。盖不廉，则无所不取，不耻，则无所不为。人而如此，则祸败乱亡，亦无所不至，况为大臣而无所不取，无所不为，则天下其有不乱，国家其有不亡者乎！"[2]

"礼义廉耻"这"国之四维"，在古代思想家们看来，就是支撑一个国家

---

[1]《管子·牧民第一》。
[2]《新五代史·冯道传》。

的四个基石，缺一不可。所以，"礼义廉耻"也就是统治阶级维护统治秩序的基础。要想传播"礼义廉耻"这四维，最简单的办法就是灌输式的直接教育，通过口耳相传或者基础教育传播什么是"礼"、什么是"义"、什么是"廉"、什么是"耻"，从而呼吁人们遵守这些基本的行为准则。但是这种正面的传播和灌输，有时候效果往往不如反面的警醒来得直观和高效。比如说某人的行为违反了国家规定的"礼"的要求，所以受到了刑罚的惩罚和羞辱。这种惩罚和羞辱就向社会大众传播了国家对该行为的否定性评价，社会大众或是出于对刑罚的畏惧或是出于对羞辱的认识从而了解到国家对于该行为的评价是否定性的，因而也就不会去触碰这一行为界限。如此一来，人们就在无形中知晓了国家对于哪些行为是禁止的，对于哪些行为是允许的。人们就能自发地对自己的行为界限有一个基本的认识。同样，耻辱刑通过用刑能给受刑人带来很大的羞耻和侮辱，这种羞耻和侮辱通过耻辱刑的用刑效果长时间持续且广泛传播，这种方式能更直观、更有效的向社会大众传递何为耻、何为荣的认知，告诉人们若违反了"礼"就要受到"羞辱"的惩罚。因此，通过耻辱刑所具有的惩罚性和耻辱性二元结合的特征来教育人们要遵守"礼义廉耻"的基本要求，其效果往往是非常好的。

第四节　耻辱刑存在的文化和观念基础

耻辱刑存在的基础除了人性基础和社会政治需要外，中国古代的某些文化和观念也为耻辱刑的效果奠定了基础。这些观念和文化是社会大众普遍认同的，在这种普遍认同的基础上，耻辱刑才能发挥其惩罚和耻辱的效力。这些文化和观念基础也许会有部分内容和上文有交集，但鉴于这些独特的文化和观念是几千年来人类文明的结晶，我们有必要一一进行审视，从而更好地理解耻辱刑背后的运行机制和其赖以存在的根基。

一、"羞恶之心，义之端也"——耻感文化

上文已经介绍过中国古代的耻辱观念，作为耻辱观念的上层概念——耻感文化，也是耻辱刑赖以存在的文化基础之一。"耻感文化"就是以人的耻辱感这种心理感受为基础，加以发掘、升华，从而形成的一种文化积淀，且这种文化积淀对人们的行为会产生影响。简单地说，耻感文化就是一种人们认

知"耻"的文化心态,即对于何为耻、何为荣的认知。既然耻感文化是一种文化,那么就必须具有较强的社会性。所谓社会性指的就是,对"耻"的认知并不是以某一个人的标准为权威,而是以全社会绝大多数人的共识为标准。尽管上文已经提到过,中国古代各个不同的学派、学说关于"耻"的界定各不相同,对于"耻"的分类也各有说法,但是有一点认识是一致的,那就是"耻"是一种负面评价的概念范畴。作为一个正常人,其最基本的品质就是能知耻,能认同整个国家社会对于耻的界定,通过对耻的认识,来约束自己的行为。

说到耻感文化,不能不忽视与之相对应的另一个文化概念——罪感文化。有学者对耻感文化和罪感文化作了以下简要的定义,"羞耻与罪咎为两种常见的情性。这两种情性或情绪,能激发两类不同的道德价值与道德行为,因而形成了人类学家之所谓耻感文化(shame culture)与罪感文化(guilt culture)。耻感文化多为东方文化,其主要道德制裁为羞耻,为他人之耻笑批评或轻视。罪感文化多为西方文化,其主要道德制裁为罪咎,为自身之良知或罪咎感"。[1]西方之所以形成了罪感文化,最主要的原因是西方信奉的"原罪论",在基督教的影响下,人生来就有"原罪",人的一言一行、一举一动,都在上帝的洞察之下,上帝会对每个人进行善恶评分,到最后就要进行末日审判,最终决定是进天堂还是下地狱。所以每一个人生来就具有罪恶感,人若做错了事,就要通过向上帝"忏悔"的方式来赎罪以达到心灵上的洗礼。在西方罪感文化的影响下,有一个"绝对的道德标准",人一旦觉察到自己违背了那个标准,便会产生深重的罪恶感,此时,即便罪行并没有被别人发现,他自己也会自发产生强烈的自责,并通过忏悔来得到心灵的解脱。"罪感文化"中的那个向善的力量是人自发和主动产生的,在这种力量下,人们无须他人的催促和外来的影响便可在向善的道路上不停地前进。

耻感文化,相比罪感文化,并不重视人内心的罪恶感,而更加强调外在的约束力来教化人从善。一个人做错了事,就会受到外来的舆论压力和各种非议等负面评价,这种舆论和评价就促使其产生耻辱感。这种耻辱感遂演变成了一种强有力的约束力,正是依仗这种约束力,人才会弃恶从善。这种文化必须建立在有效的羞耻和侮辱的基础上,才能发挥其效果。耻辱刑正是统

---

〔1〕 吕俊甫:《发展心理与教育:全人发展与全人教育》,商务印书馆1982年版,第170页。

治者通过运用耻感文化对国家进行管理的有效手段之一。与身体刑、自由刑等传统的刑种有明显区别的是，耻辱刑的设计初衷在于希望激活和加深罪犯的耻辱感，使其感受到羞辱、耻辱，进而对自己的罪行感到后悔和自责，并寻求宽恕和弥补，从而弃恶扬善，改过自新。同时，对社会大众也产生一种直观、明显的警示和教化作用。

二、"士可杀而不可辱" ——气节文化

如果说耻感文化作为耻辱刑的存在基础来说过于笼统，那么中国古代"士可杀不可辱"的气节文化则为耻辱刑的效果奠定了坚实的文化基础。

"士可杀不可辱"的说法最早出自于《礼记》。《礼记·儒行》有云："儒有可亲而不可劫也，可进而不可迫也，可杀而不可辱也。其居处不淫，其饮食不溽，其过失可微辩而不可面数也，其刚毅有如此者。"这里提到了对儒者的三点要求，即可以亲近而不可威胁，可以接近而不可逼迫，可以杀害而不可侮辱。这里提到的"可杀而不可辱"限定的主体是儒者，即知识分子阶层，这些人熟读经书，有尊严、讲气节。

在中国古代，士阶层是很大的一个群体，所谓"士"，上古时代常指掌管刑狱的官员，先秦时期多指官僚贵族阶层，春秋战国时期主要指的是统治阶级中的知识分子。对于士，《白虎通义》云："士以雉为贽者，取其不可诱之以食，慑之以威，必死不可生畜。士行耻介，守节死义，不当移转也。"[1]可见，对于士而言，节操、气节非常重要，士必须德行正直，宁死也不能失节操，这其实就是"士可杀不可辱"的气节文化的表现。明正德年间，尚宝卿、崔璿等三人与当时受武宗宠信的大宦官刘瑾产生了矛盾，刘瑾欲侮辱并加害处死他们，这时，户部尚书王鏊谓刘瑾曰："士可杀，不可辱。今辱且杀之，吾尚何颜居此。"[2]在王鏊看来，羞辱且杀之对于朝廷命官来说，简直侮辱至极。唐开元年间，秘书监姜皎犯罪，中书令张嘉贞为了讨好唐玄宗宠臣王守一，顺承其旨意，怂恿唐玄宗将姜皎施以在朝堂杖责廷杖刑，之后流放。随后，广州都督裴伷先也因罪下狱，张嘉贞又奏请唐玄宗廷杖裴伷先，此时，兵部尚书张说上言："臣闻刑不上大夫，以其近于君也。故曰：'士可杀，不

---

[1]《白虎通义·瑞贽》。
[2]《明史·王鏊传》。

可辱。'臣今秋受诏巡边，中途闻姜皎以罪于朝堂决杖，配流而死。皎官是三品，亦有微功。若其有犯，应死即杀，应流即流，不宜决杖廷辱，以卒伍待之。且律有八议，勋贵在焉。皎事已往，不可追悔。伽先只宜据状流贬，不可轻又决罚。"[1]基于"士可杀而不可辱"的信念，张说指出，对于官员犯罪，犯死罪即杀，犯流罪即流，这无可厚非，就是万不能用廷杖的方式羞辱，因为他认为对于官僚贵族阶层来说，荣誉有时候比性命更重要。同样是在唐开元年间，监察御史蒋挺在监督决杖刑时稍轻，被判处朝堂杖之，同是监察御史的张廷珪奏曰："御史宪司，清望耳目之官，有犯当杀即杀，当流即流，不可决杖。士可杀，不可辱也。"[2]张御史同样是基于"士可杀而不可辱"的信念，批判对官员施以廷杖刑。

士阶层的气节文化时刻提醒着贵族官僚们，荣誉比生命重要，宁可死，也不可受活辱。在这种文化背景的熏陶下，中国古代的某些耻辱刑对于官员来说就变得非常具有惩戒性了。有的时候官员犯罪本应按律处以徒刑、流刑等，但是法律通常用耻辱刑来替代之，以羞辱之。这对于少数的毫无气节观念的官员来说，也许是一种变相的减轻惩罚，但是对于受传统儒家文化熏陶的绝大多数有气节的官员来说，耻辱刑反而会起到更强的惩戒效果。笔者在上文曾提及过荣誉贬损、资格剥夺效果的刑罚，这类刑罚通过剥夺官僚贵族的官位、爵位或者终止某些资格、荣誉、称号，来达到惩罚的目的。这一惩罚不会给受刑人带来任何肉体痛苦，但是对于被剥夺了爵位、贬损了荣誉的官僚贵族来说，这就是莫大的羞辱。如中国古代的免官、夺爵、禁锢、废、收、逐等刑罚，就是典型的荣誉贬损资格剥夺效果形态的耻辱刑。官员一旦受到了这类惩罚，就意味着国家对其政绩的否定，在严重情况下，也就意味着其政治生涯的终结。对于混迹于官场多年的官员来说，政治生涯的非正常结束有时候可能比生命的终结还要令其感到痛苦和羞愧。

三、"身体发肤受之父母"——孝道观念

耻辱刑的用刑方式有的时候会损伤人的身体，而在中国古代，行孝最基本的要求就是要保持身体的完整性，在这种讲究以身体完整性为守孝标准的

---

〔1〕《旧唐书·张嘉贞传》。

〔2〕《旧唐书·张廷珪传》。

孝道观念的影响下，耻辱刑也就具有了非常有力的惩罚效果。《孝经·开宗明义章》曰："身体发肤，受之父母，不敢毁伤，孝之始也。立身行道，扬名于后世，以显父母，孝之终也。"注曰："父母全而生之，己当全而归之，故不敢毁伤。能立身行此孝道，自然名扬后世，光显其亲，故行孝以不毁为先，扬名为后。"〔1〕这就是中国古代对于孝的基本认识，孝之始就是不能毁伤自己的身体，孝之终就是扬名后世，为父母争光。正义曰："身谓躬也，体谓四支也，发谓毛发，肤谓皮肤，……此身体发肤之谓也。言为人子者，常须戒慎，战战兢兢，恐致毁伤，此行孝之始也。"〔2〕可见，中国古代的孝道观念，首先强调的就是要爱护自己的身体，那么为什么自己的身体如此重要呢？是因为人的身体都是"受之父母"。父母两性结合，产生一颗受精卵，这颗受精卵逐渐分裂，慢慢形成胚胎，经过不断生长，一个新的生命才能诞生。所以，从生物学的角度上来看，人和父母从根源上是一体的。古人也认识到了这一点，认为人的身体就是父母的身体，爱护自己的身体就是爱护父母的身体。因此，一个人若损伤了身体上的皮肤、毛发等部分，就意味着损伤了自己父母的身体，也就是伤害父母，对父母不孝。所以，爱护自己的身体就是孝道的开始。按照这种逻辑，父母的身体又是祖父母、外祖父母身体的一部分，也是来自于祖父母、外祖父母，那么一直往上追溯，中华民族的每一个人都能追溯到炎帝、黄帝，因为我们都是炎黄子孙。古人认为，人们首先要爱自己的身体，然后扩展到爱父母（祖父母、外祖父母）的身体，爱长辈的身体，爱全社会所有人的身体，俗语曰"凡是人，皆须爱"正是此理。故任何一个人若损伤了自己的身体，都属于对家族、宗族的不孝，说得更大一点，就是对祖宗的不孝。对于孝道观念，如此一扩展，就能发现其最根源性的文化底蕴了。此外，在中国古代的丧葬文化中，也体现了古人对"全而归之"的认识。《礼记·丧大记》中记载："君、大夫鬌爪实于绿中，士埋之。"注曰："绿当为角，声之误也。角中，谓棺内四隅也。鬌，乱发也。将实爪、发棺中，必为小囊盛之，此绿或为篓。"〔3〕正义曰："其死者乱发及手足之爪，盛于小囊，实于棺

---

〔1〕《十三经注疏　孝经注疏》。
〔2〕《十三经注疏　孝经注疏》。
〔3〕《十三经注疏　礼记正义》。

角之中。"〔1〕在古代丧葬习俗中，君和大夫去世后，毛发和指甲在下葬的时候必须盛在小囊里而放在棺内四周。其实这也就体现了"身体发肤受之父母"，既然是自己身上的东西就当"全而归之"之意。

在中国古代孝道文化、孝道观念的影响下，人们必须爱护自己的身体。有损身体的任何行为，不管是主动的还是被动的，不管是有意的还是过失的，都属于不孝的表现。一个人自呱呱坠地，就完整地来到了这个世界，那么他就有责任在有生之年为了父母保全自己身体的完整，一直到最终离开这个世界，也必须"全而归之"。在这一观念影响下，身体发肤就绝对不能毁伤，这即是"孝之始"。崇尚这种孝的理念，保全自身肉体的完整、品格的完全，才能"立身行此孝道"。在此基础上，独善其身、不辱其身、不辱其德，才能最终"自然名扬后世，光显其亲"。正所谓"故行孝以不毁为先，扬名为后"，不毁为先是基础，扬名为后是提升。

孔子在《论语》中也多次评论过"孝"，其"父母唯其疾之忧"的说法也印证了"身体发肤，受之父母，不敢毁伤"的论断。《论语·为政》篇载："孟武伯问孝，子曰：'父母唯其疾之忧。'"孟武伯问孔子什么是孝，孔子回答说只让父母为儿女的疾病担忧。换句话说，就是除疾病外，一切都不让父母担忧，这才是孝。疾病属于"天灾"，不是人为可以决定的。孔子认为，子女要时时刻刻为自己的行为负责，不做危险的事，不做会毁伤自己身体的事使父母担忧，这才符合孝道的理念。

所以，在这样的孝道观念影响下，一个人若因人为的原因使得自己身体发肤受到了毁伤，那么这个人就违背了孝道最基本的准则而构成了对父母的不孝。那么，若是因为犯罪受刑而使得身体发肤受到了毁伤，从道义上讲，这就是更严重的不孝。上文提到的部分耻辱刑，其中髡耐之刑剃去受刑人的毛发，这即伤到了"发"；刺字之刑在受刑人面部刻字，这即伤到了"肤"；劓刑割去受刑人的鼻子，这即伤到了"身体"。这三种典型耻辱刑的行刑效果，对于受刑人来说，就是破坏了身体发肤，破坏了身体的完整性，从而使其陷入不孝的境地。这几种耻辱刑通过行刑在受刑人身体上留下难以磨灭的印记，使其与众不同，既惩罚羞辱了受刑人，又向社会传达了对其罪行的否定性评价，促使社会大众对受刑人进行谴责和唾弃。从这一层面上来说，这

〔1〕《十三经注疏　礼记正义》。

几种耻辱刑确实都发挥了耻辱效果，但耻辱效果多来自于外界。基于对受刑人身体发肤的损害而使其陷入不孝的境地，从而使其感到愧对父母，愧对祖宗，这才是从受刑人自身内部产生的耻辱效果。尤其是毫无肉体痛苦的髡耐之刑，必须建立在"身体发肤，受之父母"的孝道观念的普遍认识上，才能发挥其惩罚和耻辱效果。否则，若不是以此观念为基础，髡耐之刑对于受刑人来说，就毫无任何惩戒意义了。

第六章

耻辱刑的近现代转变及其复苏

传统中国的耻辱刑自清末民初就已从刑罚体系中消失，但最近几十年来，西方的耻辱刑似乎又有复苏的迹象。如近些年来，美国一些州的地方法官就采取了各种各样羞辱犯人的惩罚手段。2002 年，我国广州市冼村村委会和冼村街派出所将抓获的卖淫嫖娼者在村内张榜公布，公布的内容包括抓嫖现场照片、卖淫嫖娼者真实姓名和照片等。这种具有羞辱性质的惩罚措施非但没有遭到非议，还得到了人们的认可，理由是"公示嫖娼"这种"耻辱刑"对于根治屡禁不止的色情交易效果非常好。如此看来，耻辱刑的近代转变呈愈发文明的趋向，传统中国的那种带有肉刑性质的耻辱刑已经消失殆尽，现代"耻辱刑"多为身份曝光、文字标记或公开贬损。西方耻辱刑的复苏和中国耻辱刑的"回潮"和近现代转变，是很值得法学家及立法、司法工作者思考的，也是值得我们去仔细研究的。所以本章就是要讨论这一议题，从介绍西方耻辱刑制度，以及中国法制变革对耻辱刑的取舍选择，探讨近代西方耻辱刑对中国的影响，并考证当代中外法制中的"耻辱刑"的种种残余。

第一节　中国法制变革参照系：西方法律中的耻辱刑

耻辱刑并不是传统中国法制的专利，在西方国家的刑罚发展史上，也曾出现过各式各样的耻辱刑。

在古代西方国家法制的历史中，出现过与中国传统耻辱刑相类似的耻辱性刑罚。且古代外国的耻辱刑比我国产生的还要早。鉴于人类发展的共同趋势，古代外国的耻辱刑与中国传统的耻辱刑有非常相似的地方，笔者拟按照上文介绍过的分类进行简要的介绍和说明。

一、剃除毛发类耻辱刑

在古代外国许多国家的刑罚中，也有类似我国秦朝髡刑、耐刑之类的剃除毛发类耻辱刑。公元前 20 世纪左右的《苏美尔亲属法》中，就出现过剃发刑。《苏美尔亲属法》第 1 条规定："倘子告其父云：'尔非吾父'，则应髡彼之发，加之以奴隶之标记，并卖之以易银。"[1]对于子女告父亲非自己的父亲而触犯了孝道大忌时，则应处以剃除头发的刑罚并加之以奴隶的标记。鉴于这里是翻译的原因，所以用了"髡彼之发"，"髡"即"髡"，也就是剃去头发作为惩罚之意。同时代的《埃什嫩那国王俾拉拉马的法典》第 52 条也有剃发刑的规定："在谍报人防备下进入埃什嫩那大门之奴与婢，应加以枷、铐并髡发，他应为奴隶主人戒备。"[2]《汉谟拉比法典》第 127 条规定："倘自由民指摘神姊或自由民之妻，而无罪证者，则此自由民应交与法官，并髡其鬚。"[3]这里的髡其鬚就是剃去犯罪之自由民的鬚须，有点类似于秦汉时代的耐刑。从这几条条文中，我们可以推测，在两河流域的古巴比伦国家中，人们也有着毛发是身体的一部分，剃去头发就是一种羞辱的认识。基于这种认识，剃去毛发就可以作为一种羞辱性的惩罚，来惩戒犯罪。中国古代最早的髡耐刑出现于西周，盛行于秦朝，所以剃除毛发类的耻辱刑，外国出现的比我国要早一千年左右。

此外，在东方的古印度《摩奴法典》中，也有剃发的刑罚，第 370 条规定："亵渎少女的妇女应该立即处剃发或者断二指，还要让驴驮着走。"[4]除了剃发外，《摩奴法典》中还有剃发并以尿洗头的羞辱性惩罚，《摩奴法典》第 374~375 条规定："与再生种姓女子通奸的首陀罗，如果女方无保护人，应处断肢和没收全部财产；如果女方有保护人，应处死刑。无论女方有没有保护人，吠舍应处囚禁一年，然后没收全部财产；刹帝利应罚一千，还应用尿

---

[1] 《外国法制史》编写组：《高等学校法学教材参考资料：外国法制史资料选编》，北京大学出版社 1982 年版，第 3 页。

[2] 《外国法制史》编写组：《高等学校法学教材参考资料：外国法制史资料选编》，北京大学出版社 1982 年版，第 10 页。

[3] 《外国法制史》编写组：《高等学校法学教材参考资料：外国法制史资料选编》，北京大学出版社 1982 年版，第 33 页。

[4] 叶志宏等编：《外国著名法典及其评述》，中央广播电视大学出版社 1987 年版，第 73 页。

洗头剃发。"〔1〕第 384 条规定："与没有保护人的刹帝利女子通奸，吠舍应罚五百，刹帝利应以尿洗头剃发或者被罚款。"〔2〕如果说剃发的羞辱性不够的话，以尿洗头对于受刑人来说，绝对是奇耻大辱。日本的《御成败式目》中，也有髡鬓的刑罚，第 34 条"私通他人妻之罪事"规定："无论强奸、和奸，私通他人之妻者应剥夺其领地的一半，并革除其官职，无领地者应放逐远方。女方领地应同时被剥夺，女方无领地时应处以流刑。其次，于道路调戏妇女事。如系御家人，停职反省一百日，至于郎从以下者，依右大将家统治时例，可剃除其部分鬓发。但对于犯此罪的法师，应于当时斟酌处理。"〔3〕

二、割去器官类耻辱刑

割去器官类的耻辱刑一般来说都是兼具肉刑性质的，如中国传统的劓刑、宫刑、刖刑等刑罚，虽说是肉刑，但通说认为具有一定的羞辱意义。

在上古时期的外国法典中，也规定了许多类似的带有羞辱性质的肉刑。《汉谟拉比法典》中，有许多割去器官的条文，如第 192 条规定："阉人（？）之［养］子或神妓之［养］子倘告抚养彼之父母云：'你非吾父'或'你非吾母'，则彼应割舌。"第 193 条规定："倘阉人（？）之［养］子或神妓之［养］子获知其父之家，因而憎恶抚养彼之父母，而归其父之家，则彼应割去一眼。"第 194 条规定："倘自由民以其婴儿交与乳母，而此婴儿死于乳母之手，乳母并不告知其父母而易之以他人之小孩，则她应受检举，因此不告小孩之父母而易以其他小孩，她应割下乳房。"第 195 条规定："倘子殴其父，则应断其指。"第 196 条规定："倘自由民损毁任何自由民之子之眼，则应毁其眼。"第 197 条规定："倘彼折断自由民［之子］之骨，则应折其骨。"〔4〕第 205 条规定："倘自由民之奴隶打自由民之子之颊，则应割其一耳。"〔5〕割

---

〔1〕　叶志宏等编：《外国著名法典及其评述》，中央广播电视大学出版社 1987 年版，第 73~74 页。

〔2〕　叶志宏等编：《外国著名法典及其评述》，中央广播电视大学出版社 1987 年版，第 74 页。

〔3〕　《外国法制史》编写组：《高等学校法学教材参考资料：外国法制史资料选编》，北京大学出版社 1982 年版，第 268 页。

〔4〕　《外国法制史》编写组：《高等学校法学教材参考资料：外国法制史资料选编》，北京大学出版社 1982 年版，第 40 页。

〔5〕　《外国法制史》编写组：《高等学校法学教材参考资料：外国法制史资料选编》，北京大学出版社 1982 年版，第 41 页。

舌头、挖眼睛、割乳房、砍断指头、折断骨头、割掉耳朵等这些刑罚，对于受刑人来说，确实都非常痛苦。这一损伤一般来说也是不可复原的，待伤口痊愈，受刑人会因为缺少某些器官而变得与众不同，这对于受刑人自身来说，是一种羞辱。此外，这种与众不同还会给社会大众传递一种信息，那就是这个人曾因犯罪而受罚，这对于受刑人来说，即使回归了社会，也会遭到公众的谴责和唾弃，也会令受刑人无论走到哪里都感到无比羞辱。同样是楔形文字的法典《中亚述法典》中，也有割鼻子、割耳朵的规定，如《中亚述法典》第三表（A）第4条规定：“如果男奴隶或女奴隶从某人的妻子手中得到了任何一件东西，那末就应该割去男奴隶或女奴隶的鼻子和耳朵，并追回窃物。这人可以割去自己妻子的耳朵。”[1]这与我国古代的劓刑和刵刑相似，只不过在亚述，法律允许私人用刑。在古印度的《摩奴法典》中，也规定了许多割器官的肉刑，如《摩奴法典》270条规定：“而一生人若用下流话侮辱再生人，则应该断其舌；因为他的出身最低贱。”[2]第280条规定：“动手或使用棍棒者应断手，因发怒而用脚踢者应刖足。”[3]在《中亚述法典》中，还有类似于我国古代宫刑的阉割刑，《中亚述法典》：第三表（A）第18条规定：“如果某人在暗地里或口角时向自己的朋友说：‘有人占有你的妻子，我自己可以发誓揭发她’，那末如果他不能发誓揭发和不以誓言揭发她，他就应该受四十杖责，并应服王家劳役一整月，他应受阉割，同时他应该交付一他连特黑铅。”[4]

三、烙制印记类耻辱刑

烙印类的刑罚是西方的特色，在中国古代并不多见。简单地说，烙印刑就是用烧红的铁块烫烧受刑人，然而烫烧不是目的，在受刑人身上留下终身的印记才是烙印刑的最终目的。虽说烙印刑给受刑人带来了暂时的痛苦，但是在古代外国的许多法典中，烙印刑侧重于在受刑人身上烙上某些字符和图

---

〔1〕《外国法制史》编写组：《高等学校法学教材参考资料：外国法制史资料选编》，北京大学出版社1982年版，第58页。

〔2〕叶志宏等编：《外国著名法典及其评述》，中央广播电视大学出版社1987年版，第64页。

〔3〕叶志宏等编：《外国著名法典及其评述》，中央广播电视大学出版社1987年版，第65页。

〔4〕《外国法制史》编写组：《高等学校法学教材参考资料：外国法制史资料选编》，北京大学出版社1982年版，第60页。

案，使其留下终身印记以羞辱之。所以，烙印刑非常类似于我们上文提到的传统刺字刑，这两种刑罚尽管用刑方式不同，但最终的用刑目的基本是一致的，那就是给受刑人身上留下永不磨灭的犯罪标记，使其终生受辱。

烙印刑在古代外国非常普遍，如《摩奴法典》第281条规定："试图与出身高贵者坐同一个座位的出身低贱者应该在臀部被打上烙印，然后被驱逐出境；不然就应该把他臀部的肉割掉。"[1]第352条规定："国王应该用种种令人畏惧的刑罚给与他人之妻通奸成性的人做个记号，然后放逐。"[2]在古印度，对于犯某些罪被处以烙印刑的人，一般都予以放逐，尽管不限制人身自由，所烙的印记对于受刑人来说，无论他走到哪里，都是一种精神羞辱和痛苦。在《摩奴法典》中对于烙印刑还具体规定了犯什么罪烙什么图案，如"对于玷污师父床笫者，应该烙上一个女根；对于喝酒的人，应该烙上一个酒店的标记；对于窃贼，应该烙上一个狗足；对于杀害婆罗门的人，应该烙上一个无头人。"[3]通过这些图案的宣誓，社会大众可以轻松辨别受刑人曾经所犯罪行，从而警惕和远离他。就像中国古代的墨刑给受刑人带来的终身标记性效果一样，这类刑罚在羞辱的同时，也可能会阻断受刑人改过自新的道路。在古代日本，也有烙印刑，《御成败式目》第15条"伪造文书罪"规定："对于犯此罪的侍者，应没收其领地，如无领地，应流放远方，平民则应在其面部烙印，执笔者同罪。"[4]

其实，烙印刑最早出现于西方的宗教法规中，寺院对于违反教义的教徒，通常处以烙印刑。到了15世纪，欧洲国家开始兴起烙印刑，给受刑人烙不同的字母代表受刑人所犯罪行。杨鸿雁教授指出："英格兰刑法中也引入了这种刑罚。1487年以后，凡是侵犯牧师利益的人，假如是谋杀，就在拇指上烙上M型烙印；假如是盗窃，就烙上T型烙印。"[5]M正是Murder（谋杀）的首字母，T是Theft（盗窃）的首字母。"依照英国《1547年流浪者条例》，男人和女人能劳动而不劳动的，就在胸前烙上V型烙印，并罚做两年奴隶。如果

〔1〕　叶志宏等编：《外国著名法典及其评述》，中央广播电视大学出版社1987年版，第65页。

〔2〕　叶志宏等编：《外国著名法典及其评述》，中央广播电视大学出版社1987年版，第71页。

〔3〕　［法］迭郎善译：《摩奴法典》，马香雪转译，中国社会科学出版社1982年版，第193~194页。

〔4〕　《外国法制史》编写组：《高等学校法学教材参考资料：外国法制史资料选编》，北京大学出版社1982年版，第263~264页。

〔5〕　杨鸿雁：《西方耻辱刑沿革与复兴》，载《人民法院报》2002年9月9日。

这些人逃跑，就在他的额头或面颊烙上 S 型烙印。按照英国 1551 年的一项法令，如果有人在教堂或教堂院子里吵架，在某些情况下将被开除教籍并烙上字母 F。英国 1694 年一项法令规定，凡将流通的硬币锉为碎屑的人，要烙上 R 型烙印。"[1] 这些字母或是烙在受刑人额头，或是烙在受刑人面颊，或是烙在受刑人胸前，而且每一个字母都具有特定的含义，能代表特定的罪行。在 1810 年的《法国刑法典》中也明文规定了烙印刑，《法国刑法典》第 20 条规定："凡判处无期重惩役者，应在公共场所，用烙铁在右肩上烙一印记。判处其他刑罚者，除法律明文规定须附加烙印外，概不烙印记。此项印记，对判处无期重惩役的犯人以（无期重惩役缩写）字母'T·P·'表示之；对判处有期重惩役而应烙印记的犯人以（重惩役缩写）字母'T·'表示之。若犯人系犯伪造罪者，则在此印记上加（伪造缩写）字母'F·'以表示之。"[2] 对于受刑人来说，这些字母就是一个一个非常显眼的"犯罪标签"，一方面羞辱犯罪人，一方面教化大众。

四、戮辱示众类耻辱刑

所谓戮辱示众类耻辱刑，就是在人口密集处公开执行羞辱性的刑罚，目的就是引人围观，公开羞辱受刑人。《汉谟拉比法典》第 202 条规定："倘自由民打地位较高者之颊，则应于集会中以牛皮鞭之六十下。"鞭刑虽然算不上耻辱刑而最多只能带来皮肉之苦，但是在集会中执行鞭刑，扒开衣服在众目睽睽下鞭打屁股，对于受刑人来说，绝对是难以容忍的羞辱。中世纪苏格兰曾经盛行一种名为口钳刑的法外刑，这种刑罚一般用于惩罚通奸或挑拨是非的长舌妇。口钳是一种刑具，外形是一个铁头盔，里面装上一个铁片，妇女带上这种头盔后，铁片就会伸进口内压住舌头，以惩戒其挑拨是非。通常，犯罪的妇女还必须头戴口钳游街示众，任过路人嘲笑和唾弃。在古代英国，还有一种类似于我国明清时期枷号刑的刑罚，即颈手枷和足枷。颈手枷与明清时期的枷号基本无异，就是用一套带洞的木板夹在脖子和双手上，并示众展示。足枷则是用木板限制住受刑人的双脚并展示的刑罚。英国人凯伦·法

---

〔1〕 杨鸿雁：《西方耻辱刑沿革与复兴》，载《人民法院报》2002 年 9 月 9 日。

〔2〕《外国法制史》编写组：《高等学校法学教材参考资料：外国法制史资料选编》，北京大学出版社 1982 年版，第 611~612 页。

林顿（Karen Farrington）在《刑罚的历史》一书中对颈手枷和足枷进行了介绍和评价："颈手枷和足枷给犯人带来的不只是身体上的痛苦，还有精神上的折磨。犯人的手和头被别在一个木质结构的装置里。罪大恶极的犯人会被戴上足枷，上面带有扣牢手和脚的孔，犯人戴上后就动弹不得，在众目睽睽之下无地自容。……那些让人们痛恨的被判戴枷者，同样也会受到人们的'热情款待'，人们向他们投掷石块、动物尸体、粪便、腐烂的鸡蛋和菜叶。"[1]这种公开执行并让公众参与羞辱受刑人的方式，对于受刑人来说，是极大的耻辱。

五、资格剥夺类耻辱刑

资格剥夺类耻辱刑在外国历史上也非常常见，虽说资格刑并非典型意义上的耻辱刑，但是其耻辱意义是不可否认的。在古代，资格刑多以褫夺权利的惩罚方式为主。古巴比伦时期的《汉谟拉比法典》第5条规定："倘法官审理讼案，作出判决，提出正式判决书，而后来又变更其判决，则应揭发其擅改判决之罪行，科之以相当于原案中之起诉金额的十二倍罚金，该法官之席位应从审判会议中撤销，不得再置身于法官之列，出席审判。"[2]法官擅自改变判决，则会被处以罚金，同时剥夺其继续审判该案的权利，这即是一种对资格权利的褫夺。古罗马时期，作为权利和义务主体的人必须具有人格，这种人格就是一种享有权利义务的资格。罗马法上的人格由三种资格共同构成：自由权、市民权、家族权。所谓自由权是一个人实现自己意愿的权利；所谓市民权是作为罗马公民所享有的特权；所谓家族权是指一个家族的成员在家族关系中所享有的各项权利。这三种权利，自由权是基础和前提。罗马法规定只有同时具有这三种权利的人，才是具有完整人格的人，若这三种权利部分丧失，则称为"人格减等"，其中丧失自由权即称之为"人格大减等"，丧失市民权即称之为"人格中减等"，丧失家族权则称之为"人格小减等"。这种部分权利的丧失，有的时候是因为违法受刑所致，这其实就是一种权利的褫夺。

---

〔1〕 ［英］凯伦·法林顿：《刑罚的历史》，陈丽红、李臻译，希望出版社2003年版，第110页。

〔2〕 《外国法制史》编写组：《高等学校法学教材参考资料：外国法制史资料选编》，北京大学出版社1982年版，第21页。

　　古代日本也有资格剥夺类刑罚，《御成败式目》第 28 条 "捏造谎言而引起诬告事" 规定："因觊觎他人领地而企图诬陷者，应将该犯领地分配给他人，无领地者应处以流刑，发配远方。又，为障碍他人仕途而构谗言者，终生不得录用为官。"〔1〕对于诬陷陷害他人者，法律规定剥夺其出仕的权利。第 31 条 "因无理而败诉者以奉行人偏袒为由而又行申诉事" 规定："因无理而败诉之人却以奉行人不公为由提出申诉，这是荒谬至极的捣乱行为。从今以后，构不实之词企图滥诉者，应没收其领地的三分之一，无领地者应被放逐。如确系奉行人有过错，则其终生不得被录用。"〔2〕对于滥诉者，在被处罚后，还要被剥夺今后任用为官员的权利。这两种刑罚与我国古代的禁锢刑和废刑相似。

　　1810 年的《法国刑法典》，对于褫夺权利刑作出了非常明确的规定。《法国刑法典》第 8 条规定："下列之刑为名誉刑：一、枷项；二、驱逐出境；三、剥夺公权。"〔3〕第 9 条规定："下列之刑为惩治刑：一、定期拘押于惩治场所；二、定期禁止行使其某些公民权、民事权或亲属权；三、罚金。"〔4〕这里所指的 "剥夺公权" 和 "禁止行使某些公民权、民事权或亲属权" 就是褫夺权利的刑罚。第 42 条对这些权利作出了具体规定："法院于判决轻罪时，在某种场合，得禁止行使公民权，民事权及亲属权之全部或一部：一、投票权及选举权；二、被选举权；三、受任陪审员与其他公职之权，或担任行政职务之权，或行使上述职务之权；四、携带武器权；五、亲属会议上之表决权与选举权；六、为监护人及财产管理辅助人之权，但对其亲生子女并经其亲属同意者，不在此限；七、为鉴定人之权或法律行为证人之权；八、除供给审判上单纯之参考材料外，做裁判上证人之权。"〔5〕对于某些轻罪，法国刑

　　〔1〕《外国法制史》编写组：《高等学校法学教材参考资料：外国法制史资料选编》，北京大学出版社 1982 年版，第 267 页。

　　〔2〕《外国法制史》编写组：《高等学校法学教材参考资料：外国法制史资料选编》，北京大学出版社 1982 年版，第 267~268 页。

　　〔3〕《外国法制史》编写组：《高等学校法学教材参考资料：外国法制史资料选编》，北京大学出版社 1982 年版，第 611 页。

　　〔4〕《外国法制史》编写组：《高等学校法学教材参考资料：外国法制史资料选编》，北京大学出版社 1982 年版，第 611 页。

　　〔5〕《外国法制史》编写组：《高等学校法学教材参考资料：外国法制史资料选编》，北京大学出版社 1982 年版，第 612 页。

法规定可以剥夺犯罪人的部分权利，这些权利涉及很多方面。剥夺了这些权利对于犯罪人来说一方面会带来许多不便，另一方面也是一种羞辱，因为这种与众不同是由于犯罪受刑所致。1871 年的《德国刑法典》也借鉴了法国的做法，在法律中明文规定了资格刑，只不过相比法国刑法典，德国刑法典规定得更为具体、细致，且更具可操作性。

第二节　近代中国法制变革对耻辱刑的取舍选择

一、仿效西法废止典型耻辱刑

鸦片战争后，西方列强叩开了中国紧闭千年的大门，先进的法律思想和完善的法律制度随着列强经济、政治的入侵而传入中国，中国法制自此进入了近代化进程。清末变法修律标志着法制近代化的迅速完善，在清末变法修律的过程中，耻辱刑体系也随着西化的变法修律发生了颠覆性的变化，沿用了几千年的耻辱刑在此刻被彻底废除。正如上文所提到过的，在清代，耻辱刑主要有枷号和刺字两种，这两种耻辱刑都是当时国家法律明文规定的正统法内刑。

光绪三十一年（1905 年），正值变法修律如火如荼进行的时期，修订法律大臣沈家本向朝廷提出了一些删除包括凌迟、枭首、刺字刑等在内的重法酷刑的建议，他指出："刺字乃古墨刑，汉之黥也。文帝废肉刑而黥亦废，魏、晋、六朝虽有逃奴劫盗之刺，旋行旋废。隋、唐皆无此法。至后晋天福间，始创刺配之制，相沿至今。其初不过窃盗逃人，其后日加烦密。在立法之意，原欲使莠民知耻，庶几悔过而迁善。讵知习于为非者，适予以标识，助其凶横。而偶罹法网者，则黥刺一膺，终身僇辱。夫肉刑久废，而此法独存，汉文所谓刻肌肤痛而不德者，未能收弼教之益，而徒留此不德之名，岂仁政所宜出此。拟请将刺字款目，概行删除。"[1]沈家本向朝廷叙述了刺字刑的古今变革，并指出了其设计初衷是"欲使莠民知耻，庶几悔过而迁善"，但实际上会造成对某些人"黥刺一膺，终身僇辱"、某些人"适予以标识，助其凶横"的负面效果，这都不利于犯罪预防和教化，故建议朝廷废除刺字之刑。

---

〔1〕《清史稿·刑法志》。

光绪帝最终接受了沈家本的建议，下令"刺字等项，亦概行革除"。[1]同样，枷号刑这种残忍的耻辱刑也难逃被废除的命运，宣统二年（1910 年），清朝廷颁布了《大清现行刑律》，现行刑律相比《大清律例》有着天翻地覆的变化，刑罚体系发生了很大的变化，枷号刑"亦一概芟削"。[2]

其实，这两种耻辱刑包括枭首、凌迟、缘坐等传统中国盛行的具有中国特色的刑罚被废除，并不是偶然，而是历史发展的必然结果。修律大臣沈家本在《删除律例内重法折》中指出："臣等以中国法律与各国参互考证，各国法律之精意固不能出中律之范围，第刑制不尽相同，罪名之等差亦异，综而论之，中重而西轻者为多。盖西国从前刑法，较中国尤为惨酷，近百数十年来，经律学家几经讨论，逐渐改而从轻，政治日臻美善。故中国之重法，西人每訾为不仁，其旅居中国者，皆籍口於此，不受中国之约束。"[3]可见，沈家本已经意识到清朝的刑罚和清朝以前的传统刑罚相比西方来说，都显得野蛮和落后。西方国家曾经也出现过酷刑，但是随着酷刑的消减，刑罚向轻刑化方向发展，西方国家日臻美善。中国要想自强，要想发展，也必须学习西方的法律体系尤其是刑罚体系，要想彻底改革，必须首先废除残忍的、野蛮的旧刑罚。沈家本又以日本为例，指出："近日日本明治维新，亦以改律为基础，新律未颁，即将磔罪、枭首、籍没、墨刑先后废止，卒至民风丕变，国势骏骏日盛，今且为亚东之强国矣。中、日两国，政教同，文字同，风俗习尚同，借鉴而观，正可毋庸疑虑也。"[4]日本就是因为废除了这些酷刑，才得以迅速地走向近代化并国势日盛，沈家本认为中日两国文化、文字、政教都基本相同，所以只要废除传统酷刑，引进西方法律思想和法律制度，中国就能强盛。这些传统酷刑中也就包括了传统的耻辱刑。

二、少量保留变相耻辱刑

清朝灭亡后，在西方新刑法思想、新刑法理论的影响下，中华民国的刑事立法迅猛发展，中国千年来的传统五刑制刑罚体系已被彻底废除，残忍的

---

〔1〕《清史稿·刑法志》。

〔2〕《清史稿·刑法志》。

〔3〕（清）沈家本：《历代刑法考附寄簃文存》，中华书局 1985 年版，第 2024 页。

〔4〕（清）沈家本：《历代刑法考》，中华书局 1985 年版，第 2027 页。

肉刑、死刑以及侮辱贬损人格的耻辱刑也随之废除。尽管民国刑罚以死刑、自由刑和罚金刑为主要刑罚体系，但是由于民国建立以后的几十年里，军阀混战，法制也比较混乱，在司法实践中，带有羞辱性质的变相耻辱性惩罚措施大有存在。最典型的就是将犯人游街示众，以及将死刑犯的首级悬挂于城门上等羞辱方式。这两种耻辱性惩罚措施虽说没有法律的明文规定，但却在司法实践中非常普及。可以想象，在近代中国，媒体传播并不发达，不像我们今天有网络、电视、广播等。在那个时候，对一个犯罪分子用刑，一方面是为了惩罚罪有应得之人，另一方面是为了杀鸡儆猴，警示社会大众。所以，若不采用示众的方式羞辱犯罪人，就无法让社会大众深刻感受到刑法的严肃性和刑罚的震撼性。其实，归根结底，采用公众示辱的方式也是犯罪预防的一个手段。

第三节　现代中外法制中的耻辱性惩罚的存在或复苏

一般来说，耻辱刑是野蛮刑罚和不文明刑罚的代表，中国自清末民初时期，即废除了各项法内耻辱刑，取而代之的是一些相对文明的刑罚。正如前文所介绍的，古代西方国家也出现过各式各样的耻辱刑和耻辱性惩罚措施，但是在进入 20 世纪后，也都纷纷被废除了。1948 年联合国大会通过了《世界人权宣言》，其中第 5 条规定："任何人不得加以酷刑，或施以残忍的、不人道的或侮辱性的待遇或刑罚。"1966 年联合国大会又通过了《公民权利和政治权利国际公约》，其中第 7 条规定："任何人均不得加以酷刑或施以残忍的、不人道的或侮辱性的待遇或刑罚。"在这两个宣言和公约的影响下，1984 年，联合国大会正式通过了专门针对反酷刑和反羞辱刑的《禁止酷刑和其他残忍、不人道或有辱人格的待遇或处罚公约》，这一公约正是世界上绝大多数国家耻辱刑绝迹的直接原因。新中国成立以后，刑法趋于规范，新《刑法》和新《刑事诉讼法》都明文规定了尊重与保障人权原则，与世界主流刑罚原则思想保持了一致。此外，中国也签署了以上《禁止酷刑和其他残忍、不人道或有辱人格的待遇或处罚公约》，所以，在现代刑法中，羞辱犯罪人人格、使犯罪人感到耻辱的刑罚已经不复存在。

进入 20 世纪以后，世界上许多国家都陆陆续续废除了象征着野蛮、不文明的耻辱刑和耻辱性惩罚。近几十年来，全世界都在以惊人的速度迅猛发展。

经济发展、人口增长、资源紧缺等一系列发展带来的问题逐渐显现，而这一系列问题最终导致了犯罪率的逐年上升。随着社会的发展，法制也在不断发展，刑罚向着文明的方向演进，酷刑、肉刑、耻辱刑等旧时代的残留逐渐绝迹，死刑也在许多国家被逐渐废除，现代世界主流刑罚以限制自由的监禁刑和徒刑为主。但是随着犯罪率的逐年上升，许多国家的监狱都人满为患，比如今日的美国，犯罪率和再犯率都很高，大小监狱人满为患，不堪重负。监禁刑似乎已经不能很好地发挥其惩罚效果了。越来越多人认为单纯采用关押入狱的惩罚方法并不能真正降低犯罪率，反而会加重司法成本，今日美国再犯罪率的居高不下就是很好的佐证。此外，对于有些轻微犯罪，用刑重了即会违背罪刑相适应原则，用刑轻了则无法达到惩戒犯罪和犯罪预防的目的。文明的刑罚体系已经无法很好地对这类罪行起到惩罚作用。

因此，人们开始认识到，光靠自由刑、财产刑等显然已经不足以预防并制止犯罪、保障人民权利、恢复社会秩序，这些刑罚在社会功用上似乎已经"黔驴技穷"了；单纯采用自由和财产制裁方法并不能真正降低犯罪率，反而会加重司法成本。尤其是对于一些轻微犯罪（包括治安犯罪）而言，适用自由刑则"罪轻刑重"，违背"罪罚相当"原则；仅适用财产刑又"罪重刑轻"，且无从惩戒罪犯并预防犯罪。过分拘泥于传统人权理论特别是人格尊严理论的文明刑罚体系，在司法实践中经常显得苍白无力——不但无法惩阻犯罪，甚至有放纵或鼓励犯罪之嫌。

有鉴于此，以贬损人格尊严名誉为防范措施或制裁的"灵感"又在世界各国司法中不时再现。诸如曝光犯罪人照片、公布其身份住址信息、公布其犯罪事实特征信息、强制犯罪人公众忏悔、公众场合展示犯罪人窘状等带有公示羞辱性质的刑事措施，在当今中外相继出现。虽然引起了一些争议，但也确有一定成效。

我们都知道，耻辱是人的一种感觉。每一个心智正常的人，都能不同程度地体验到耻辱的感觉，而且每个人对于耻辱的定义和感觉的强弱是不同的。一件客观的事情，可以使某一个个体的人感觉到耻辱，也可以使得一个群体都感觉到耻辱。虽然在现代世界各国的刑罚中，已无古代那种非常明显的诸如墨刑、劓刑、宫刑、髡刑、烙印刑的耻辱刑，但是，现代司法实践中的有些刑事强制措施、刑罚、行政处罚、民事责任等，对于心智正常、略有荣辱感的人来说，都或多或少具有一定的耻辱意义。尽管这些措施并不以这些耻辱意义为其主要目的，但我们不能对此忽略不计。往往在很多时候，就是因为这些耻辱意义，才使得犯罪人彻底领悟自己的罪行，且改过自新。

虽然在现代刑法和刑事司法程序中，都没有明文规定耻辱刑和耻辱性惩罚措施，但在某些地方的司法实践中，却常常能看到带有耻辱性意义的一些做法。国家法律没有明文规定，但是在实践中却屡屡出现，而且事实证明，这些带有羞辱性质的惩罚措施或者说某些刑罚的耻辱意义确实对犯罪的预防起到了出乎意料的效果，对此，我们不能不反思。

一、公捕公审公判的耻辱意义

近些年来，在我国司法实践中，出现了一种非常有意思的做法，那就是开展公审公判公捕大会。公捕和公判一般来说是公审活动的一部分，所谓公审，就是在公共场合，组织群众参加司法审判，揭露犯罪分子罪行，最终公开宣判，并教育广大人民遵纪守法，借以威慑社会不安定分子的一种司法活动。我国《宪法》规定："人民法院审理案件，除法律规定的特别情况外，一律公开进行。……"《刑事诉讼法》也规定："人民法院审判案件，除本法另有规定的以外，一律公开进行。……"这一公开包括审判信息、审判过程、审判结果三个方面的公开。公开审判是国家对于司法审判的基本要求和原则。公审大会这种形式，在现今的司法制度与法律文本中并没有得到明文规定和赞成，只是一种延续自我国法制不健全时期的特殊对敌斗争的方式。虽说这一司法活动没有国家法律的认可，但是也没有违反宪法和刑法的基本原则，所以在许多地方司法实践中，公审大会非常普遍。对于公开审判，法律虽没有明文禁止公审大会的形式，而只是对死刑的执行有部分规定，如我国1980年施行的《刑事诉讼法》就规定执行死刑不应示众，但是在20世纪80年代，这一条法律并没有被很好的执行，在严打时期，将死刑犯游街最后当众枪毙的现象比比皆是。鉴于此，1988年，公安部与最高人民法院、最高人民检察院联合出台了一个《关于坚决制止将已决犯、未决犯游街示众的通知》，将被禁止的行为范围扩大，规定了不但对死刑罪犯不准游街、示众，对其他已决犯、未决犯以及一切违法者也一律不准游街、示众，如再出现这类现象，必须坚决纠正并要追究有关领导人的责任。随后1992年最高人民法院、最高人民检察院、公安部三机关又发布了《关于依法文明管理看守所在押人犯的通知》，指出："近年来，各地看守部门加强了对在押人犯依法进行文明管理方面的工作，取得了很大成绩。但是，一些地方的看守所对羁押的人犯，仍采取某些不人道或者有辱人格的做法，如给人犯剃光头或剃'犯人头'，穿印有'囚'、'犯人'等字样的衣服；在审讯、出庭时，一律给人犯戴脚镣、手铐；在公开审判、宣判时，将人犯'五花大绑'、游街示众等，社会影响很坏。……"这一通知再一次强调了严禁将死刑罪犯游街示众，对其他已决犯、未决犯和其他违法人员也一律不准通过各种方式羞辱、游街示众或变相游街示众。2012年3月14日全国人大表决通过了关于修改刑事诉讼法的决定，把"尊重与保护人权"写入了《刑事诉讼法》，为的就是能从根本上杜绝这种现象。

公审大会是典型的中国"运动型司法"的体现，尽管有关司法部门三令五申禁止将法庭审判搬到光天化日之下进行，但在中国的很多地方，这一现象仍时有发生。将犯罪嫌疑人五花大绑，戴上所犯罪名的牌子游街示众的行为比比皆是。2013年的3月31日，在河南周口项城市，市司法部门在市人民广场举行了春季严打整治推进会，对51名危害社会安全的犯罪嫌疑人进行了公开审判和公开宣判。据报道，现场警车开道，武警押送，上千名市民围观，犯罪嫌疑人个个被反手捆绑，胸前挂着白底黑字的罪名牌，全部蹲在地上，被一条粗绳串起来，现场图片被上传到网上，引起轩然大波。尽管事后有关政法部门回应"方法不太妥当"，但是最终该公审的还是审了，该公判的还是判了，犯罪嫌疑人的人格尊严还是受到了严重的侵犯。这类公审现象，在中国并不少见。全国"一打三反"运动进行过程中，就出现过大规模的公审公判大会。2003年12月24日下午，济南举行了严惩严重刑事犯罪大会，济南市中级人民法院宣布判决7名故意杀人犯死刑。据报道，共有1500余人参加了此次公审大会。会后，7名故意杀人犯被押赴刑场执行死刑。2007年8月18日，北京公安局东城分局在北京站站前广场召开暴力抗法公开审判处理大会，其中涉案8人是在北京站地区触犯法律的嫌疑人，站区执法部门100多人及站区各商家70多名职工参加了公审大会。2010年7月14日，湖南娄底市对数十名偷盗嫌疑人和罪犯展开公捕公判大会，当地6000名市民参与了观看。2012年10月31日，在山东曹县人民会堂举行了一次公捕公审大会，20余名犯罪嫌疑人在大会上被公开逮捕并宣判，据当地官方的说法，2000余人参加了本次公审大会。

这种"运动型司法"模式并不是现代的产物，其实在中国古代司法实践中，就经常让犯人游街示众。古代的影视剧中常常能见到如下场景：犯人被禁锢在囚车里，头被卡在囚笼外，双手双脚纷纷戴枷，囚车在闹市区缓缓前行，路两旁人山人海，不断有人用鸡蛋、烂白菜砸向犯人……这一现象并不是影视作品虚构出来的，这其实是中国传统司法实践的一个写照。

公审公捕公判这类"运动型司法"模式其实并不是对犯罪人的刑事处罚，最多只能算是一种司法过程中的刑事强制措施。这些犯罪嫌疑人在受到了公审的羞辱后，还会最终定罪量刑。对犯人以及犯人的家属来说，公审大会明显带有羞辱性。试想一下，在众目睽睽下，头戴罪行牌，双手被拷，被狱警押解，有的时候还需下跪示众，这一切对于一个在法律上还仅仅是犯罪嫌疑人的人来说，是不公平的。千人围观、众人指责，这对犯罪嫌疑人和家属来说，都是一种莫大的打击，也是一种莫大的羞辱。一般来说，参加公审大会的广大民众，大都是没有法律知识的，在他们眼里没有犯罪嫌疑人和犯罪人的概念区别，他们会认为被公审的人就是罪犯，就该受到惩罚。被公审的犯罪嫌疑人身心受到羞辱后，众叛亲离，哪怕是日后刑罚执行完毕也会遭到众人的冷落和鄙视，这并不利于对犯罪分子的教育改造。此外，假如犯罪嫌疑人最终因为事实不清、证据不足被宣告无罪，那么这种因被公审、被展示、被羞辱而导致的无形的心理伤害是无法弥补的。

二、剥夺政治权利的耻辱意义

我国刑法中规定了剥夺政治权利的附加刑，剥夺政治权利就是剥夺犯罪分子在一定期限内参加国家管理和政治活动权利的刑罚。剥夺政治权利属于一种资格刑，以剥夺犯罪分子的某些资格为刑罚内容。资格刑在现在全世界范围内都非常普遍，其实在我国古代，资格刑源远流长。

上文已经有所提出，中国古代的资格刑主要有不齿、废、夺爵、逐、禁锢、除免等。不齿是在一定期限内剥夺某种称号资格的刑罚，西周时期曾普遍适用，如《周礼·秋官·大司寇》里说"凡害人者，置之圜土而施职事焉，以明刑耻之。其改者，反于中国，不齿三年"即是这个意思。废是对官员的一种刑罚，即废除犯罪官员的官职并永不叙用，这一刑罚在秦代被广泛适用。夺爵则是剥夺犯罪人爵位的刑罚，也盛行于秦代。逐是一种驱逐外籍人出境的刑罚，即剥夺外籍人在中国居住的资格，秦始皇统治时期曾发布的《逐客令》就规定了此种刑罚。禁锢是剥夺犯罪人做官资格的刑罚，起源于西周，盛行于汉唐。除免是同时剥夺官员官职和爵位的刑罚，包括"除名、免官、免所居官"三种具体的处罚措施，除免起源于汉代，盛行于唐朝，是唐朝最主要的附加刑。

由此可见，我国古代曾出现过各类各样的资格刑，适用主体也大不相同，虽然行刑方式各异，但都是以剥夺受刑人的某种资格为核心。我国现行刑法中的剥夺政治权利，主要剥夺受刑人四种权利：担任国家机关职务的权利；担任国有公司、企业、事业单位和人民团体领导职务的权利；选举权和被选举权；言论、出版、集会、结社、游行、示威自由的权利。这四类权利都属于自然人的政治权利，虽说被剥夺了这些权利并不会影响人的日常生活，但是对于一个有廉耻心的正常人来说，这无不是一种羞辱。一般来说，除了死刑和无期徒刑以外，判处诸如罚金、管制、有期徒刑这三类刑罚都会附加判处一定期限的剥夺政治权利，剥夺期限从主刑刑期结束后开始计算。在剥夺政治权利期限内，受刑人不能享有以上四种权利。对于受刑人来说，主刑已经执行完毕，回归到社会上，但是还要受到政治权利剥夺的处罚，虽说不是直接的羞辱，但是当周围的人们知晓了其某些政治权利被限制，就自然知道了这个人曾经犯过罪。毕竟犯过罪、受过刑不是什么光荣的事情，这种丑事，谁都不想外扬，所以当一个人被众人发现了自己曾经犯过罪而背后议论的时候，对于这个人来说，何尝不是一种耻辱。此外，官员犯罪也会被剥夺政治权利。这些官员曾经叱咤官场、玩弄权势，他们久居官场，已经适应、习惯了官场规则和氛围，忽然被剥夺了再次从政的资格，在官场圈子里，这也是一种耻辱。所以，剥夺政治权利的耻辱意义是体现在周围人对受刑人曾经因罪受刑的认知从而对其进行谴责的基础之上的。

三、囚服剃发编号的耻辱意义

在我国的司法实践中，自犯罪嫌疑人进入司法程序起，就要穿上特制的衣服，如犯罪嫌疑人在看守所羁押期间要统一换上橘黄色的看守所服。待犯罪事实确定，最终定罪量刑被处以徒刑进入监狱后，犯罪人则又要统一换上灰色或者蓝色条纹相间的囚服。让犯罪嫌疑人和犯罪人统一着装，一方面是出于看守所和监狱的管理需要，另一方面也是出于使犯罪嫌疑人和犯罪人有别与其他人的考虑。这一刻意的区别，就使得犯罪嫌疑人和犯罪人与常人不同，这种特殊的、象征着犯罪受刑的服装能让其从内心根源产生一种耻辱的感觉。这套服装也能促使嫌疑人或犯罪人时时刻刻反省自己为何会被羁押和坐牢并穿上这么一套衣服，从而促使其产生悔罪心理。此外，我国的囚服多以深蓝色和暗灰色为主，材质多为粗麻布，不具有光泽。这两种颜色配上布的粗糙材质，还能给犯人一种无形的心理压力。其实，穿上囚服就是一种羞辱，对于这一认识，汉代的司马迁就已经有所评论。司马迁在写给其友人任安的一封信中提到："人固有一死，死有重于泰山，或轻于鸿毛，用之所趋异也。太上不辱先，其次不辱身，其次不辱理色，其次不辱辞令，其次诎体受辱，其次易服受辱，其次关木索被箠楚受辱，其次剔毛发婴金铁受辱，其次毁肌肤断肢体受辱，最下腐刑，极矣。"[1]司马迁在信中列举了一系列耻辱，其中的"易服受辱"说的就是因穿上囚服而受到侮辱，在司马迁看来，穿上囚服就是一种耻辱。

在我国监狱管理中，还有对犯人统一剃发的制度。一般来说，对于男犯，自从进入监狱服刑起，就会被统一剃成光头。所以在人们的印象中，光头就是犯人的象征，这一认识也是导致我们在路上见到光头的男性常常会感到害怕的原因。对服刑人员剃发，主要原因是方便监狱管理，避免犯人之间打架斗殴揪头发从而造成更大伤害。但是我们不能否认，违背一个人的意愿而剃去其所有头发，其实也是一种耻辱。古人的理由是"身体发肤、受之父母"，故"不敢毁伤"，是因为这是"孝之始也"。而现代人虽说淡化了"身体发肤受之父母"的认识，但是头发对于一个人的外貌美观来说，还是相当重要的。头发也是一个人尊严的象征，所以因为犯罪而进了监狱，被强制剃成了光头，对于受刑人来说，天天从镜子里看到自己的光头，就是一种精神惩罚。

此外，除了囚服和剃发外，犯人一旦进入监狱，就会得到一个编号，从此以后，这个编号就代表了自己。在服刑期间，自己原本的姓名都不再使用。虽然这也是一种监狱管理的需要，但是我们不能不否认，剥夺了一个人使用姓名的权利，也是一种羞辱犯罪人的方式。

四、公布犯罪信息的耻辱意义

近些年来，中国许多地方出现了警方刻意散布惯犯信息的做法。虽说这一做法并无法律依据，但在实践中对打击犯罪起到了非常不错的效果。2002年，广州市冼村村委会和冼村街派出所为了彻底整治辖区内屡禁不绝的卖淫

---

〔1〕《汉书·司马迁传》。

嫖娼行为，对于抓获的卖淫嫖娼者在村内报栏张榜公布，公布的内容包括抓嫖现场照片、卖淫嫖娼者真实姓名等个人信息，以及对他们的处罚决定等。这一措施在社会上引起了轩然大波。据记者称，在冼村村口的一个法制宣传报栏里，张贴了"小姐"的照片和嫖客的照片，还有一个下半身裸露的男子和一个双手捂头的"小姐"被抓现行的照片，照片旁边还标明了其中人物的全名和年龄等信息。虽说这一做法众说纷纭，有褒有贬，但是在公布了这些信息后，整个冼村的卖淫嫖娼行为大为减少，社会风气逐渐好转，不能不承认，这一"土政策"确实有效。在司法实践中，对于卖淫嫖娼行为的处罚主要依照《治安管理处罚条例》，该条例施行多年，但是卖淫嫖娼的现状却并没有改观，而村委会的一个带有羞辱性质的"土政策"，却能立竿见影地解决这一难题。把冼村村委会和冼村街派出所联合制定的"土政策"与《治安管理处罚条例》的内容相比，后者注重用拘留和管教等方式让嫖客失去自由，用罚款的方式让嫖客失去金钱从而促使其改过自新；前者则让嫖客的尊严受到严重的伤害，公示抓嫖照片其实就是一种耻辱性惩罚，而且效果很好。对于许多屡教不改的惯犯或者有轻微违法行为的人来说，多次的管教、罚款和拘留，也许并不能从根源处使其感到难受并悔过，因为有些人不怕罚钱、也不怕拘留，而且他们之中的许多人都是所谓的"老油条"。然而，将他们诸如嫖娼之类的丑态公之于众，让公众对其谴责和冷眼，这就会使他们从内心深处感到不自在和羞辱，让他们觉得难以见人，从而彻底改过。这也就是公布惯犯犯罪信息的耻辱意义之所在，尽管这一做法侵犯了人格或者践踏了尊严，但是我们不能否认，这一做法对于屡教不改者来说，确实起到了很好的惩戒和教化效果。广东市冼村村委会和冼村街派出所的这种做法如果从严格意义上来讲，是不合法的。法律并没有授权公权机关随意公布此类信息的权力，即使是为了维护社会治安或者行政处罚的需要。

2006 年，上海市公安局为了解决行人不按信号灯乱穿马路的行为，安排交通协管人员抓拍乱穿马路行人照片，并将其照片、个人信息公示于住处、单位、沿街楼宇等地，希望以此改善上海市的交通环境，摈弃市民乱穿马路的违法陋习。[1]这种带有耻辱、羞辱性质的惩戒措施，虽然在当时引起了广泛的争议，但随后的数据显示，乱穿马路的行人明显减少。近些年来，这一

---

[1] 参见《东方早报》2006 年 5 月 9 日。

做法在各地都陆续出现，屡见不鲜。

2018 年，广东揭阳市惠来县鳌江镇有 10 户家庭，房屋外墙上被政府人员用漆喷上了"涉毒家庭"字样。据县委工作人员介绍，被喷漆的家庭均有人员涉及重特大制贩毒案件，且目前大部分在逃，喷漆"涉毒家庭"字样意在警示和教育，同时也有利于抓捕在逃人员。[1]无独有偶，广西宾阳、广东茂名等地，还给涉嫌诈骗、电信诈骗者所在家庭门上用油漆喷上"涉诈户""电诈逃犯户"等字样，用于警示村民、注意防范。据后续报道称，这一做法震慑效果明显，已有多人投案自首。[2]

近些年来，为了解决执行难的问题，多地法院不约而同采取了超规格展示、公布失信被执行人信息的做法，除了在法院公告栏正常公布以外，有些地方采取了在电视台、报纸、甚至是火车站、商场巨型电子屏公布失信被执行人照片、个人信息的做法。[3]虽说这一做法带有羞辱之意，但许多被展示的失信被执行人立即履行了义务，执行难问题得到了良好的解决。

公示犯罪者个人信息以警阻未来犯罪的做法正逐渐转变为国家法律机制。2016 年，浙江省慈溪市检察院牵头法院、公安等司法机关出台了《性侵害未成年人犯罪人员信息公开实施办法》。[4]最高人民检察院第九检察厅时任厅长史卫忠在接受新京报采访时说，检察机关将联合相关部门在全国推行教职员工准入查询性侵违法犯罪信息制度，以构建更加牢固的未成年人权益"保护网"。[5]这与美国在 20 世纪 90 年代推广的梅根法案，即公示儿童性侵犯者个人信息，提示公众予以防范的做法有着相似之处。

---

〔1〕 参见史奉楚：《喷漆"涉毒家庭"是变相游街示众》，载《北京青年报》2018 年 5 月 11 日。

〔2〕 《广东一镇给涉诈户家喷"电诈逃犯户"字样，当地：参照广西》，载 https：//finance. sina. com. cn/roll/2019-02-15/doc-ihrfqzka5938693. shtml，2020 年 3 月 29 日最后访问。

〔3〕 《上海站大屏幕现"老赖"照片》，载 http：//www. xinhuanet. com/politics/2016-07-07/c_129122602. htm，2020 年 3 月 21 日最后访问；《长春街头大屏幕滚动播放 24 名"老赖"照片》，载 http：//news. sina. com. cn/2016-03-17/doc-ifxqnskh0876648. shtml，2020 年 3 月 21 日最后访问；《商场大屏幕曝光 30 名"老赖"信息》，载 https：//ln. qq. com/a/20180628/006987. htm，2020 年 3 月 21 日最后访问。

〔4〕 参见姚建龙、刘昊：《"梅根法案"的中国实践：争议与法理——以慈溪市〈性侵害未成年人犯罪人员信息公开实施办法〉为分析视角》，载《青少年犯罪问题》2017 年第 2 期。

〔5〕 《最高检第九厅厅长史卫忠：全国推广性侵犯罪入职查询》，载 http：//news. sina. com. cn/c/2020-05-26/doc-iirczymk3646157. shtml，2020 年 6 月 9 日最后访问。

对于一些不惧怕其他处罚的违法"惯犯"，个人信息公示还是有一定的惩戒效果的。有些人，训诫、罚款、拘留乃至管制、拘役多少次，对他们没有什么触动，他们大多是不在乎自由且无钱可罚的"老油条"。但若将他们抗拒民事执行、嫖娼、性侵、吸毒、电信诈骗、交通违法之类丑态公布于众，使其受公众舆论谴责，使其高档消费受到限制，让他们的名誉信用显著降低，这多少能使他们感到不自在，甚至产生羞耻感，他们的"无脸见人"感在一定程度上会促使他们改过自新。这种羞辱式公示，对失信被执行人尤其管用。很多"老赖"并不是真的无法还债，只是不想履行，想要赖而已。只要刀没有架到脖子上，不是拖就是躲，生效判决能奈他何？一旦在公众媒体上被曝光，使其脸上无光、面子挂不住、出门寸步难行，这才能使其感受痛苦和压力，才能促其履行义务。对"逃犯"户墙上喷字公示，也有如此效果。公示后，其家庭感受到巨大精神压力，会尽快催促逃者自首。尽管这些做法有损害人格尊严乃至株连亲属之嫌疑，但因为确有一些警阻或惩吓效果而不断被各地仿效。

其实，公布犯罪行为、曝光犯罪人信息的做法在美国、法国、德国也偶有出现，其中美国最为常见。

美国作为法制相对来说较为健全的国家，近些年来，由于犯罪率和再犯罪率的不断攀升，大量的监禁刑导致了监狱不堪重负，为了解决这一棘手的问题，许多州开始适用"耻辱刑"。20世纪90年代末，得克萨斯州的一名叫特德的法官因首次恢复了耻辱刑而闻名全美。当时，休斯顿的一个即将获得MBA学位的富家子弟在一家沃尔玛商店行窃被抓获，特德法官判处他举着表明自己盗窃的牌子站在商店门外公示数日。自此以后，其他各州的法官也纷纷效仿特德法官的做法，耻辱刑在美国逐渐兴起。

归纳美国现代的耻辱刑，主要有以下几种类型：

1. 罪行曝光

罪行曝光是现代美国最常见的耻辱性惩罚方式，即通过向公众曝光犯罪人所犯罪行以及犯罪人的个人信息，来羞辱犯罪人，并警示大众。罪行曝光可能算不上是一种刑罚，多数情况下是一种附加性的惩罚措施。上文提到的那个富家子弟，法官特德就判处他曝光罪行，既惩罚了富家子弟，又教育了人民。特德法官还曾判处一位虐待学生的音乐教师在20年内不准弹钢琴，并在其家门口贴出一张提醒未成年人不要接近他的告示，[1]这一告示一方面公布了这名教师的罪行，另一方面也提醒公众防范。在俄勒冈州，骚扰妇女儿童的人，将会被法官判处在两份以上报纸刊登包括有骚扰人姓名、照片及违法犯罪事实的道歉广告；卖淫和介绍他人卖淫者，也会被判处在报纸、电视等媒介上曝光。[2]登报纸、上电视，公布照片和违法事实，这对于犯罪人来说，虽说侵犯了其隐私，但是确实非常有力的对其进行了羞辱性的惩罚，也阻止了其再犯罪的道路，至少加大了其再犯罪的难度。

2. 犯罪标识

犯罪标识即对犯罪人施加标记或符号，使其能被社会大众轻易认出。在佛罗里达州，法官拉瑞·夏克曾判决一名骚扰妇女的人，在家门前悬挂高度不低于5英尺的警示牌。[3]这警示牌上一般写有所犯罪行，提醒女性防范。据报道称，加利福尼亚州曾于2006年出台过一部关于酒后驾车的羞辱法案，规定凡是酒后驾车者，必须穿着印有"我是酒后驾车者"字样的橘黄色连体工作服去捡垃圾。对于酒后驾车者，有的时候，法官也会判处在驾车者车上显著位置张贴标识，如加州的一位法官曾判令一位酒后驾车者在自己的汽车上张贴"我犯有酒后驾车罪"的告示，[4]以警示其他人注意防范。这种方式虽会让驾驶者在朋友、亲人面前无地自容，但实践证明确实能彻底杜绝其再次酒驾。2001年，有报道称美国一地方法院判处一名女盗窃犯在未来一年内，每到超市、商场，都必须佩戴一枚写有"盗窃犯"字样的徽章，否则她将服刑1年。这位女盗窃犯曾因偷了价值约60美元的护发和护肤商品而被捕，且她是屡教不改的累犯，主审法官才作出这样的裁决。法官解释说，此举是提醒店主对她"另眼相看"。[5]虽说"另眼相看"确实能提醒店主对这类惯犯进行防范，但是这种很明显的犯罪徽章对于佩戴人来说，是一种耻辱。

俄亥俄州潘尼斯维尔市的地方法官麦克尔·希克奈迪以"独创性判案"著称，他以偏爱各种各样的耻辱性惩罚而闻名全美。希克奈迪曾判处三名嫖客在法院门口穿上黄色的小鸡服饰，装扮成小鸡的模样，并且手举一个写着

[1]　参见清溪：《美国再兴羞辱刑》，载《法庭内外》2001年第10期。
[2]　参见清溪：《美国再兴羞辱刑》，载《法庭内外》2001年第10期。
[3]　参见清溪：《美国再兴羞辱刑》，载《法庭内外》2001年第10期。
[4]　参见清溪：《美国再兴羞辱刑》，载《法庭内外》2001年第10期。
[5]　参见《新民晚报》2001年6月29日。

"我们的城市没有'养鸡场'"的标语牌，引大众围观。在美国，内华达州是可以合法开设妓院的州，"养鸡场"是内华达州妓院的别称。[1]这种滑稽又隐晦的方式对于嫖客来说，确实是一种侮辱。

3. 公众羞辱

除了罪行曝光和犯罪标示外，在美国，还有一种羞辱性惩罚常常被法官采用，那就是让犯罪人向公众道歉忏悔。得克萨斯州的特德法官曾判处一位在多所学校破坏公共财物的青少年，到每所学校向同学们道歉和回答有关问题，使孩子们都知道他为什么会受到这样的惩罚。[2]这种言传身教的惩罚方式，对于犯罪人本身来说，就是一个认识自己罪过的过程，对于其他人来说，就是一种流动的教育展示。不能否认，这种方式对于犯罪人来说，也确实是一种公众羞辱，毕竟谁都不想丑事外扬。在佛罗里达州，法官拉瑞·夏克曾判令一名罪犯当众向被害人道歉和忏悔，且持续时间不得少于10分钟。[3]在阿肯色州，一位法官判决行窃者在行窃地向众人手捧自己写的认罪书示众，接受公众的谴责。[4]这一系列公开的惩罚方式，尽管从表面上看，安抚了被害人和社会大众，但实际上，就是在羞辱犯罪人。

以上提到的这几种主流的耻辱性惩罚方式都只是美国各个州法官的个别判决，在全美范围内，并没有关于耻辱性惩罚的统一规定。直到20世纪90年代末，治理性犯罪者的梅根法案的出现，才转变了这一现状，将耻辱刑的使用推向全美。

早在1947年，美国加利福尼亚州就曾建立性犯罪登记制度。州立法要求性犯罪者必须到当地的执法机关登记相关信息，以便查阅。20世纪80年代末，因为一件性侵儿童案，这一立法动议再次被提起。1989年某日，在放学回家途中，明尼苏达州十一岁男孩雅各·魏特琳被一名持枪男人劫走并失踪，至今下落不明。各种证据都显示，嫌犯为刑满释放的性犯罪者。孩子的母亲随即不断向媒体和州政府陈情，呼吁实行性犯罪者信息登记制度，以加强性犯罪防范并保护儿童。在各方推动下，美国国会于1994年9月13日通过了

---

〔1〕 参见《广州日报》2007年7月30日。

〔2〕 参见清溪：《美国再兴羞辱刑》，载《法庭内外》2001年第10期。

〔3〕 参见清溪：《美国再兴羞辱刑》，载《法庭内外》2001年第10期。

〔4〕 参见清溪：《美国再兴羞辱刑》，载《法庭内外》2001年第10期。

《雅各布·魏特琳儿童与性暴力犯罪登记法令》，这一联邦法令作为《联邦暴力犯罪控制与法律实施法案》的组成部分，责令各州对性犯罪者建立个人信息登记备案制度。[1]

1994年7月，新泽西州一个名叫梅根·坎卡的7岁小女孩被邻居强奸杀害，这个强奸犯曾两度因猥亵儿童入狱，但社区百姓却对此一无所知。梅根的父母四处奔走呼号，请求政府立法，强制公开曾经因性犯罪入狱者出狱后的信息，如现居住地、个人信息等。几个月后，在公众的支持和呼吁下，新泽西州议会通过了《犯罪登记与社区公告法》，为纪念梅根，此法案被人们称为"梅根法案"。该法规定：居住在州境内的性罪犯刑释人员必须向警方登记。对其中潜在危险不大者，警方仅向学校和社区通报；对于危险较大者，除通报学校和社区外，警方还要通知街道所有居民。州政府将建立统一资料库，将性侵罪犯的姓名、住址、样貌公之于众，民众可随时通过电话和互联网查询。[2]这一制度旨在提醒社区公众提高警惕，预防新的性侵害犯罪发生。

自新泽西州颁布了这一法律后，全美各州也纷纷响应，制定适用本州的"梅根法案"。在各州的推动下，美国联邦中央立法也很快跟进。1996年5月17日，时任美国总统的克林顿签署批准了联邦层级的"梅根法案"，要求将这一法律在全美推广。"梅根法案"的具体内容即正式建立性犯罪者档案库，将性犯罪者相关信息资料（住址、驾照号码、体貌特征）统一登记建档，上网供人随时查阅。该法还规定，性犯罪者必须向社区报告个人行踪（轻者五至十年内报备，重者则永久报备），如有蓄须或剃须变化也需报备；警方还会将上述信息向社区公布，并上传至互联网，提醒大家警觉提防。[3]联邦层级的"梅根法案"规定的是最低要求，同时各州基本上也都制定了一套针对本

---

　　〔1〕　参见孙秀艳：《美国联邦反儿童性侵害犯罪立法沿革及评介》，载《青少年犯罪问题》2009年第3期。在美国，性犯罪种类繁多，主要有强奸、法定强奸、性攻击、强奸未遂、猥亵儿童、乱伦等。

　　〔2〕　参见刘军：《性犯罪记录公告制度的刑事政策分析——兼论"梅根法"在我国的适应性》，《法学论坛》2013年第2期；刘军：《性犯罪记录之社区公告制度评析——以美国"梅根法"为线索》，载《法学论坛》2014年第2期。

　　〔3〕　参见刘军：《性犯罪记录制度的体系性构建——兼论危险评估与危险治理》，知识产权出版社2016年版，第221~225页。

州被释放的性侵犯人的"梅根法案"，且各州的具体做法各不相同。如阿拉斯加州既公布性犯罪者的照片和个人信息，还公布他们的住址、工作单位甚至是他们开什么车等。屡次犯罪者还须每三个月去警察局备案一次，如果他们留了胡须或外貌上有任何改变必须通知警察局。在路易斯安纳州，性罪犯者的任何搬迁信息也必须备案待查，甚至有私人公司通过电子邮件随时向附近用户提供性犯罪者的最新住址，以提醒人们时刻注意。在华盛顿州，一名刑满释放的性犯罪者搬到任何一个社区，该区警察就会挨家挨户通告新搬入的性犯罪者的姓名和住址信息，以提醒社区居民防范。俄勒冈州的"梅根法案"则最为严厉，刑满释放的性犯罪者，必须在家里每一处窗户上张贴醒目的记号，以警示邻居自己的身份。迄今为止，美国五十多个州均制定公布了自己的"梅根法案"。联邦层级的"梅根法案"和各州的"梅根法案"具体规定虽不尽相同，宽严有异，但在强制登记性犯罪者个人信息并加以公示，以便加强性犯罪防范机制这一目标上是完全一致的。这一制度，使性犯罪者个人身份信息暴露无遗，让其时刻处在社区公众"防贼"般注视和监督之中，其人格尊严名誉的降低或减等效果是客观存在的，不言而喻的。这种措施，决不仅仅是一种犯罪预警机制，更兼有羞辱性处罚属性，与我国元代的"红泥粉壁充警迹人"制度几乎异曲同工。从司法实践来看，"梅根法案"颁布实施后，全美性犯罪发生率确实有所降低。但是这种方式并不利于犯罪人的内心改造，因为一旦被贴上犯罪标签，改过自新之路就已终结。

在欧洲国家，也有类似的罪行公示。如法国刑法中，就有公布和公告犯罪和判决的规定。法国刑法学家卡·斯特法尼曾指出，虽然法国已经废除了侮辱性质的刑罚，但仍然保留了旨在针对被判刑人在其同胞中所享有的名誉的刑罚制裁。这就是公告与公布裁判决定。这种公告措施，可以采取两种形式：在某些特定的场所（主要是在被判刑人的住所）以及在公报或其他新闻报纸上进行，或者通过其他视听途径进行。为了保证这一制裁符合罪刑法定原则，法律对这种公告的实施范围作了明确的规定。[1]《法国刑法典》第113-35条就对此作出了明确规定："科处张贴或公布法院宣告之决定的刑罚，由被判刑人犯负担费用。但是，向被判刑人犯收取的张贴或公告费用不得超过可处

---

[1] 参见［法］卡斯东·斯特法尼等：《法国刑法总论精义》，罗结珍译，中国政法大学出版社1998年版，第501页。

罚金之最高数额。"本款规定公告费用由被判刑人支付。第 2 款规定:"法院得命令全文或者部分张贴或公布其决定,或者命令张贴或发布一份公告,将决定之案由与主文告知公众;在相应场合,法院确定应予张贴或公布的决定摘要以及公告的措辞。"本款指出公告的内容由法院决定。第 3 款规定:"只有经过受害人或者其法定代表人或权利人同意,所张贴或公布的决定或公告中始得包含有关受害人身份之内容。"这一款保护了受害人,即在公布判刑人相关信息的同时考虑了被害人的利益。第 4 款规定:"张贴场所及张贴时限,由法院规定。除惩治犯罪之法律另有规定外,张贴时间不得超过 2 个月;如所张贴的告示被揭去、被遮盖或被撕毁,应重新张贴;费用由经查实进行此种违法行为的人负担。"第 5 款规定:"公布决定由'法国政府公报',一家或数家新闻出版物,或者一家或数家视听传播机构进行。负责公布决定的视听传播机构或新闻出版物由法院指定。这些机构或出版物不得反对该项公布事宜。"[1]这一款规定了如何公布以及公布在什么媒介,"法国政府公报"、新闻出版物、视听传播机构都属于广泛类的大众传媒,所以其公布范围是非常广的,公布效果也是很好的。经过这样的公布,犯罪人的个人信息、罪行和判决等信息毫无遗漏地全部公开,一方面向社会大众传播了犯罪受刑的通告,另一方面也让犯罪人在社会上无地自容,从而达到羞辱的目的。

在德国现行刑法典中,对于侮辱和虚假的怀疑(诬告)等罪行,法律也明文规定了将判决和罪行的公布作为刑法附随结果。《德国刑法典》第 200 条第 1 款规定:"如果侮辱是公开地或者通过散发文书而实施的和因此而导致了刑罚的适用,那么,根据被害人或者其他有权请求刑罚的人的请求,命令根据请求公开因为侮辱而作出的判决。"第 2 款规定:"公开的形式在判决中予以确定。如果侮辱是通过在报纸或者杂志上的公布而实施的,公布也必须在报纸或者杂志上进行,并且,如果可能的话,在登载侮辱的相同报纸或者杂志上进行;相应地适用这一规定,如果侮辱是通过在广播的公开播放中实施的话。"[2]第 103 条"侮辱外国的组织或者代表"第 2 款也规定:"如果该行为是公开地在集会中或者通过文书的散发而实施的,那么,适用第 200 条的

---

〔1〕《法国刑法典》,罗结珍译,中国人民公安大学出版社 1995 年版,第 21~22 页。

〔2〕《德国刑法典》,冯军译,中国政法大学出版社 2000 年版,第 126 页。

规定。检察官也能提出公布判决的请求。"〔1〕第 164 条规定："如果第 164 条（虚假的怀疑）规定的行为是公开地或者通过散发文书而实施的，和因此将引起刑罚的判决，那么，根据被害人的请求，命令根据要求公开公布针对虚假的怀疑作出的判决。……关于公布的方式，相应地适用第 200 条第 2 款的规定。"〔2〕虽然这类公告公示只适用于特定罪行而不具有普遍性，且公告判决的设计初衷是为了恢复被害人受损的名誉，但我们不能否认，责令将有罪判决广泛公告，对于被判刑人而言，当然是一种罪行展示或身份示众；这当然使被示众者受到公众谴责和唾弃，所以客观上就有耻辱刑的含义。

在公众媒体公示违法犯罪人犯由、个人照片和身份信息等，虽然能比较快捷便利地达到促成犯者自首或履责，便利识别性侵嫌犯保护未成年人，儆阻各类违法效尤者等目标，但我们不能不看到这是一把双刃剑——这种做法对公民个人人格尊严和名誉的变相克减，对司法信息公开范围的变相扩张，可能会严重危害"依法治国"的应有法律秩序和公民权利格局。这些克减、扩张既没有得到法律的正式授权，又没有赋予相对人以适当救济机会，这里隐藏的重大危险可能是致命的。

五、管制感化刑的耻辱意义

在中国刑罚体系中，有一种部分限制犯罪人自由的刑罚，叫作管制。这种刑罚对犯罪人不实行关押，而是放归社会由公安机关依靠群众对其进行监督和改造。尽管不限制犯罪人自由，但是法律对犯罪人的某些权利作了一定的限制。《刑法》第 39 条规定："被判处管制的犯罪分子，在执行期间，应当遵守下列规定：（1）遵守法律、行政法规，服从监督；（2）未经执行机关批准，不得行使言论、出版、集会、结社、游行、示威自由的权利；（3）按照执行机关规定报告自己的活动情况；（4）遵守执行机关关于会客的规定；（5）离开所居住的市、县或者迁居，应当报经执行机关批准。"这其中第 2 项剥夺了犯罪人表达个人呼声的权利，第 3 项和第 5 项剥夺了犯罪人自由活动的权利，第 4 项剥夺了犯罪人自由交往的权利。我们不否认，管制刑作为一种刑罚，这种权利的限制和自由的限制就是惩罚的一部分。但是，对于犯罪

---

〔1〕《德国刑法典》，冯军译，中国政法大学出版社 2000 年版，第 77 页。

〔2〕《德国刑法典》，冯军译，中国政法大学出版社 2000 年版，第 107 页。

人来说，他虽被放归社会，自由和权利却处处受限。鉴于管制刑依靠群众对犯罪人进行监督和改造的宗旨，犯罪人身边的每一个人都清楚的知道犯罪人因罪受刑，这对于犯罪人来说，就是一种心理压力。虽说法律希望群众协助犯罪人改造，但是不排除群众中有人会在其背后对犯罪人进行谴责和指责，在这种无形的压力下，犯罪人会倍感羞辱，即使犯罪人回到了社会中，也可能会因为这种闲言碎语而无法正常生活。若是犯罪人被判处了拘役或者有期徒刑在监狱被关押，犯罪人周围的人也还是犯罪人，这种心理压力感和耻辱感就会小很多。因为环境对一个人的影响是很大的，一个人在一个环境中，若和这个环境中的每一个人都毫无区别，则这个人不会有异样的感觉。相反，若一个人在一个环境中，且与这个环境中的其他所有人都有某种明显区别，那么这个人就会有异样的感觉。若这种区别是有罪与无罪的区别，那么对于稍有荣辱感的人来说，这种异样的感觉就是羞辱感。

六、民事及行政处罚附带的耻辱意义

在我国民事立法中，有民事责任的概念，一般来说，民事责任是指民事主体因违反合同或者不履行其他民事义务所应承担的民事法律后果。这种法律后果一般来说对当事人是不利的。《民法典》规定了多种承担民事责任的方式，其中有一种承担民事责任的方式叫"赔礼道歉"。所谓赔礼道歉，就是指加害人以口头或书面等方式向受害人承认错误、表达歉意，这种民事责任的承担方式一般适用于侵害人格权的侵权行为。赔礼道歉的方式有口头的也有书面的，其中书面道歉可以通过登报、电视媒体等方式。因此，赔礼道歉一般都会变得公开，因为只有公开了，才能起到彻底消除对受害人不良影响的作用。这种道歉对于受害人来说，是一种心灵的抚慰和不良影响的消除，对于加害人来说，通过登报、电视媒体等方式道歉，虽说是一种应有的惩罚，但是我们也不能否认，其实这也是一种公开的耻辱。

在行政法领域，行政处罚和行政责任里，也有赔礼道歉、通报批评、训诫警告等处罚和责任种类，这几类方式一般也都会通过各种媒介公开进行。只要一公开进行，就会广泛传播，对于受处罚人来说，虽说是罪有应得，但是我们不能不否认，这种公开的批评警告训诫，对于受处罚人来说，也同样是一种耻辱。

七、死刑附带的耻辱意义

死刑作为世界上最古老的，也是最常见的一种刑罚，除了执行方式各国略有不同外，最终的行刑结果都是一样的，那就是剥夺犯罪人的生命。我国刑法规定，对于罪行极其严重的犯罪分子，适用死刑。死刑虽说是一种极刑，执行完毕意味着犯罪人生命的终结，肉体痛苦性和精神痛苦性对于受刑人来说恐无意义。但是，死刑确实具有耻辱意义，只不过体现的方式和层面与其他刑罚不同。

死刑的执行方式在古代和现代是有所不同的，在古代许多国家（包括中国），死刑执行通常都是公开的，也就是在人流密集处当众执行死刑。绞刑（或吊刑）作为古代世界最普遍的一种死刑方式，一般都是公开执行，这在中世纪欧洲国家和古代中国都非常常见，我们在各种影视作品中也常常能看到相应的执行场景。在我国古代，斩刑也通常公开执行。如在清代，斩刑都是在菜市口公开执行。菜市口是当时京城的蔬菜交易区，是人流量相当大的区域。每年冬至前，朝廷都会在这里对"秋后问斩"的囚犯执行死刑。死囚在执行当日清晨由囚车带入，经宣武门，走宣外大街直到菜市口。众多囚犯一字站好，刽子手手执鬼头刀依次排列，待监斩官一声下令，手起刀落、人头落地，囚犯的人头会被挂在街中木桩子上示众。每当执行斩首时，也是菜市口最热闹的日子，因为会有数不清的群众前来围观看热闹。光绪二十四年（1898年）"戊戌六君子"就是在菜市口被公开斩首的。在人类进入文明时代以前，死刑的公开执行是非常迎合人们善有善报、恶有恶报，恶人就要极尽羞辱这一普遍认知的。一个死囚，在即将被终结生命前，还要被众人斥责和侮辱，死囚被执行死刑那一刻的各种诸如身首异处、血溅四射、大小便失禁、狂呼乱叫等惨状都一览无余地展现在众人面前。虽然这一切侮辱对于生命在那一刻终结的受刑人来说已经毫无意义，但是对于受刑人的父母、子女、配偶或者整个家族来说，就是一种无形的耻辱。

现代死刑的执行随着人类文明水平的不断提高而变得注重保护受刑人的某些权益，因而不公开执行，行刑惨状已经不会让社会大众看到，从这一层面上来说，直观的羞辱相比过去死刑的执行，已经减弱了很多。但是我们不能忽略死刑耻辱意义的存在。现代死刑的耻辱意义主要是作用于受刑人家庭和家族。如一个尚未结婚生子的家中独子因犯罪而被处以死刑，对于这个人的家族来说，意味着绝后。中国传统文化强调"不孝有三、无后为大"，一个人如果不能为家族繁衍生息，就是最大的不孝，对于家族来说，就是一种耻辱。不光古代如此认为，即使是现在，无后也是一种令人羞辱的状况，所以"断子绝孙"才成为了一个贬义之词。我国南北朝时期的"留养承嗣"制度的设计初衷，就是为了解决死罪和繁衍后代这两者之间的矛盾，但是我国现代刑法，早已没有这种制度设计，不能不说是一种倒退。所以，这种"断子绝孙"的耻辱就会因为死刑的执行而给一个家族带来永远无法磨灭的羞辱。死刑虽然不公开执行，但是死刑的判决必须公开，也就是说，一个人因犯罪而被判处死刑，任何公民都可以知晓。若是在一个很小的区域里，诸如县城或者乡镇，某一户人家有人因杀人而被判处了死刑，那么这家人在当地就会背上"杀人犯的父亲""杀人犯的母亲""杀人犯的儿子"等各种各样的标签。虽说人们对他们不一定有恶意，但是这种背后的议论和暗中的谴责，对于这个家庭来说，就是一种耻辱和心理创伤，毕竟自己家里出了个杀人犯，谁也不会觉得这是什么光荣的事情。

八、鞭笞刑附带的耻辱意义

中国古代曾经有笞杖刑，作为传统五刑体系中最轻的刑罚种类，笞杖刑的适用非常之广泛。当今中国早已没有笞杖刑，但是在亚洲的新加坡，仍保留着鞭刑。这种鞭刑在现在看来，是具有耻辱意义的。虽说鞭刑给受刑人带来的主要是肉体痛苦，但我们不能不否认其耻辱意义。以新加坡为首的十几个亚洲国家保留了鞭刑，鞭刑在古代刑罚体系里也许算不上什么耻辱刑，但是在现代刑法中，相比其他自由刑、罚金刑来说，鞭刑就是一种耻辱刑。

新加坡鞭刑是刑法中明文规定的法内刑，一般适用于重伤害、抢劫、强暴及猥亵等给人民身心造成重大伤害的罪行。鞭刑的执行方式是用特制的藤条鞭子抽打犯罪人裸露的臀部，这种藤条一般长 4 英尺，厚 1 英寸，行刑前要进行消毒。抽打次数随罪行的轻重而有所不同，一般来说 1~8 鞭，最多 15 鞭。[1] 鞭刑给受刑人带来的肉体痛苦性是非常大的，有报道称，鞭抽到处霎时血肉横飞。一个无恶不作的凶犯，接受鞭刑时，开始一二鞭还能挣扎嚎叫，

---

[1]　参见《新加坡刑法》，刘涛、柯良栋译，北京大学出版社 2006 年版，第 7 页。

再打下去屁股开花，再狠毒的大盗也会昏死过去。[1]尽管新加坡监狱局曾对"鞭刑现场血肉横飞"的说法辟谣，但他们也承认确实有瘀血和伤疤。我们可以试想一下，用浸水的藤条抽打裸露的臀部，即便不是血肉横飞，至少也会皮开肉绽。近些年来，建议废除鞭刑的呼声不断出现，但新加坡官方坚决支持鞭刑，他们相信鞭刑是惩罚恶人、威慑犯罪、教育公众最有效的手段。当地司法官坚信，对付目前在新加坡泛滥的某些罪行，在司法中使用"鞭打"是必要的……对那些环境恶劣，赤着双手混饭的人来说，监狱生活未尝不惬意……只有鞭打才能产生实在、长久的效果。[2]

新加坡在执行鞭刑时虽然不公开执行，在执行时一般只有监狱官、医疗人员、狱警等人在场，但却也具有杀鸡儆猴、羞辱受刑人的功效。在执行时，每次执行以 3 鞭为限，等到过了大约 3 个月伤势恢复后，再继续执行余刑。在行刑前，必须给受刑人做全面健康检查，行刑过程中倘若受刑人不能承受时，会中止行刑。这些具体的执行制度表面上看来确实符合人道精神，但是从犯罪心理学角度来看，它暴露出了鞭刑实际的残忍性和耻辱性。如分期执行鞭刑，每次疗伤期间，犯人只能趴着睡。同时，鞭刑后的疤痕，将终生留在臀部，形成一个永远无法抹去的印记。所以，一般犯人即使被处以极少次数的鞭刑，已足以使其终生受到震慑。[3]新加坡当时的监狱局长曾说："鞭痕是除不掉的，这将伴随他们一生，是他们一生的耻辱。"在新加坡的司法实践中，累犯甚少，这多半也是鞭刑的功劳。

〔1〕 参见车驾明：《震慑罪犯的新加坡鞭刑》，载《法庭内外》2001 年第 4 期。

〔2〕 参见高长富：《中国刑罚体系泛论》，线装书局 2008 年版，第 171 页。

〔3〕 参见上海社会科学院民主政治研究中心编：《执政策论——各国治国理政案例研究》，时事出版社 2004 年版，第 124~125 页。

第七章

余论：耻辱刑的历史价值与现今意义

在准备以耻辱刑的特征和意义作为研究主题时，有人问笔者：耻辱刑有什么研究价值？作为封建时代最反动的刑罚制度之一，作为已经被时代进步所彻底淘汰的制度，还有必要去研究吗？这一问，使笔者哭笑不得。不过，他的质问，也代表了社会上一般人的看法。在哭笑不得的同时，笔者也开始深刻思考这一问题。

耻辱刑是不是历史上最反动的刑罚制度，是不是已经被历史彻底淘汰，本文前面的那些讨论已经基本上做出了回答。任何一种刑罚只有给人以一定痛苦，才能作为惩罚来使用，才能起到惩恶除暴的目的。如果不给受刑人带来任何痛苦，还能够作为惩罚或制裁措施吗？刑罚带来的同为痛楚，至于具体是肉体痛楚还是精神痛楚，这并无本质区别，只有轻重不同。只要符合制止犯罪、维护秩序、保障权益的社会公共目的，最严厉的刑罚即剥夺人的生命权的死刑至今仍有其存在的正当理由，那么远远轻于生命刑，甚至也轻于劳役刑、自由刑、财产刑、资格刑的耻辱刑（荣誉刑）绝对没有不能存在的理由。造成生命丧失之痛苦，造成财产、自由、资格（权利）丧失之痛苦，相比于造成人格尊严或名誉荣誉丧失之痛苦而言，并没有天然的合理性、正当性。其实，从人类文明进化规律而言，后者比前者更有正当性。

只要承认这一前提，那么我们就必须看到，各种不同类型的刑罚本身，没有天然的不变的是非善恶属性，也没有阶级本质上的差别，只是不同时代的立法者根据当时社会治理需要的不同选择而已。或者说，任何种类的刑罚，没有先天的反动不反动之分，封建不封建之分，为地主阶级或为无产阶级服务之分，只有国家的主权者或统治者根据自己的理性来选择与否，根据社会发展水平状态和实际需要来选择与否。前面各章的叙述和分析表明，耻辱刑作为一种工具，在原始公社时代也许就使用过。国家出现后，所谓"奴隶主阶级"政权使用过，后来的"地主阶级"政权使用过，"资产阶级"政权使用过，现代的"无产阶级"政权实际上也在部分使用。所以要对这样一种制度现象简单贴上政治标签，简单的根据官方意识形态或政治教条去全盘肯定或全盘否定，都是愚蠢可笑的。

在完成了对耻辱刑的种类形态、演进沿革、形式特征、文化基础等的历史考察以后，我们有必要全面省思耻辱刑的价值和意义等问题。通过上文论述，我们发现，在高度重视人格尊严和个人权利的今天，"耻辱刑"或耻辱性惩罚方式在中外立法和司法实践中仍直接或间接地存在。只不过，相对于古代兼带肉刑性质的耻辱刑诸如墨刑、黥刑而言，当代"耻辱刑"或耻辱性惩罚更"温柔"，它一般是以文字、照片、标志等方式进行身份曝光、罪行公示和名誉贬损，愈发呈现出文明进步的趋向。"耻辱刑"的复苏，值得我们认真思考。之所以会复苏，就在于它仍具有一定的文明价值。我们对其的研究当然不仅仅是发思古之幽情，而是要关切或应对现实生活需要，要为当今社会同类法律或社会问题的解决寻求更佳的答案。也就是说，人类文明史上出现过的任何制度或举措，代表着当时的人们为解决他们面临的社会问题所做的尝试，是人们宝贵探索的结晶。不管用今天的标准怎么看，耻辱刑在当时总有其产生和存在的正当理由，有其产生存在的客观原因，绝对不能仅仅看成统治者个别人胡思乱想、恣意妄为的结果。自人类进入近代文明特别是现代法治文明以来，人权保护已经成为国家和社会的核心使命。在人格尊严、人权保护已被提到至高无上地位的今天，以贬损人格尊严为惩罚的耻辱性惩罚，也许正能"以毒攻毒"有利于保护人权。耻辱性惩罚在中外立法和司法中仍然直接、间接存在，正说明了它对今日法治秩序仍有一定积极意义。作为一名法律史研究者，我们应该站在反省近现代中国法制变革利弊得失以及为未来中国法治建设探索更具民族性方案的立场上，重新审视这一问题。关于这一问题，可以从以下三个方面去讨论。

第一节　耻辱刑的传统价值——人格尊严贬损作为
社会防卫手段的必要性

一、耻辱刑的犯罪报惩意义

任何一种刑罚，首先是作为对犯罪的一种报应和惩罚，这是无可否认的，自古至今都是如此。即使彻底否定"报应刑主义"的刑罚主张，也不能否认刑罚本身的这一性质。只不过，以刑罚的报应或惩罚作为刑罚的主要目标还是作为附带目的，不同刑法学说的看法或追求是大不一样的。近现代刑法学说反对以报应或惩罚作为刑罚的主要目的，主张"教育刑主义"或"恢复刑主义"，但并没有否认刑罚本身具有报复与惩罚的属性。

犯罪报惩，就是对犯罪的反击。"报"，在《词源》中的涵义是"回答""报复""返回""往复"，特别有"种因而得果"之义。常言说"恶有恶报，善有善报"就是强调这种"种因而得果"的规律。犯罪行为，种下的是"恶因"，当然必须使其得到"恶果"，否则社会秩序就会大乱。"恶果"以什么来体现？当然要以"惩罚"和痛苦来体现。没有惩罚和痛苦，就不是恶果。中外法律发展史中从来没有出现过"全然无痛"（包括肉体的、精神的痛）为特征的惩罚。所谓"惩"，《词源》中的涵义主要是两个：一是"苦痛"，二是"惩罚、警戒"。以"苦痛"为"惩戒"，正是刑罚的本质，当然也是耻辱刑的本质。

人类社会的任何阶段，都需要以一定的"苦痛"去惩戒、报复犯罪者，以制止犯罪、维护秩序、保障权益、促进文明。这好像与国家政权的阶级性质没有多大关系，与民族文化及宗教选择也没有多大关系，大家都要这样做，只不过惩罚什么行为、惩罚的程度轻重有所差异。诚如上文所述，中国古代的墨刑（黥刑、刺字刑），则将这种对犯罪的报惩体现的淋漓尽致。作为古代最常见的耻辱刑之一，其用刑方式通常是刺或划开受刑人皮肤注入墨汁，这必然会给受刑人带来一定的肉体痛苦。待刺划创口愈合后，墨迹会永远保留在其皮肤里，形成特有的表征犯罪的标志，给受刑人带来终生的精神痛苦。在中国早期以墨、劓、刖、宫、大辟为主流的刑罚体系中，墨刑属于最轻的刑种，所以其肉体痛苦性相对于其他四种刑罚来说，是最轻的。对于墨刑来说，惩罚目的并不在于给受刑人带来肉体上的痛苦，而是强烈的精神痛苦。犯罪人受墨刑后，面部或者额头上时时刻刻显现着诸如"劫""抢夺""窃盗"等代表着罪行的文字或标记，走到哪里都会遭人冷眼、受人唾弃，这对受刑人来说就是最大的羞辱。尽管墨刑的用刑部位有面部、颈部、手臂等，但主要是用刑于面部，所以，受刑人除非足不出户或时时刻刻用帽子、头巾遮掩，否则基本上无法正常地生活。这就是墨刑最大的报惩意义之所在：不带来剧烈肉体痛苦，也不限制人身自由，对于稍微有廉耻心的人来说，却可以做到惩罚的淋漓尽致，令其没齿难忘。再如，古代的髡刑、耐刑，即剃光头发或剃成特殊发型的耻辱刑，也以其羞辱之痛报惩犯罪。以今天眼光看，因为不伤肉体，似乎不能构成惩痛。但在儒家"身体发肤、受之父母、不敢毁伤"的传统观念影响下，强制剃去毛发"贻羞父母"的精神摧辱、作为罪犯标志的光头或特殊发型带来的公众唾弃，本身就构成了惩罚和报应。此外，古代中国曾有迷信宣称，头发与精气、灵魂相联；若头发被强制割剃，可能影响健康甚至性命。这种由此而产生的不安、恐惧和害怕，对于受刑人来说，就是一种报应或惩戒。

耻辱刑，以人身污损标志耻辱，以人格贬损加以侮辱，会造成受刑人心理或精神的痛苦，这是毫无疑问的。既然能造成痛苦，当然就令人厌恶或恐惧，当然就对作恶的人有一种惩戒作用。人之所以为人，之所以区别于动物，最关键就是人有孟子讲的"羞恶之心"，有朱熹、王阳明讲的"廉耻心"，也就是现代人讲的"人格尊严"和"荣誉感"，这是人的"良知良能"之一。有这种"良知良能"，当然会惧怕"丢面子""丢脸""伤尊严""没人格""人格掉价"，所以人当然会以耻辱刑为痛苦。

耻辱刑的犯罪报惩意义，亦即对犯罪的报复和制止意义，是不容否认的，也是必须特别重视的。只要社会还存在犯罪，刑罚就必然存在。既然刑罚存在，那么造成心理或精神痛苦的刑罚，也有理由与造成生命、自由、财产痛苦的刑罚一样存在。比耻辱刑更严厉（对受刑人造成损害更重）的其他刑罚（生命刑、劳役刑、自由刑、财产刑、资格刑）都有存在的理由，那么造成痛苦相对较轻（亦即损害更小）的刑罚——耻辱刑就更有存在的理由。至于耻辱刑到底有没有报惩犯罪的实际功效或作用，亦即它到底能不能有惩痛和阻止犯罪的实际用途，这是毋庸置疑的。本文第六章第三节"现代中外法制中的耻辱性惩罚的存在或复苏"的探讨已经说明了上述问题。我们还要特别注意到，在耻辱刑采用和较为管用的时代，恰恰是人们的廉耻心或道德感比较强的时代，也是犯罪发生率比较低的时代，是法制状况较好的时代。相反，到了犯罪发生率比较高、人们廉耻心沦丧、法制状态恶劣的"乱世"，耻辱刑就如远水近火般效用不那么明显了，就构不成对犯罪的报惩了。当人们"肆恶无忌""寡廉鲜耻"时，用人格尊严损害的制裁方式还能让人们感到羞辱和恐惧吗？还能有惩罚和制止犯罪的效果吗？有学者回忆，在改革开放之前的山村，打落游村之类的"耻辱刑"对于制止乡民的轻型犯罪、教育人民和预防犯罪，有着很好的作用；反过来，在彻底取消耻辱刑之后，在彻底强调所谓法制的刑罚手段之后，犯罪率反而上升。[1]也就是说，耻辱刑作为犯罪报惩手段，大致适用于比较"高档次"的社会，对于犯罪猖獗、道德沦丧的"低档次"社会是没有什么用的。这样说来，人类政治社会的早期，原始淳朴未散，人心敦厚诚实，大致就是这样一个社会。未来法治文明进化到马克思主义所憧憬的真正犯罪消亡的时代，更是这样一个社会。所以，用这样一种以启发道德自觉为主的"敦教廉耻"的刑罚来制止犯罪、教育人民，更符合人类文明进步的要求和趋势。

二、耻辱刑的犯罪预防意义

任何一种刑罚，都有犯罪预防意义。先秦法家强调"威慑主义""恫吓主义"，商鞅说"重刑连其罪，则民不敢试；民不敢试，则无刑也"，[2]韩非子说"重一奸之罪而止境内之邪"，[3]他们都认为最有效的犯罪预防手段，就是以重刑进行威慑和恫吓。近世刑法学家多强调"教育主义"，认为刑罚的目的在于教育人民恢复道德，回归良善，恢复社会和谐秩序。这与传统儒家的"德主刑辅"精神、唐律中的"德礼为政教之本，刑罚为政教之用"主张相当一致。不管是以苦痛恫吓作为预防，还是以教民廉耻作为预防，古今中外的有识之士都强调刑罚的犯罪预防作用和意义，没有只强调刑罚的惩痛和恫吓功能或作用本身的。甚至法家也强调刑罚的惩痛和预防并重，强调"以杀

---

〔1〕　参见范忠信：《耻辱刑及其现代意义》，载胡旭晟主编：《湘潭法律评论》（第1卷），湖南出版社1996年版，第514~519页。

〔2〕　《商君书·赏刑》。

〔3〕　《韩非子·六反》。

去杀，虽杀可也；以刑去刑，虽重刑可也"，〔1〕并没有片面无原则地强调重刑。所有刑罚在犯罪报惩功能之外，都有犯罪预防功能，耻辱刑当然也不例外。耻辱刑由其特别的属性和特征所决定，其预防犯罪的功能甚至更加显著，也就是说在预防犯罪的作用上比其他刑罚更有效。

耻辱刑对于犯罪的预防意义主要体现在两个方面：一是特殊预防，二是一般预防。所谓特殊预防，主要体现为对具体犯罪分子本人的教化改造。耻辱刑通过其特殊的用刑方式，调动犯罪人本人的廉耻感，促使其恐惧、羞愧和悔悟，这当然可以在一定程度上阻却犯罪人再次犯罪，或者增加其再次犯罪的心理压力和障碍。一般来说，其他刑罚诸如徒刑、自由刑，因为限制了犯罪人人身自由，即剥夺了其继续犯罪的客观条件，故在执行期内都能从客观上阻止受刑人再犯罪；但是一旦刑罚执行完毕，受刑人回到社会，这类刑罚在受刑人身上"个别预防"效果可能随即消失——如果受刑人并未真的改过自新或试图再次犯罪，那么已经执行完毕的刑罚无法构成阻却其再犯的障碍。诚如上文所述，耻辱刑在特殊预防领域，有着不同于自由刑的延伸性阻却犯罪效果。一般来说，耻辱刑的刑罚效果分为两个阶段：第一个阶段我们称之为行刑阶段，第二个阶段我们称之为耻辱性惩罚效果持续阶段。第一个阶段对受刑人的惩罚效果只在行刑那一刻，如剃去毛发（髡刑、耐刑）、割去鼻子（劓刑）、在脸上刺字（墨刑、黥刑、刺字刑）等。第二个阶段对受刑人的惩罚效果会持续长久，受刑人身上留下的永久性"犯罪标签"，仍然永久警示着受刑人并增加其再犯的难度。那些标记，让受刑人不论走到哪里都很容易被公众辨别出来，公众能轻易知晓该人曾犯过什么罪，从而对其提高警惕或避而远之，这也就大大增加了受刑人再次犯罪的难度。古代中国曾有禁止受过髡刑的人上坟扫墓祭祖的习惯，很能说明这一点。如《风俗通义·佚文》记有秦汉时"徒不上墓"的习俗，"新遭刑罪原解者，不可以上墓祠祀。……今遭刑者，髡首剔发，身被加笞，新出狴犴，臭秽不洁"。〔2〕当时人们的认知是，受过刑罚尤其是有"髡首剔发"标记的人"臭秽不洁"，因而加以厌恶和唾弃。为何会有这种习俗？古人解释说："孔子曰'身体发肤，受之父母，弗敢毁伤'，孝子怕入刑辟，刻画身体，毁伤发肤，少德泊行，不戒慎之所致

〔1〕《商君书·画策》。
〔2〕（汉）应劭撰，王利器校注：《风俗通义校注》，中华书局1981年版，第566页。

也！愧负刑辱，深自刻责，故不升墓祀于先。"[1]认为上坟祭祖这类神圣事情让受过刻划身体，毁伤发肤之刑的人去参与，就是对祖先的侮辱和不孝。更要紧的是，这种耻辱刑罚能使他们"愧负刑辱，深自刻责"，这既是人们对受刑人的期望，也是耻辱刑对他们的特殊预防效果。

因此，我们不要以为刑罚对犯罪人的特殊预防作用仅仅是通过儆阻恫吓实现的，其实对犯罪人也有教化作用。通过耻辱刑也可以使犯罪人知耻，在知耻的基础上真正认识到自己所犯罪行的危害性，认识到自己的罪孽所在，以此教育感化犯罪人，使其改过自新。

所谓一般预防，主要是对社会大众而言，亦即通过对犯罪人用刑，让观睹者触目惊心或警醒，以教化不特定的社会大众，让蠢蠢欲动的不安躁动分子放弃犯罪念头。在这里，我们也许应该特别注意到，就一般预防而言，耻辱刑的效果甚至比其他刑罚（生命刑、劳役刑、自由刑、财产刑、资格刑）更加显著。耻辱刑强调将受刑窘状或羞辱标签公之于众，让社会大众观睹对照，让他们以为镜鉴，让他们公悉犯罪人的罪行并加以谴责和唾弃，让他们内心警戒自身以避免效尤。诚如上文所述，耻辱刑最大的特征，就是通过用刑在受刑人身上的显著部位（额、面、颈）留下某些表征犯罪的标记，常常难以祛除，这是其他刑罚所没有的。自由刑、劳役刑、财产刑等一旦执行完毕，受刑人回归社会继续生活，表征或面貌上与其他人完全一样。而耻辱刑用刑结束一般会留下长久"犯罪标签"难以消除，回到社会也能被轻易地辨识出来。特别是脸上刻着"窃""盗""劫""囚"等象征犯罪字样的人，无论走到哪里，都能直观地向公众传达该人曾犯罪受刑的信息。这一方面提醒人们提防他们再犯罪，另一方面也时刻警示教育着社会大众。这种对社会大众的警示教育，正是通过耻辱刑的羞辱属性来实现的。再如明清时期的"枷号"刑，通过强制受刑人佩戴枷锁示众或游行以向公众展示罪行并警示大众。《清史稿》评价："枷杻，……于本罪外或加以枷号，示戮辱也。"[2]常州知府王复春、青州知府陈希文贪污受贿被判处"枷项游历"，亦即佩戴枷锁游街示众，沈家本先生认为"此以示辱也"，既辱惩罪人，也教育公众。

耻辱刑的这种"流动警示"或对公众警示教育的效果，既不以限制受刑

---

〔1〕（汉）应劭撰，王利器校注：《风俗通义校注》，中华书局1981年版，第566页。

〔2〕《清史稿》卷一百第四十三《刑法二》。

人人身自由或损伤其身体为前提，又不以受刑期间为限制，这显然有利于受刑人回归社会生活。这是耻辱刑的一般预防效果区别于其他刑罚的关键。这种流动性的耻辱展示，能非常有效地向社会传播"只要犯罪下场就是如此"的信息，从而有效地扼杀社会上不安分子的内心蠢动，提醒其不要尝试犯罪，这一警示效果是其他刑罚所不具有的。因此，相比于其他刑罚而言，耻辱刑的"公示性"或"示众属性"是它的长处或优点而不是缺点。惩罚效果非常直观明了地展现给了社会公众，这当然就更能有效地教育人民，打消更多人的犯罪念头。相形之下，其他刑罚，如生命刑、劳役刑、自由刑、财产刑的执行，由于在司法过程中常常过分地强调"隐私权""名誉权"而常常导致客观上袒恶不彰使刑罚的惩恶功能大打折扣。[1]关于这一点，我在前文第四章第二、三两节关于耻辱刑的儆阻、教化功能的讨论中已有详述，此处不赘。

三、耻辱刑的司法人道意义

耻辱刑在历史上的作用意义，今人常常习惯于从现代人权观念出发认定其因侵犯人格尊严和隐私而不人道。其实，这种认识是值得反省的。

耻辱刑的确主要是以对犯罪人的人格尊严加以羞辱或侮辱作为惩罚，这是事实。一般地说，既然损害人格尊严，当然就与现代刑法学说或法治学说的尊重与保护人权原则相违背。但是，我们应当看到，任何刑罚，如果机械地看，都存在这个问题，不仅仅是只有耻辱刑才有。生命刑、劳役刑、自由刑、财产刑、资格刑，难道一点也不损伤受刑人的人格尊严和人权吗？显然不是！只要是刑罚，都有这一属性，只是有轻重程度区别罢了。如果以绝对不损害人格尊严和人权为前提或标准，那么所有的刑罚都不应该存在，不独耻辱刑如此。所以，问题不在于是否损害人格尊严或人权本身，而在于是否依法"损害"（或曰"克减"）以及损害是否在合理限度内。符合这两个条

---

〔1〕 当代刑法学说和刑罚实践，在设计和执行生命刑、自由刑、财产刑、资格刑的时候，一般特别强调"隐私权"或为人"隐恶"，以防其人格尊严和名誉严重受损，或防刑罚执行完毕后难以回归社会或被公众接受。如死刑强调隐蔽场所执行（不得示众），自由刑执行强调在特定劳改场所公众不得参观，财产刑、资格刑一般仅对犯罪人执行不对社会公示。最为显著的是，最高人民法院《中国审判案例要览》和《最高人民法院公报》收入的典型的有指导性意义的案例（判例），包括近年河南倡导各省效仿的判决书上网实践，一般都很注意隐去被告人的姓名和其他显著个人身份信息，就是为了保护个人隐私和名誉。

件，任何对人格尊严和人权有一定损害的刑罚都可以采取或保存，反之则应该尽可能改革或废除。

在解决了这一问题，确立了这样一个讨论前提之后，我们就能更好地讨论耻辱刑的积极意义了，即耻辱刑在司法人道方面的积极意义。我们不能否认，耻辱刑在促进刑罚宽和、刑罚谦抑、司法人道化方面，甚至有着不可替代的文明价值和历史作用。这一作用，主要表现在以下几个方面。

首先，耻辱刑主要以给受刑人带来精神痛苦的方式实现制裁，这种制裁一般适用于相对较轻的犯罪或并非惯犯、恶性不重的犯罪人，主要用做对轻罪的宽宥性轻惩。如夏商时代墨、劓、刖、宫、大辟由轻至重的五刑体系，作为耻辱刑的墨刑属于最轻一等的刑罚，主要适用于官场不正之风"三风十愆"等，《尚书·伊训》载"臣下不匡，其刑墨，具训于蒙士"，所以墨刑这种以施加精神痛苦为主的惩罚方式，相对于施加其他痛苦的其他惩罚而言，无疑属于比较轻缓温和的。[1]不能不承认，这种施加精神痛苦的方式，相对于施加其他痛苦的其他惩罚而言，无疑属于比较轻缓和温和的。用相对轻缓、温和的制裁方式去惩罚轻罪，总比法家主张的"重刑轻罪"即使用相对严厉且残忍的制裁方式去处罚轻罪要好得多。同时，我们还必须注意到，任何刑罚都会带来一定的精神痛苦，狭义上的耻辱刑一般只带来精神痛苦，而相对于带来肉体、心理等多重痛苦的其他刑罚（生命刑、自由刑、财产刑、劳役刑）而言，显然是一种宽宥和仁慈。[2]唯独狭义的耻辱刑只会带来精神痛苦这一种痛苦，一般没有其他痛苦。痛苦更少或更轻的刑罚，当然有更大的存在和适用的理由，这是人类法制文明发展的必然。认识到了这一点之后，我们就不能不承认，耻辱刑作为一类仅仅建立在精神痛苦层面的刑罚，其实是更加人道和文明的刑罚。通过羞辱或侮辱这种相对轻缓的制裁方式，使得犯罪人和民众在心理上都受到震撼，以较温和的手段惩阻或控制犯罪，以更温

---

〔1〕　不管是墨刑、黥刑抑或是刺字刑，都属于在受刑人身上加上犯罪标记的刑罚。这类刑罚通常都是划开皮肤灌墨汁，这当然会给受刑人带来一定的肉体痛苦，但相比肉刑、死刑的痛苦来说，可以忽略不计。

〔2〕　仅就劳役刑、自由刑、财产刑而言，可能就带来多重痛苦。比如劳役刑，既有失去自由的精神痛苦，也有强制劳役的生理痛苦，还有尊严和名誉被克减的精神痛苦。自由刑（非劳役者），既有不自由的精神痛苦，也有不得于广阔自由空间活动的生理痛苦。财产刑，既有因剥夺财产而产生的精神痛苦，也有因财产减少导致生活资源紧张而产生的生理痛苦。

和的方式（而不是以更重的刑罚威慑的方式）预防犯罪，这当然更有合理性
和正当性。先秦儒家认为，刑罚本来就是不祥的东西，违背了自然法则，所
以主张以礼乐政教替代刑罚。但儒家厌恶的刑罚，似乎并不包括不伤害肢体
肌肤的纯粹耻辱刑。纯粹的耻辱刑在儒家心目中不算是刑罚，顶多算是教育
方式，是"礼治"应有的"教耻"。用耻辱刑罚代替其他刑罚，正符合传统
中国主流法律思想反对重刑，反对不教而诛的基本宗旨。简单的说，耻辱刑
以"唤醒耻感"为内涵，用"以心治心"的制裁方法，作用于犯罪人的主观
世界，以彻底祛除犯罪人好逸恶劳、损人利己等恶劣品性，从思想根源上彻
底消除犯罪，改造和感化犯罪人。这种刑罚方式的作用，也许比其他刑罚
更好。

其次，耻辱刑常常作为其他刑罚的替代刑适用，体现着国家对于犯罪人
的宽宥和仁慈。诚如上文所述，耻辱刑经常作为更重刑罚的替代刑来适用，
如上古中国曾有"象刑"替代真刑的努力，以象征性刑罚替代其他实刑，以
赦宥罪人。《慎子》逸文："有虞氏之诛，以幪巾当墨，以草缨当劓，以菲履
当刖，以艾毕当宫，布衣无领当大辟。此有虞之诛也。"[1]在虞舜时期，传说
五刑都可以用戴黑头巾、戴草绳帽、穿菲草鞋、围艾草裙、穿无领衣等象征性
"刑罚"来替代。秦汉时期常以剃除毛发的耻辱刑加上徒刑替代其他重刑，作为
对罪犯的赦宥。汉元帝时，长安令杨兴犯罪，"减死罪一等，髡钳为城旦"[2]。
汉哀帝时，大夫鲍宣被陷以死罪，"上遂抵宣罪减死一等，髡钳"[3]。南朝
梁时，"遇赦降死者，黥面为劫字，髡钳补冶锁士终身"[4]。清代以耻辱刑
替代流刑徒刑的执行，《大清律例》规定"凡旗人犯罪……（充）军、流、
徒，免发遣，分别枷号"[5]。枷号是清代的耻辱刑。以这种较轻的耻辱刑来
替代原先较重的刑罚正是一种刑罚上的恩惠和宽宥。可以说，耻辱刑对于古
代中国刑罚向重刑发展的趋势起着一定的缓和或抑制作用。除少数兼为肉刑
的耻辱刑诸如劓刑、墨刑外，其他耻辱刑绝大多数都是轻刑，它更主要是作
为对升斗小民或者特殊人群的替代刑使用。因为对于上层达官贵人犯罪，儒

---

〔1〕《太平御览》卷六四五。

〔2〕《汉书》卷六十四下，《贾捐之传》。

〔3〕《汉书》卷七十二《鲍宣传》。

〔4〕《隋书》卷二十五《刑法志》。

〔5〕《大清律例·名例律上》"犯罪免发遣"条。

家特别强调"有赐死而亡（无）戮辱"〔1〕，主要适用议、请、减、当、免、赎等司法特权，但对他们以耻辱刑代替重刑仍是一种优待。那些特权，除了赎刑也在一定条件下适用于老人、妇女、残疾人以外，一般与小民百姓无缘。所以，耻辱刑可以说主要是对小民百姓的"利好消息"，这种刑罚的适用使得小民百姓大大减少了罹受其他更重刑罚的机会。所以耻辱刑常常作为其他刑罚的替代刑，大大减少了重刑被使用的频率和机会。

四、耻辱刑的节省司法成本意义

耻辱刑的积极意义还在于节约或节省司法成本。耻辱刑属于轻刑，一般常适用于轻罪，耻辱刑执行需要的人力物力最少，其成本也相对较低。与死刑当然不能比较，但与劳役刑、自由刑、财产刑可以好好比较一下成本。相比于将犯罪人囚禁于监所、强制劳役并负责提供其间的一切生活和医疗费用的自由刑、劳役刑而言，耻辱刑不需要耗费那些钱财或人力的成本，当然就更加节约司法成本。诚如上文所述，古代中国的墨刑（黥刑、刺字刑）、髡耐刑、枷号刑等耻辱刑，只需一次性执行，刑罚即结束，又无需花费很多人力物力，但惩罚和警示效果却能长期有效地发挥和持续。相形之下，将犯人流放到几千里外，或送至牢城边塞做苦役，其路途中押送人员陪同和交通成本，在服役地的管理监视成本，其人力、财力、物力耗费一般是相当高的。

无论是古代社会还是现代社会，一般说来，囹圄成市人满为患、司法财力难敷、司法人手不足的压力，一直是司法实践中的一个重大问题。国家司法开支最大的部分之一就是全国监所的管理和财力维系。在现今刑法中，对于许多轻微犯罪，因为没有耻辱刑之类的更轻刑罚可供选用，最后只好处以拘役刑或有期徒刑。这些犯人在服刑期间，监狱得负责一日三餐，医药费用等，成本极高。对于财产刑也是如此，要执行对犯罪人的财产制裁，要查封、冻结、扣罚、没收、强行征缴等，也要付出很多人力物力成本。相形之下，耻辱刑则可以通过很廉价的一次性行动，有时只用很小的花费，有时根本没有任何花费，仅仅以耻辱公示的方式就能起到惩罚和教化作用，达到刑罚的预期效果。

同时我们还应该注意到，国家的法律宣传教育通常也是需要很高成本的，

---

〔1〕《汉书》卷四十八《贾谊传》。

耻辱刑以受刑人流动活体"现身说法"的方式实际上是在执行着法律教育的流动宣传看板或广告功能，耻辱刑的文字以一定媒体公布示众的方式也低成本地承担着这样的法律宣传教育功能，这甚至比官方定期专门开展的巡回法制宣讲、打击违法犯罪展览等方式的效果更好。其实，主动刻意专门而为的例行公事的法制宣传教育，甚至不如通过轻罪司法判决耻辱刑那种直观的展示耻辱窘状的效果好，不如后者更节约司法成本。

不过，这里谈用耻辱刑可以节省司法成本是有前提的，那就是仅对于轻罪而言。若是恶性犯罪或重罪，当然不能仅用耻辱刑，无论如何不能违反罪刑相适应原则。

五、耻辱刑的平愤复和意义

刑罚的适用最终是为了恢复社会和谐。从这个意义上讲，耻辱刑更有优势。耻辱刑的适用，相对于其他类型的刑罚而言，甚至更有利于平民愤，修复关系，还原秩序，恢复社会和谐。为什么这样说呢？因为，任何犯罪都会给受害人和社会带来一定创伤，尤其是对受害人及其亲属的创伤更大。这种创伤需要治疗恢复，刑罚正是治疗恢复手段之一（当然不仅仅靠刑罚来修复）。治疗和恢复创伤，除了对受刑人本身的考虑以外，还要考虑受害人和公众的感受。对于受害人和公众来说，只有犯罪人受到众所周知的适当惩罚，才能较快较好地平息愤怒，恢复心理平静。相比于或多或少强调用刑排除他人观睹或强调对外人适当隐蔽的其他刑罚而言，耻辱刑因天然具有或本性要求具有的公示性、允许观睹性，人们看到的是犯罪人受罚的窘状（而且是不太恐怖血腥的或尚属人道的窘状），更有利于使受害人和公众看到实实在在的惩罚，感受到实实在在的平愤甘心。[1]因此，古代中国在执行耻辱刑的时候，对于受害人及其亲属和社会公众来说正具有平愤甘心的效果。古时之所以注重借助耻辱刑制裁犯罪，宗旨之一就是为了将受刑窘苦之状公之于众，任旁

---

〔1〕 古代中国在执行死刑或肉刑时，常常刻意将受害人及其亲属请到行刑现场，或者特别注意满足受害人观刑"甘心"的愿望，让其因犯罪严重受损伤的心灵得到一些安慰或治疗。"甘心"作为一个法律史词汇，其本义是让受害人"快意"。《左传·庄公九年》："管召，雠也，请受而甘心焉。"杜预注："甘心，言快意戮杀之。"清蒲松龄《聊斋志异·诗谳》："尔欲妄杀一人便了却耶？抑将得仇人而甘心耶？"关于古代民间文学中对司法行刑的"甘心"追求，参见范忠信：《中国法律传统的基本精神》，山东人民出版社 2001 年版，第 367 页。

人观睹受教，让"苦主"（受害人）观睹息愤，可以很好的满足人们"恶有恶报"的"报应主义"诉求。耻辱刑给犯罪人带来的精神痛苦，因其显著示众的特性，亦即使犯罪人显著昭彰地受窘苦和使受害人及家属显著昭彰地"有面子""甘心了"，当然能使受害人及其亲属更容易从精神上得到安抚和抚慰。

在中国传统社会，甚至今天的中国社会，一般公众有这种报复、报应、平愤的精神需求也是无可厚非的，这也是一个不可回避的客观现状。关于刑罚，受害人及其亲属以及社会公众的需求，更多是感情层面上或精神层面上的平愤慰藉需求，并不一定在乎刑罚是否严格依法判决和执行，以及刑罚是否实现了教化公众、预防犯罪等高层次的功能。因此，当适用耻辱刑使受害人及其亲属和社会公众得到报复甘心的精神快感时，他们也许就不会继续给司法机关施加要求重刑的压力了，这当然更有利于恢复社会的和谐和秩序。除了对残害生命的犯罪以外，对于一般犯罪而言，受害人及其亲属、社会公众追求的更多是一个如"秋菊打官司"所追求的"说法"，这说法经常体现为犯罪人得到了应有的显著窘苦惩痛，而不一定是依法执行了多长时间的监禁或剥夺了其多少个人财产。

因此，从这一点上来看，具有示众性质、羞辱性质、公示性质的耻辱刑，相比于具有隐蔽执行、不公开展示性质的徒刑、流刑等刑罚来说，确实更具有使受害人及其家属或社会大众平息愤怒的效果和意义。

第二节　争议之根源——耻辱刑的本质弊端和历史局限

任何一种刑罚都是有弊端和局限的，社会上没有无局限或弊端的刑罚，尤其用于不同时间不同背景下的不同类型案件和不同类型的人时更是如此。耻辱刑当然也有这样的弊端和局限，认识其弊端和局限也是非常重要的，是我们总结传统法律智慧，取其精华去其糟粕，弘扬优秀法律文化的关键。

如上文所述，今日耻辱刑复苏引起广泛争议之根源也在于耻辱作为刑罚的历史局限性，因为传统的耻辱刑常被贴上残忍、野蛮、落后的标签。在中国法律史上，周文王"画地为牢"，发明了最早的耻辱刑。《周礼》中所记载的"桎梏而坐诸嘉石"，令犯者"睹石而自悔"之刑，"置之圜土……以明刑耻之"〔1〕之刑，都有耻辱刑的性质。不过，是否真有其事，无法完全证实。历史上出现过的比较典型且常见的耻辱刑，如刺字类耻辱刑，以在受刑人脸部或其他显著部位刺刻图文以标示犯罪并贬辱人格为特征。它既包括单一的墨刑、黥刑、刺字刑，也包括变种的刺配刑。〔2〕这类耻辱刑自夏商时代开始出现，在历史上存在了几千年之久，直到清末刑法改革才被废除。另一类较特殊的耻辱刑，即剃发类耻辱刑。与前者兼有身体、精神双重痛苦不同，这类耻辱刑只造成精神痛苦，一般认为没有肉体痛苦。具体方式是剃除受刑人头发、鬓毛、胡须等，正式称谓是髡刑、耐刑〔3〕等。该刑始创于秦朝，直到魏晋南北朝仍有存在；一般附加于其他刑罚，不单独适用。元代开始有标示门闾的耻辱刑或刑事措施，叫"红泥粉壁充警迹人"。在强盗、窃盗犯人服刑完毕遣回原籍"充警迹人"（即监视居住对象）时，于其家门口"红泥粉壁"，公告姓名和犯事情由，由邻里监督，定期见官；五年不犯者除"警迹"籍，再犯者终身拘籍。〔4〕明清时期还出现了称为"枷号"〔5〕的示众贬辱之刑。被判处枷号者，需佩戴枷锁，在衙门口或集市示众。除了上述几类典型的耻辱刑外，中国传统刑罚体系中的劓刑、刖刑、宫刑、弃市刑等，因同时严重侮辱人格尊严，故都具有耻辱刑的属性。

鸦片战争后，西方法律制度和学说逐渐传入中国，中国开启了法制近代化进程。作为中国法制近代化的正式开端，清末变法修律就果断地废除了传统的耻辱刑。在修订法律大臣沈家本推动下，首先废除的是"刺字"之刑（古时称墨刑、黥刑）。这一刑罚，被视为古代肉刑的残存，与凌迟、枭首等

〔1〕 《周礼·秋官·大司寇》及汉人郑玄注。

〔2〕 《尚书正义》对"墨辟疑赦"注文曰："刻其颡而涅之曰墨刑"，《周礼注疏》中郑玄对"墨罪五百"注文曰："墨，黥也，先刻其面，以墨窒之。言刻额为疮，墨窒疮孔，令变色也。"《文献通考》载"晋天福始创刺配，合用其二，仍役而不决。"故刺配刑乃刺字和配役两种刑罚"合用其二"。

〔3〕 髡，《说文解字》解释为"鬀发也"，段玉裁注曰："髡、剔也。剔者，俗鬀字。"所以髡刑就是只剃去头发的刑罚。耐，古写为耏，《说文解字》对其解释为"罪不至髡也"，段玉裁注曰："不鬀其发，仅去须鬓，是曰耐"，所以，耐刑就是只剃去鬓须的刑罚。

〔4〕 参见《元典章》卷五十三《刑部十五·警迹人》。

〔5〕 《大明律集解附例》的条例中有"枷号一个月""枷号二个月""枷号三个月""枷号半年"之规定。《大清律例·名例律》"犯罪免发遣"条规定："凡旗人犯罪，笞、杖，各照数鞭责。军、流、徒，免发遣，分别枷号。"

并列，变法之初即被列入应废除的"重法"（酷刑）之列。沈家本奏请废除的理由大致是两个方面。一方面，刺字之刑不仁不德，无益于教育罪犯回归社会："在立法之意，原欲使莠民知耻，庶几悔过而迁善。讵知习于为非者，适予以标识，助其凶横。而偶罹法网者，则黥刺一膺，终身僇辱。夫肉刑久废，而此法独存，汉文所谓刻肌肤痛而不德者，未能收弼教之益，而徒留此不德之名，岂仁政所宜出此。拟请将刺字款目，概行删除。"[1]另一方面，刺字之刑，悖逆近世人权主义宗旨，为各国所訾："臣等以中国法律与各国参互考证，各国法律之精意固不能出中律之范围，第刑制不尽相同，罪名之等差亦异，综而论之，中重而西轻者为多。盖西国从前刑法，较中国尤为惨酷，近百数十年来，经律学家几经讨论，逐渐改而从轻，政治日臻美善。故中国之重法，西人每訾为不仁，其旅居中国者，皆借口于此，不受中国之约束。"[2]光绪皇帝接受了沈家本的建议，下令"刺字等项，亦概行革除"[3]。同时废除的还有"枷号"之刑。宣统二年（1910年），清廷颁布《大清现行刑律》，废止传统刑罚体系，枷号刑"亦一概芟削"[4]。

刺字、枷号这两种耻辱刑，乃法家重刑主义的产物。以儒家仁爱德政学说观之已属"何其痛而不德"的恶法，在近世人权自由思潮映衬下更显野蛮不堪。沈家本清醒地意识到，中国的法律特别是刑罚，已经严重悖逆世界历史潮流；中国要想自强发展，必须学习西方先进法律制度尤其是刑罚制度，必须彻底废除包括刺字、枷号之刑在内的有辱人格、野蛮落后的刑罚体系。他强调，这种改革不只是为了消除列强各国继续保持领事裁判权的借口，更是为了我国救亡图存、变法自强乃至政治文明升华。他强调，通过废除重法酷刑实现变法自强，我们应该向日本学习："近日日本明治维新，亦以改律为基础，新律未颁，即将磔罪、枭首、籍没、墨刑先后废止，卒至民风丕变，国势骎骎日盛，今日为亚东之强国矣。中、日两国，政教同，文字同，风俗习尚同，借鉴而观，正可无庸疑虑也。"[5]

随着清朝的灭亡，在西方新刑法学说的影响下，民国时期的刑法接续完成

---

〔1〕《清史稿·刑法志》。
〔2〕（清）沈家本：《寄簃文存》，商务印书馆2017年版，第1~2页。
〔3〕《清史稿·刑法志》。
〔4〕《清史稿·刑法志》。
〔5〕（清）沈家本：《寄簃文存》，商务印书馆2017年版，第5页。

了中国刑罚体系革新事业。尽管因国内战争之故经常非法使用羞辱性惩罚措施，如押着犯人五花大绑、戴高帽子游街示众，将犯人首级悬挂城门示众，以登报声明、反省院感化等方式羞辱人犯，但终究未在立法上正式恢复耻辱刑。

废除耻辱刑事业在新中国立法上得到了延续。新中国成立以来，立法上也曾注意防止耻辱刑复辟。1954 年《劳动改造条例》第 5 条规定"严禁虐待、肉刑"[1]，显然包括严禁耻辱性惩罚措施的意思。

按照现代法治理念，刑罚执行仍需强调尊重罪犯的人格尊严。犯罪人虽因触犯法律被定罪判刑，其基本人权或其他法定权利依法受到部分限制或剥夺（死刑除外[2]），但他毕竟还是人，仍有相当部分的基本人权和法定权利不可剥夺，不可恣意轻视或践踏。也就是说，即使是犯罪人，也必须将他视为具有人格尊严和名誉的个人，不能把他们不当人（亦即不能当动物一样肆意侮辱）。但是，传统意义和形态上的耻辱刑，以较为严重地侮辱犯罪人的人格尊严和名誉为刑罚方法，与现代主流法律思想和人道主义精神格格不入，的确也有害于文明的进化。因此，正如前文第六章所述，传统形态的耻辱刑在近现代社会发展的大趋势中必然会被淘汰或废弃，而代之以这方面弊端较小的现代耻辱刑或耻辱性惩罚措施。在这一点上，中外法制的不谋而合，显然有着某种相同或相近的认知和追求。一方面，通过贬损人格尊严对犯者进行惩戒；另一方面，这种贬损兼有公示效果，可以儆效尤，对观睹者形成威慑。虽然中外具体行刑手段方式或有区别，但这两点作为认知兼追求基本是一致的。在古代，人权观念未彰，人们对耻辱刑安之若素。到了近代，民主自由人权思潮兴起，耻辱刑逐渐被废弃。耻辱刑的本质弊端和历史局限性决定了它必然被文明进步所抛弃或淘汰，这种弊端和局限性主要体现在以下几个方面。

首先，耻辱刑的适用容易造成对犯罪人的人格尊严和名誉的过度伤害，有悖"把人当人"的主流人道主义、人权主义宗旨。传统耻辱刑，因其使人丧失人格、丧失起码尊严，对人以物畜之，与近代人权自由主义的法律理论

---

〔1〕 张培田主编：《新中国法治研究史料通鉴》（第 10 卷），中国政法大学出版社 2003 年版，第 12235 页。

〔2〕 死刑算不算对基本人权和法定权利的完全剥夺？一方面，因为生命权是一切基本人权和法定权利的基础，既然剥夺生命权就等于剥夺了一切权利。另一方面，即使人受死刑执行，其名誉权、著作权继续存在，似乎又不能说死刑等于剥夺了其一切权利。

是格格不入的。传统耻辱刑的惩罚方式也与现代法治和刑法学说关于犯罪人人格尊严和名誉的适当保护的追求时常发生冲突和矛盾。现代各国法律，不论是宪法还是刑法、刑事诉讼法，大都明文强调尊重和保障人权的基本原则。我国《宪法》第 33 条第 3 款规定："国家尊重和保障人权。"我国《刑事诉讼法》第 14 条第 2 款规定："诉讼参与人对于审判人员、检察人员和侦查人员侵犯公民诉讼权利和人身侮辱的行为，有权提出控告。"因此，传统耻辱刑以严重侮辱犯罪人人格尊严、损伤犯罪人名誉为惩罚手段，与今天法治学说尊重与保护人权的原则是明显相悖的。近代刑法理论强调尊重和保障人权，强调对犯罪人也要待之如人，尊重其人格，保障其人权，维护其尊严，报复主义、威吓主义刑罚理论逐渐被抛弃，于是耻辱刑作为一种独立或附加刑罚就被历史所废弃。虽然任何刑罚都会兼有某种程度的人格尊严名誉克减属性，但单单以人格贬辱兼威慑观者为特质的耻辱刑被义无反顾地扫进了历史垃圾堆。

其次，纯粹耻辱刑对犯罪人的惩罚力度太轻可能常常不足以惩罚犯罪。正如前文所述，在中国古代，耻辱刑本属于轻刑，虽说附加耻辱刑一般带有肉体痛苦，但纯粹耻辱刑一般仅仅只有精神痛苦。相比于其他刑罚而言，耻辱刑给受刑人带来的痛苦并不大。耻辱刑主要是通过羞辱受刑人使其产生羞耻或悔罪心理，这种不太严重的痛苦有时也许不足以惩阻犯罪。特别是对于那些寡廉鲜耻、荣辱观颠倒的犯罪人，耻辱刑可能基本上没有作用，相反，被贴上的犯罪标签、张榜公示罪行等甚至会被他当成日后炫耀的资本。所以，从罪刑相适应原则上来讲，耻辱刑只应该适用于轻罪，只应该适用于尚顾廉耻的犯罪人；如果适用于重罪，就是以轻刑惩罚重罪，不但不能惩阻犯罪，甚至反过来可能鼓励犯罪。

再次，耻辱刑的惩罚效果往往因人而异，其效果稳定性似乎比其他种类的刑罚要弱一些，常常无法达到惩戒的目的。相比于其他刑罚而言，耻辱刑的效果具有一定的不确定性和不稳定性。耻辱刑最大的特征就是给受刑人带来精神痛苦而不是生命、肉体、自由或财产层面的痛苦。精神痛苦的有无与大小，往往因人而异。不同秉性、品行、观念的人，不同智力程度的人，不同社会地位的人，不同文化程度的人，对于何为荣誉、何为耻辱，其看法和见解可能是不一样的。同样一种外来作用力，有些人认为是耻辱的，有些人认为是光荣的。这就导致了耻辱刑在用刑效果上因人而异，会出现结果的偏差。社会上不乏寡廉鲜耻之徒，对于许多常人认为是可耻的事情，他们不以为耻反以为荣，《宋史·刑法志》所言"面目一坏，谁复顾藉？强民适长威力，有过无由自新"，说的正是这种情形。对于这类人，即使适用了耻辱刑，也不会有什么惩罚效果。善良者终身戮辱，刁顽者如虎添翼，惩阻犯罪目标尚且难保实现，推助新犯罪之效果已然可见。于是，刑法文明进步必然会淘汰传统耻辱刑。当然，有人会说，财产刑、自由刑不是同样也有因人而异的问题吗？对于没有或懒于工作、很贫穷因而不在乎自由的人来讲，坐牢正好解决了吃饭问题，因此对他施加自由刑的效果也不会太显著。对于很有钱的人来讲，财产刑也不如对穷人有效果。不过，我们不能不承认，人们之间的精神世界和荣辱观念的差距，远比人们在自由和财富观念上的差距更大。所以，耻辱刑效果因人而异的问题可能比财产刑、自由刑更加明显。

最后，不能否认，传统耻辱刑对于一般犯罪虽有惩罚效果，但是从长远上来讲也可能不利于犯罪人的改过自新。正如前文介绍过的，传统耻辱刑有时候会给受刑人贴上不可磨灭的耻辱标记。除了剃毛发的耻辱刑以外，其他多为通过刺染、烫烙给受刑人贴上"罪犯标签"，往往是终生无法去除的标签。"标签"终生伴随，使他处处受冷眼、遭鄙视，使其终生屈辱。更可怕的是，即使犯者本人有心改过，社会仍把他当成罪犯加以歧视。此即沈家本所云"良民，偶罹法网，追悔已迟，一膺黥刺，终身戮辱"。[1]在这么一种境况下，犯罪人很可能会对社会、对国家彻底失望，对秩序产生怨恨和厌恶，从而破罐子破摔，更有甚者还会憎恶国家、报复社会，变本加厉实施更严重的犯罪。所以，耻辱刑的这一特性有时候会彻底断送犯罪人改过自新的道路，造成"虽后欲改过自新，其道亡繇也"[2]的严重后果。这正是耻辱刑的本质弊端所造成的，以教育改造、回归社会为宗旨的近代刑罚理论当然抛弃了传统耻辱刑。

总之，耻辱刑，是以令人羞耻之措施"辱"之。"辱"不是最后目的，最后目的是教"耻"，是要教育培养廉耻感。如果不能教耻，则为失败。而教耻、养耻目的的实现，绝非易事。

---

〔1〕 （清）沈家本：《寄簃文存》，商务印书馆 2017 年版，第 197 页。
〔2〕 （汉）班固：《汉书·刑法志》；（汉）刘向：《古烈女传·齐太仓女》。

第三节　民主法治原则下"新耻辱刑"存在的理由和限度

传统耻辱刑以严重贬损人格尊严为本质，在人权自由进步日渐深入的现代国际大潮下遭到淘汰是自然之势。酷刑、不人道的或侮辱性的待遇和刑罚继续存在是不能容忍的，任何以施加耻辱或羞辱为本质的公权运作都丧失了正当性。不过，百年人权进步大潮并未能使耻辱性惩罚或防范措施在各国彻底绝迹，正如上文所述，各种稍微改变了形式的新型耻辱性惩罚或防范措施（下文简称"新耻辱刑"）又不约而同地在中外法律秩序中再现，这一现象值得我们深思。

以上两节的分析表明，传统耻辱刑虽然有着本质的弊端和历史的局限，但却不乏历史价值和意义，这是不可否认的。因其处理方式的公开性或公示性，除了促使受罚人怵惕自省外，其对违法犯罪的一般预防效果往往超过其特殊预防效果。通过施加耻辱性惩罚或防范措施，在警示和教育公众这一方面确实有很好的效果，但也常常因对受罚者人格尊严、隐私和名誉保护有所忽略，对于在尊重人格尊严和隐私的前提下完成教育感化和社会回归也有所忽略，这就难免常偏离刑法的宗旨，因而常受到诟病。

"大抵立法必有弊，未有无弊之法"，[1]任何时代的法律规则、手段、措施，都是当时立法者权衡利弊的结果。谁也不可能制定出有利无弊的法律，也不可能马上彻底消除一切有弊之法，而只能是两害相权取其轻、两利相权取其重地建设适合自己需要的法制和秩序。在耻辱刑的取舍问题上，正是如此。对今日中国而言，所谓两害，无非是①若恢复耻辱刑，则受罚人的人格尊严、隐私和名誉可能受贬损，以及②若没有耻辱刑，则因公众无从注视监督而使某些违法犯罪恶性蔓延。相应地，所谓两利，就是③若彻底摈弃耻辱刑，则受罚者人格尊严和隐私名誉无缺无损，以及④若恢复耻辱刑，则公众注视监督致使某些违法犯罪减少（犯罪动机减弱、客观机会减少）。四者孰重孰轻？今天中外秩序的主事者、责任者们都清楚：两害相权，①轻于②；两利相权，④重于③。于是，大家都不约而同地做出了取①④、舍②③的选择。

仅凭眼前利害判断做出立法或政策选择，当然是不够的，甚至是短视的。

---

〔1〕《朱子语类·论治道》。

最要紧的，是根据自由、人权、民主、法治的终极价值追求来权衡利弊，做出选择。考量一种制度是否应该存在，其合理限度或正当界限何在，最终标准当然是人类自由解放这一终极追求。马克思主义的终极追求，就是每个个人的最高级完善自由状态——"每个人的自由发展是一切人自由发展的条件"〔1〕。在马克思看来，共产主义"就是要实现每个人的全面而自由的发展成为基本原则的社会形式"。〔2〕

除了以马克思主义的这一理由依据之外，对待"新耻辱刑"问题，我们还有着中华优秀传统文化上的另一最正当理由依据——"教耻归仁"。耻辱刑，通过对犯者荣誉、尊严、资格、权利加以适当制裁，可以激活人们的廉耻心、道德感，激活先圣孟子所揭示的"良知良能"〔3〕或"仁义礼智四端"〔4〕，特别是激活人们的"是非之心""羞恶之心"，使受制裁者的道德水准有所恢复或升华。善用这种制裁，正能实现先圣孔子主张的"道之以德，齐之以礼，有耻且格"〔5〕的教育型、恢复型、回归型司法。几年前，党的十八大报告提出了"建设优秀传统文化传承体系，弘扬中华优秀传统文化"的战略纲领，经过法治升华后的"新耻辱刑"也许正可以成为优秀传统法律文化传承体系的一部分。

更为具体地说，"新耻辱刑"存在和运用的必要性，还可以从法经济学的视角加以认识。与其他刑罚方式相比，"新耻辱刑"更能节约司法成本，减少公暴力的使用。从"成本—收益"的法经济学视角来看，刑罚的经济目标应该是使应对犯罪的社会成本最小化，要"使其等于犯罪所造成的损害以及防范犯罪的成本"，因为"高昂的威慑成本使得一个理性社会不会试图去消灭所有的犯罪"〔6〕。一个健康的社会，应对犯罪的司法成本（人力、物力、财力

---

〔1〕《马克思恩格斯选集》（第1卷），人民出版社1977年版，第273页。

〔2〕马克思：《资本论》（第1卷），人民出版社1975年版，第649页。

〔3〕《孟子·尽心上》。

〔4〕《孟子·公孙丑上》："恻隐之心，仁之端也；羞恶之心，义之端也；辞让之心，礼之端也；是非之心，智之端也。"《孟子·告子上》："恻隐之心，人皆有之；羞恶之心，人皆有之；恭敬之心，人皆有之；是非之心，人皆有之。恻隐之心，仁也；羞恶之心，义也；恭敬之心，礼也；是非之心，智也。"

〔5〕《论语·为政》。

〔6〕［美］罗伯特·考特、托马斯·尤伦：《法和经济学》，史晋川等译，格致出版社、上海三联书店、上海人民出版社2010年版，第480~482页。

之和）即应该尽可能降低；以较低司法成本换取更高司法效益应是法治追求的目标之一。为实现这一目标，必须尽可能减少高成本刑罚手段（自由刑、劳役刑、财产刑）的使用，代之以更简约、温和、廉价亦即司法成本更低的制裁方式，这正是"新耻辱刑"（名誉贬损、资格限制、公示信息以便监督等）继续存在和运用的理由所在。要减少国家暴力使用、淡化刑事制裁的暴力属性，节约司法资源，以更低成本的制裁方式换取更大的司法效益，就不能不借助"新耻辱刑"。

　　我们还应该注意到，在互联网使全球一体化（地球村）的今天，信息传播和人际沟通前所未有地便利和广阔，为"新耻辱刑"适用提供了新的理由。在"小共同体本位"的传统熟人社会，人与人之间关系密切、交往圈较小且不易改变，个人名誉和人格尊严贬损之惩罚更易于发挥效果。随着社会进步，传统家族共同体涣散、人员流动加强、关系更加变动不居，"大共同体本位"形成，耻辱刑起作用的因素越来越少了。但是，今日社会也许正在向"小共同体本位"[1]社会变相回归：网络和信息技术的迅速发展使得社会再一次变小，网络化使社会逐渐恢复了"低头不见抬头见"的传统小共同体属性。因此，原来与小共同体社会伴存的耻辱刑便有了更多的恢复理由。建立在信息网络之上的"小共同体社会"变相重现，使耻辱刑发挥作用的基础和条件再度具备。

　　回归到基础性问题，传统耻辱刑确实具有一定的历史价值和意义，这些历史价值在现代社会仍然基本存在，只是程度不完全同于古代而已。由此观之，在现今社会，"新耻辱刑"或耻辱性惩罚措施就不能认为是完全有害人权或人格尊严的。虽说它是旧时代的产物，但它与现代法律思想和法治观念绝非格格不入。但是我们不能否认这种以教育和培养廉耻心为目的的刑罚在现代社会仍有积极意义。即使有一定的本质弊端和历史局限，那也是正常的。我们要做的不是彻底抛弃任何有弊的法律，也不是试图彻底消除一个法制中的所有弊端，而是认真探究一种制度的合理限度或正当界限，亦即为了更大

---

　　〔1〕　关于"共同体"概念，参见［德］斐迪南·滕尼斯：《共同体与社会——纯粹社会学的基本概念》，林荣远译，商务印书馆1999年版。此外，秦晖教授也有专文论述"大共同体本位""小共同体本位"等问题，参见其《大共同体本位与传统中国社会》（上）（中）（下）三文，分别载于《社会学研究》1998年第5期、1999年第3期、1999年第4期。

的正面作用而不得已容忍其弊端的合理尺度或界限。

因此，我们要做的工作是，思考"新耻辱刑"的合理限度、界限以及现代转化借鉴问题。在创法立制的利弊权衡中，为了更高、更大、更有终极意义的自由目标，不得已容忍对自由的某些局部、短暂限制，这是很自然的。在民主法治根本原则之下，刑罚和强制措施的适用不应逾越"把人当人、保障人作为人的最低待遇和体面"这一底线。在现代民主法治原则下应否允许含耻辱属性的处罚或强制措施继续存在？若存在，其现代合理限度即法治升华要害是什么？我们可以从以下几个方面来思考这几个问题。

（1）"新耻辱刑"要从对犯者人格尊严侮辱为核心转向督促犯者知耻回归为核心，其现代合理限度或法治升华要害在于"教耻"。只有淡化耻辱刑的羞辱功能，强化其激励和教化功能，耻辱刑才能实现其现代法治转型，才能具有现代意义，才能成为法治手段。超出教养培育廉耻心（感）的范围就不能算是合理了。著名刑罚学者韩忠谟先生在《刑法原理》一书中指出："在现代特别预防主义之下，刑罚非但不应减损犯人之人格，且须养成其羞辱心、名誉心，始能达改善之目的。"[1]一切刑罚都应在尊重罪犯人格尊严的前提下施行；即使迫不得已要在一定程度上实际克减受罚者的尊严、名誉、资格，但惕然保持谦抑和克制，不滥其威、不肆其虐，将方式严格限制在法律许可的清晰限度内，不以羞辱或侮辱为目标。在使用那些克减手段时，既要以使犯罪人真切认罪辨恶为目标，以促使其产生悔过心理，从而弃恶从善，改过自新为目标，又要以不给受罚者造成人格尊严和名誉的终生不可恢复损害为限度。

（2）"新耻辱刑"要从以强加"罪犯标签"为主要手段转向权利、资格、荣誉的有期剥夺限制为主要手段，其现代合理限度或法治升华要害在于（为保护社会法益而）消除或减少犯罪便利（条件）。根据犯罪心理学中的"标签理论"[2]，通过各种标示给犯者贴罪犯标签，会促使他更进一步犯罪。传统的耻辱刑正注重这种贴标签效果。"新耻辱刑"如果仍采取给犯者贴上某种含有羞辱意义的标签，则不利于促使犯者改过自新，易促使犯者破罐子破摔地犯新罪。不管是在犯者肢体肌肤上施加有形耻辱标记，还是对其人格身份

---

〔1〕 韩忠谟：《刑法原理》，中国政法大学出版社 2002 年版，第 292 页。

〔2〕 参见吴宗宪：《西方犯罪学史》（第 4 卷），中国人民大学出版社 2010 年版，第 1174 页。

施加无形鄙视标签，特别是施加"终生不息"的耻辱印记，只要宗旨或目标仍在于羞辱犯罪人，造成其心理痛苦，那么就是专制属性的传统耻辱刑。而以有期限制或剥夺部分特定权利、资格、荣誉的方式，旨在使受罚者再也不能借此种权利、资格或荣誉再犯罪，这就是法治原则下的"新耻辱刑"。如果做不到以取消再犯条件为宗旨、在一定期限内这两点，那就等于超过了合理限度，那就要归入传统耻辱刑。在欧美国家刑事法律中，除了公示公布犯罪者个人身份信息以提醒社区公众注意和监督外，还有褫夺公权（选举被选举权、被委任权），剥夺担任需要信誉保证的职务（如陪审员、证人、公证人、鉴定人、指定监护人和辅佐人）之权利，还可以剥夺其拥有的国家荣誉称号及相关利益等，这都算是广义上的剥夺公权。此外，欧美刑法还规定了剥夺民事权利的辅刑或附加刑，包括剥夺父权、夫权、民事代理权、任监护人和财产管理人之权、从事或担任与犯罪有关或曾籍以犯罪的职业职务之权、充当被信托人之权、遗嘱权、家财管理权与处置权、养老金救济金请领权等等。通过这些有期限地剥夺或限制权利、资格、荣誉，以实现对滥用职务权、职业权、营业权、亲权、夫权、父权、监护权、代理权实施犯罪的人的惩罚，并消除其未来利用这些权利继续犯罪的条件。这些资格荣誉刑，其实也可以视为广义上的新耻辱刑。

（3）"新耻辱刑"要从以惩罚报应罪犯为宗旨转向以保护潜在受害者为宗旨，其现代合理限度或法治升华的要害在于保护更多潜在受害者（将要受害者）的人权。所有公示公布措施，所有资格荣誉剥夺，不再以报复惩痛个人为宗旨，而是以社会治安警示、犯罪预防或防范、保护更多潜在可能受害者为宗旨。也就是说，"新耻辱刑"本质上只是社会防范措施或防卫措施；一定程度的惩痛只是客观效果而已。不得已时限制某些权利或资格、贬损某些荣誉，或公布其姓名身份和犯罪事实等，完全是出于保护社会公众法益的紧迫需要。特别是对于某些一旦着手就可能造成严重后果的犯罪（如性犯罪、诈骗罪、伪造罪、诽谤罪、诬告罪等），如果过分强调保护犯罪人个人名誉和隐私，在刑满释放后不将其犯罪事实和身份信息在其定居社区及周边予以适当公布，就不足以保护潜在的将要受害者，就是对不特定受害群体的不负责。美国多个州相继实施"梅根法案"正体现了这一保护宗旨。

"新耻辱刑"必然会造成的人格尊严名誉的部分克减（贬损），这种副作用或弊端是难以避免的。立法必须考虑这一副作用并尽量加以控制，司法适用也要特别注意合理限度。如果肆无忌惮的运用耻辱刑而超过了正义许可的限度，那么耻辱刑的适用也可能产生新的罪恶。近代著名刑法学家贝卡里亚曾指出："耻辱这种刑罚不应该过于经常地使用。因为，如果过于频繁地借助舆论的实际效果，就削弱了它本身的力量。另外，这种刑罚也不应该一下子施用于一大批人，因为，如果大家都耻辱，就成了谁都不耻辱了。"[1]贝卡里亚的这些话至今仍有深刻的启示意义。

耻辱刑以教耻养耻为目的，为了这一目的我们应该在现代中国的法制建设中郑重考虑"新耻辱刑"问题，必须正视在现代法制传承中中外法律文明在这一方面的智慧结晶。耻辱性惩罚或防范措施，并不因为其天然含有人格尊严和名誉贬损属性而与近现代法治目标绝对不相容。任何刑罚，都是以强加"恶"和"害"的方式，对个人的"好"和"利"加以克减，因而都难免有人格名誉贬损之属性；不独耻辱刑如此，生命刑、身体刑、自由刑、劳役刑、财产刑其实也是如此。若强加的不是"恶"和"害"，就不能造成惩痛，就不足以构成惩罚。人格尊严的惩痛，与生命、身体、自由、休逸、财产的惩痛，并无本质区别，也无正当不正当之分界。随着人类法制文明的不断进步，从理论上被彻底否定的只有身体刑，也即肉刑[2]，其他各类刑罚虽有逐渐文明化、人道化之变革趋势，但都没有被彻底废除。人格尊严、名誉、荣誉贬损之惩痛，并不会比生命、自由、财产三者剥夺（减损）之惩痛更非理。对于个人而言，生命、自由、财产的价值，也并不比人格尊严名誉更低更轻或更不值得保护。既然剥夺或减损生命、自由和财产仍然可以作为刑罚，那么适当剥夺或减损人格尊严、名誉、荣誉没有理由独独不能作为刑罚、行政罚或防范措施。

刑罚所追求的价值之一，是尽可能以较小较轻的惩创，实现制止犯罪、矫正犯人、恢复秩序、教育大众的目的。相对于生命、自由、财产惩创而言，人格尊严、荣誉、名誉惩创是最轻或成本最低的惩创。由于绝大多数人都有羞耻之心，有良知良能和向善本性，所以耻辱性惩罚常常能起到生命、自由、财产刑所难以企及的作用。对一般人而言，对丢面子、人格掉价、受羞辱的恐惧，常常可能比对失去自由和财产的恐惧更大。因此，人格尊严、名誉、

---

[1]　[意] 切萨雷·贝卡里亚：《论犯罪与刑罚》，黄风译，中国方正出版社 2004 年版，第 50 页。
[2]　新加坡和个别伊斯兰国家例外，如新加坡现今还保留着鞭刑。

荣誉贬损作为惩罚更容易发挥制止犯罪的作用，其在现代社会的法治价值不容忽视。一种存在了数千年直至今天还有法治国家正式部分保留，且我国司法实践中经常变相存在，且有一定实际正面作用或积极作用的刑罚，还是有维护司法公正、稳定社会秩序以及解决特定纠纷问题的实际需要的。尤其是，其以较低成本实现社会秩序稳定特别是犯罪预防的功效，决不是简单鹦鹉学舌地高唱一些高耸入云的保护人格尊严、名誉权、隐私权的高调就能将其掩耳盗铃般无视的。

参考文献

一、古籍

1. （战国）商鞅：《商君书全译》，张觉译注，贵州人民出版社 1993 年版。

2. （汉）伏胜撰：《尚书大传》，郑玄注，陈寿祺辑校，中华书局 1985 年版。

3. （汉）贾谊撰：《新书校注》，阎振益，钟夏校注，中华书局 2000 年版。

4. （汉）班固等撰：《白虎通》，中华书局 1985 年版。

5. （汉）桓宽：《盐铁论》，中华书局 1991 年版。

6. （汉）刘向撰：向宗鲁校证，《说苑校证》，中华书局 1987 年版。

7. （汉）高诱注：《淮南子注》，上海书店出版社 1986 年版。

8. （晋）郭璞注：《山海经》，中华书局 1985 年版。

9. （晋）葛洪撰：《抱朴子内外篇》，中华书局 1985 年版。

10. （晋）干宝：《搜神记》，马银琴译注，中华书局 2012 年版。

11. （汉）赵晔原：《吴越春秋全译》，张觉译注，贵州人民出版社 1995 年版。

12. （汉）应劭撰：《风俗通义校注》，王利器校注，中华书局 1981 年版。

13. （唐）杜佑撰：《通典》，中华书局 1988 年版。

14. （唐）段成式：《西阳杂俎》，中华书局 1981 年版。

15. （宋）司马光编著：《资治通鉴》，（元）胡三省注，中华书局 1956 年版。

16. （宋）李昉等撰：《太平御览》，任民等校点，河北教育出版社 2000 年版。

17. （宋）程大昌撰：《考古编》，中华书局 1985 年版。

18. （元）马端临撰：《文献通考》，中华书局 1986 年版。

19. （明）李东阳等敕撰：《大明会典》，江苏广陵古籍刻印社 1989 年版。

20. （明）施耐庵：《水浒传》，上海古籍出版社 1991 年版。

21. （明）邱浚：《大学衍义补》，京华出版社 1999 年版。

22. （清）王先谦：《荀子集解》，中华书局 1988 年版。

23. （清）王先慎撰：《韩非子集解》，钟哲点校，中华书局 1998 年版。

24. （清）郭庆藩辑：《庄子集释》，王孝鱼整理，中华书局 1961 年版。

25. （清）沈家本撰：《历代刑法考》，中华书局 1985 年版。

26. （清）计六奇撰：《明季北略》，中华书局 1984 年版。

27. （清）孙星衍：《十三经清人注疏 尚书今古文注疏》，中华书局 1986 年版。

28. 黎翔鳳撰：《管子校注》，中华书局 2004 年版。

29. 朱谦之撰：《老子校释》，中华书局 1984 年版。

30. 吴毓江撰：《墨子校注》，中华书局 1993 年版。

31. 曾运乾：《尚书正读》，中华书局 1964 年版。

32. 李学勤主编：《十三经注疏》，北京大学出版社 1999 年版。

33. （汉）司马迁撰：《史记》，中华书局 1959 年版。

34. （汉）班固撰：《汉书》，中华书局 1962 年版。

35. （宋）范晔撰：《后汉书》，中华书局 1965 年版。

36. （晋）陈寿撰：《三国志》，中华书局 1959 年版。

37. （唐）房玄龄等撰：《晋书》，中华书局 1974 年版。

38. （北齐）魏收撰：《魏书》，中华书局 1974 年版。

39. （唐）李百药撰：《北齐书》，中华书局 1972 年版。

40. （唐）李延寿撰：《北史》，中华书局 1974 年版。

41. （唐）李延寿撰：《南史》，中华书局 1975 年版。

42. （唐）魏征等撰：《隋书》，中华书局 1973 年版。

43. （后晋）刘昫等撰：《旧唐书》，中华书局 1975 年版。

44. （宋）欧阳修撰：《新五代史》，中华书局 1974 年版。

45. （元）脱脱等撰：《宋史》，中华书局 1977 年版。

46. （元）脱脱等撰：《辽史》，中华书局 1974 年版。

47. （元）脱脱等撰：《金史》，中华书局 1975 年版。

48. （明）宋濂等撰：《元史》，中华书局 1976 年版。

49. （清）张廷玉等撰：《明史》，中华书局 1974 年版。

50. 赵尔巽等撰：《清史稿》，中华书局 1977 年版。

51. 刘俊文点校：《唐律疏议》，法律出版社 1999 年版。

52. 史金波等译注：《天盛改旧新定律令》，法律出版社 2000 年版。

53. 怀效锋点校：《大明律》，法律出版社 1999 年版。

54. 田涛、郑秦点校：《大清律例》，法律出版社 1999 年版。

二、专著

1. ［意］贝卡里亚：《论犯罪和刑罚》，黄风译，中国方正出版社 2004 年版。

2. ［法］罗伯斯比尔：《革命法制和审判》，赵涵舆译，商务印书馆 1965 年版。

3. ［法］卡·斯特法尼等：《法国刑法总论精义》，罗结珍译，中国政法大学出版社 1998 年版。

4. ［英］凯伦·法林顿：《刑罚的历史》，陈丽红、李臻译，希望出版社 2003 年版。

5. ［美］布瑞安·伊恩斯：《人类酷刑史》，李晓东译，时代文艺出版社 2000 年版。

6. ［法］拉法格：《思想起源论》，王子野译，生活·读书·新知三联书店 1963 年版。

7. 瞿同祖：《中国法律与中国社会》，中华书局 2003 年版。

8. 丘汉平：《历代刑法志》，商务印书馆 1938 年版。

9. 程树德：《九朝律考》，中华书局 2003 年版。

10. 蔡枢衡：《中国刑法史》，中国法制出版社 2005 年版。

11. 杨鸿烈：《中国法律发达史》，上海书店出版社 1990 年版。

12. 陈兴良主编：《刑种通论》，人民法院出版社 1993 年版。

13. 由嵘主编：《外国法制史》，北京大学出版社 2000 年版。

14. 林榕年、叶秋华主编：《外国法制史》，中国人民大学出版社 2007 年版。

15. 曾宪义主编：《中国法制史》，北京大学出版社、高等教育出版社 2000 年版。

16. 张晋藩主编：《中国法制史》，高等教育出版社 2007 年版。

17. 张晋藩等：《中国刑法史新论》，人民法院出版社 1992 年版。

18. 张晋藩主编：《中国刑法史稿》，中国政法大学出版社 1991 年版。

19. 周密：《中国刑法史》，群众出版社 1985 年版。

20. 杨一凡主编：《中国法制史考证》，中国社会科学出版社 2003 年版。

21. 杨一凡主编：《中国法制史考证续编》，社科文献出版社 2009 年版。

22. 杨鹤皋：《中国法律思想通史》，湘潭大学出版社 2011 年版。

23. 董磊、徐轲编：《不完全酷刑档案》，法律出版社 2006 年版。

24. 王永宽：《中国古代酷刑——中国传统文化透视》，中州古籍出版社 1991 年版。

25. 金良年：《酷刑与中国社会》，浙江人民出版社 1991 年版。

26. 包振远、马季凡编著：《中国历代酷刑实录》，中国社会出版社 1998 年版。

27. 吴平：《资格刑研究》，中国政法大学出版社 2000 年版。

28. 汪世荣：《中国古代判词研究》，中国政法大学出版社 1997 年版。

29. 吕思勉：《吕思勉读史札记》，上海古籍出版社 1982 年版。

30. 苏联司法部全联盟法学研究所编：《国家与法权通史》，中国人民大学出版社 1953 年版。

31. 栗劲：《秦律通论》，山东人民出版社 1985 年版。

32. 朱勇：《清代宗族法研究》，湖南教育出版社 1987 年版。

33. 谢桂华、李均明、朱国炤：《居延汉简释文合校》，文物出版社 1987 年版。

34. 睡虎地秦墓竹简整理小组编：《睡虎地秦墓竹简》，文物出版社 1990 年版。

35. 张家山二四七号汉墓竹简整理小组编著：《张家山汉墓竹简：247 号墓》，文物出版社 2006 年版。

36. 任骋：《中国民俗通志·禁忌志》，山东教育出版社 2005 年版。

37. 胡留元、冯卓慧：《长安文物与古代法制》，法律出版社 1989 年版。

38. 《外国法制史》编写组：《高等学校法学教材参考资料：外国法制史资料选编》，北京大学出版社 1982 年版。

39. 叶志宏等编：《外国著名法典及其评述》，中央广播电视大学出版社 1987 年版。

40. ［法］迭郎善译：《摩奴法典》，马香雪转译，中国社会科学出版社 1986 年版。

41. 《法国刑法典》，罗结珍译，中国人民公安大学出版社 1995 年版。

42. 《德国刑法典》，冯军译，中国政法大学出版社 2000 年版。

43. 《新加坡刑法》，刘涛、柯良栋译，北京大学出版社 2006 年版。

44. 高长富：《中国刑罚体系泛论》，线装书局 2008 年版。

45. 吕俊甫：《发展心理与教育：全人发展与全人教育》，商务印书馆 1982 年版。

三、论文

1. 李衡梅：《“象形”辨》，载《社会科学战线》1985 年第 1 期。

2. 赵晓耕、马晓莉：《从“耻辱刑”到“羞耻心”——漫谈在监狱矫正中唤起服刑人的羞耻之心》，载《政法论丛》2005 年第 5 期。

3. 何家弘：《对墨刑的一点新认识》，载《法学杂志》1986 年第 2 期。

4. 张全民：《髡、耐、完刑关系考辨》，载《湘潭大学社会科学学报》2001 年第 5 期。

5. 王小健：《论象形》，载《吉林大学社会科学学报》1998 年第 1 期。

6. 杨鸿雁：《中国古代耻辱刑考略》，载《法学研究》2005 年第 1 期。

7. 龙大轩、原立荣：《“刺配”刑罚述论》，载《西北第二民族学院学报（哲学社会科学版）》1992 年第 2 期。

8. 刘洋：《“髡刑”探源：以法人类学为视角》，载《北方法学》2009 年第 5 期。

9. 李立景：《羞辱性惩罚：当代美国刑事司法的新浪潮》，载《中国人民公安大学学报（社会科学版）》2009 年第 4 期。

10. 李立景：《诉诸舆论的司法：耻辱刑的现代流变及启示》，载《南京师范大学学报（社会科学版）》2006 年第 5 期。

11. 唐兰：《陕西省岐山县董家村新出西周重要铜器铭辞的译文和注释》，载《文物》1976 年第 5 期。

12. 于雁：《清代刺字刑考略》，载《历史教学（高校版）》2008 年第 6 期。

13. 杨鸿雁：《对耻辱刑的理性思考》，载《贵州大学学报（社会科学版）》2004 年第 2 期。

14. 杨鸿雁：《西方耻辱刑沿革与复兴》，载《人民法院报》2002 年 9 月 9 日。

15. 成彪：《“国法”和“土法”，谁的尴尬?》，载《中国青年报》2002 年 8 月 2 日。

16. 清溪：《美国再兴羞辱刑》，载《法庭内外》2001 年第 10 期。

后　记

　　本书是我在博士学位论文的基础上修订而成。我于 2011 至 2014 年在中国人民大学法学院攻读博士学位，师从赵晓耕教授。读博的三年里，在导师的指导下，我顺利完成了博士学位论文的写作，并通过了论文答辩。毕业后，我入职中央民族大学法学院，开启了我的从教生涯。

　　很多同仁在博士毕业后就立马将博士论文出版，而我却没有，一直拖到了毕业十年后才出版，这其中原因有三：其一，在我入职之初，按照中央民族大学当时的职称评定标准，讲师晋升副教授并没有出版学术专著的要求，所以对我来说，出书也就没那么"紧迫"了。其二，出于学术产出"高性价比"的考虑，必须先将博士毕业论文"压榨干净"，所以在入职后的几年内，我先后从博士论文中凝练出三篇学术论文并成功发表于核心期刊，完成了学术任务的考核和职称的晋升。其三，我始终认为自己的博士论文还不够完善，并未达到出版的标准，所以在这些年里，我一直不断地对论文进行打磨和修改，以期更加完美。鉴于以上原因，我才一直拖着没出版论文。

　　回想起博士论文的写作过程，虽已逾十年，但一切还历历在目，犹如昨日。对我论文写作帮助最大的人，一位是我的导师赵晓耕教授，一位是我的父亲范忠信教授。我的这篇论文，从题目的筛选，到大纲的制定，小到观点的归纳和文字的编排，大到资料的搜寻和史料的梳理，都得到了恩师赵晓耕教授悉心的指导。在论文的写作过程中，我也遇到过很多难题，每每遇到困难之时，我都会与赵老师交流。老师曾数次与我长谈，给了我很多启发，帮我纠正不当，也给我指引了继续完善论文的道路。作为"编外导师"的父亲范忠信教授，也在时时刻刻关心着我的论文写作，他教会了我论文写作前期不可或缺的资料搜集整理技巧，教会了我如何对论文的内容进行逻辑严密的架构，教会了我如何用法律史学的思维展开讨论和论述。甚至在我的论文定稿前，他还逐字逐句进行了审阅并提出了进一步完善的修改建议。良师和慈父的引导，是我博士学位论文写作最大的动力。在论文写作过程中，中国人民大学法学院的叶秋华老师、王云霞老师、高仰光老师、姜栋老师、尤陈俊老师、朱腾老师、娜鹤雅老师，都给我提出过宝贵的修改建议和意见，在此一并感谢。

博士毕业十年之际，我终下决定，将修改完善的博士论文稿件交给了中国政法大学出版社。承蒙中国政法大学出版社的厚爱，感谢丁春晖编辑在出版过程中的精心指导和悉心考订，我的博士论文才能得以问世。至此，我的博士学习生涯才画上了一个还算完美的闭环。

感谢一路上关心帮助过我的人们！谨以此不成熟的小书献给你们！

范依畴

2024 年 12 月 31 日